Alexander Jones • Joachim Klang

TIPPS FÜR KIDS

TRANSFORMER

COOLE PROJEKTE FÜR DEINE LEGO® KISTE

HEEL

DANKSAGUNG

an einige Pioniere und Revolutionäre, die wir zum Teil schon persönlich kennen und bewundern:

2LegoOrNot2Lego
Arvo Brothers
ArzLan
Bart Willen
Brian Corredor
Bricksonwheels
Brickthing
Bricktrix
Bruceywan
captainsmog
Cole Blaq
Cuahchic
DecoJim
- Derfel Cadarn -
Digger1221
Eastpole77
Fianat
Fraslund
Fredoichi
Gabe Umland
Gambort
gearcs
Henrik Hoexbroe
Homa
Joe Meno
Jojo
Karwik
Lazer Blade
lego_nabii
Legohaulic
LEGOLAS
Legonardo Davidy
Legopard
Legotrucks
lichtblau
‚LL'
Mark of Falworth
markus19840420
marshal banana
McBricker
Mijasper
Misterzumbi
Nannan Z
NENN
Obedient Machine
Ochre Jelly
„Orion Pax"
Paul Vermeesch
Pepa Quin
RoccoB
Sir Nadroj
Sirens-Of-Titan
Spencer_R
T.Oechsner
Taz-Maniac
ted @ndes
TheBrickAvenger
Théolego
tnickolaus
Toltomeja
x_Speed
Xenomurphy

Ein besonderer Dank geht wie immer an Lutz Uhlmann für die digitalen Umsetzungen der Modelle. Niko Chief Togusa, auch LEGO® und Transformers-Fan für die jahrelange Freundschaft. Und selbstverständlich ganz besonders an unsere Ehefrauen für den dauerhaften Support und ihr Verständnis.

HEEL Verlag GmbH
Gut Pottscheidt
53639 Königswinter
Tel.: 02223 9230-0
Fax: 02223 9230-13
E-Mail: info@heel-verlag.de
www.heel-verlag.de

Autoren: Alexander Jones und Joachim Klang
Satz und Gestaltung: Odenthal Illustration, www.odenthal-illustration.de
Fotos: Thomas Schultze, www.thomas-schultze.de
Lektorat: Ulrike Reihn-Hamburger

Gesamtherstellung Print Consult, München
Printed in Hungary

ISBN 978-3-95843-491-2

INHALT

VORWORT

Es gibt wohl kaum jemanden, der noch nie etwas von den Transformers gehört hat. Sie gehören genauso zur Popkultur, wie Star Wars, Star Trek oder Masters of the Universe. Ihren Ursprung haben sie in einer Zeichentrickserie der 1980er Jahre. Aber bis heute hält die Begeisterung für die transformierbaren Action-Figuren an und sie treten als Hauptprotagonisten in Kinofilmen auf.

Modelle, die sich verwandeln können? Da kommt für mich gedanklich sofort LEGO® ins Spiel. Mit den außergewöhnlichen Bausteinen kann man alles bauen – behaupte ich ja immer.

Zur Planung dieses Buches habe ich sofort Alexander Jones, auch bekannt als Orion Pax, hinzugeholt. Seit ich ihn kenne, baut er ein großartiges Transformers-Modell nach dem anderen. Sobald LEGO® neue Steine herausgibt, baut er alles wieder um und ist ständig auf der Suche nach der optimalen Lösung, vor allem für seine Version des Optimus Prime. Natürlich wäre es auch für mich ein toller Anreiz gewesen, das Thema komplett zu gestalten! Aber wie sagt man so schön: Warum das Rad neu erfinden? Ich konnte davon ausgehen, dass Alex alle möglichen Lösungen bereits durchdacht und ausprobiert hat, was ihn für mich zu dem Fachmann für dieses Thema macht. Also habe ich ihn kurzerhand angerufen und „tadaaa“: Hier ist das Ergebnis!

Natürlich konnte ich nicht einfach nur zuschauen, wenn jemand mit LEGO® Steinen hantiert. Auf einigen Fotos könnt ihr also auch meine Bauten entdecken, aber die Hauptmodelle gehen alle auf Alex‘ Konto.

Aus LEGO® gebaute Transformers-Modelle hat es schon einige Male gegeben. Das Besondere an Alex' Modellen ist aber, dass sie sich verwandeln lassen! Mit einigen wenigen Handgriffen transformieren sie sich von einem LKW, einem Käfer oder einem Radiorecorder in einen Roboter. In einem Buch kann man natürlich kein Video abspielen, das die Verwandlung leicht verständlich zeigt. Also haben wir uns für Fotostrecken entschieden. Ich bin mir sicher, mit etwas Übung werdet ihr schnell die einzelnen Bewegungen durchschauen.

Je größer das Modell ist, umso schwieriger wird es, sie robust und bespielbar zu bauen. Darum haben wir uns zu einem Kompromiss entschlossen und zeigen euch verschiedene Größen: einen kleinen Optimus Prime, mit dem man sehr gut spielen kann. Und ein imposantes großes Modell, das etwas fragiler ist und sich eher für das Regal oder die Vitrine eignet – dafür aber transformierbar ist. Bestimmt sind da einige von euch meiner Meinung.

Da Alex „Orion Pax" Jones ein absoluter Transformers-Fan ist, hat er im Laufe der Zeit viel mehr Modelle gebaut, als wir auf den Seiten dieses Buches als Bauanleitungen unterbringen konnten. Auf den Fotos werdet ihr deshalb einige zusätzliche Modelle entdecken, die euch hoffentlich inspirieren. Immer nur nach Anleitung zu bauen, kann ja auch irgendwann langweilig werden.

Kreativität steckt in jedem Menschen! Steckt einfach mal einige Steine zusammen und schaut, wohin es euch führt. So hat jeder von uns einmal angefangen.

Viel Spaß dabei!

dein Joe

EINLEITUNG

Als Kind der achtziger Jahre wuchs ich mit Kabelfernsehen auf. In dem englischen Morgenprogramm von Sky Channel gab es an den Wochenenden die Sendung „Fun Factory". So wie in der später in Deutschland ausgestrahlten „Li-La-Launebär-Show" und bei „BimBamBino" wurden dort viele unterschiedliche Zeichentrickserien gezeigt.

Die Transformers gehörten zu den erfolgreichsten Cartoons dieser Zeit. Ich war von der Serie fasziniert und bin an den Wochenenden extra früh aufgestanden, um auch bloß keine Folge zu verpassen. Das Konzept hinter den Transformers und vieler Spielzeugfirmen dieser Zeit war es, ein Spielzeug mit einer Zeichentrickserie zu bewerben. Die Kinder konnten so mehr Bezug zu den Spielsachen aufbauen und sich besser mit ihren Helden in den Regalen der Spielzeugläden identifizieren. Der Slogan der Transformers lautet: „Robots in Disguise" (Roboter, tarnt euch).

Ich bekam als Kind nie so viele Transformers-Spielsachen geschenkt, wie einige meiner Freunde. Aber ich bekam oft LEGO® zum Geburtstag oder zu Weihnachten. Also was lag näher, als eigene Modelle zu entwickeln? Die ersten Raumschiffe aus Filmen wie Star Wars baute ich damals noch mit meinem Onkel. Die Transformers waren jedoch schwierig zu bauen. Ich habe immer mal wieder einen Optimus Prime gebaut, der sich damals aber nie verwandeln konnte.

Die Inspiration, Transformers aus LEGO® zu bauen, stammt aus meiner Kindheit, aber sie hat mich bis heute nicht verlassen. Und die Farben und Formen, die LEGO® uns zur Verfügung stellt, passen sehr gut in die Formsprache der Transformers. Die Funktionsteile, wie die MIXEL Balljoints, die in den letzten Jahren erschienen sind, ermöglichen stabile Verwandlungsschritte und die Ausrichtung des Körpers in Roboterform.

Ich habe in den letzten zwölf Jahren immer wieder neue Ideen in das Thema fließen lassen und viele unterschiedliche Designs gesammelt. In diesem Buch möchte ich mir einige davon im Detail mit euch anschauen, Erklärungen und Anleitungen geben und euch Tipps und Tricks zeigen, wie ihr eure eigenen Transformers bauen könnt.

Wie Optimus Prime immer sagt: "May the Matrix light our darkest hour!" („Möge die Matrix unsere dunkelste Stunde erhellen!")

Also, dann mal alle Lampen an und auf geht's Richtung Cybertron!

Euer

Alex "OrionPax" Jong

Hier kann man schön sehen, wie die Fahrzeuge alle gut im Maßstab miteinander harmonieren. Die meisten der Fahrzeuge sind in 8 breit gebaut, um genug Platz für die Transformations-Schritte zu gewährleisten.

GLOSSAR

In der Welt der Transformers gibt es einige „Fachbegriffe", die wir hier kurz erläutern möchten:

Cybertron:	Planet aus Metall, Heimat der Autobots und Decepticons
Autobots:	Arbeiterklasse auf Cybertron, kämpfen für das Gute
Decepticons:	Kriegerklasse auf Cybertron, kämpfen für das Böse
Ark:	Die Arche, Raumschiff der Autobots
Nemesis:	Raumschiff der Decepticons
Matrix of Leadership:	Artefakt der Autobots, getragen vom Anführer
Altmode:	Alternative Form
Botmode:	Roboterform
Mount St. Hilary:	Absturzstelle der Arche und Hauptquartier der Autobots
Energon:	Energiequelle in Würfelform, die aus Rohstoffen gewonnen wird
Teletraan I:	Der Hauptcomputer der Autobots im Kommandoraum der Arche
Optimus Prime:	Anführer der Autobots
Megatron:	Anführer der Decepticons
Combiner:	Mehrere Transformers bilden einen großen Roboter

ARCHE

Vor über 4 Millionen Jahren kämpften auf dem Planeten Cybertron die Autobots und die Decepticons einen Kampf um die letzten Energiereserven des Planeten. Die Autobots entschließen sich, den Planeten zu verlasen, um eine neue Heimat zu finden. Sie stranden, von den Decepticons verfolgt, auf der Erde.

Die Arche, das Raumschiff der Autobots, ist ihre letzte Chance, Cybertron zu verlassen. Diese Version im Micro-Maßstab ist sehr originalgetreu und ein tolles kleines Modell für deine Sammlung.

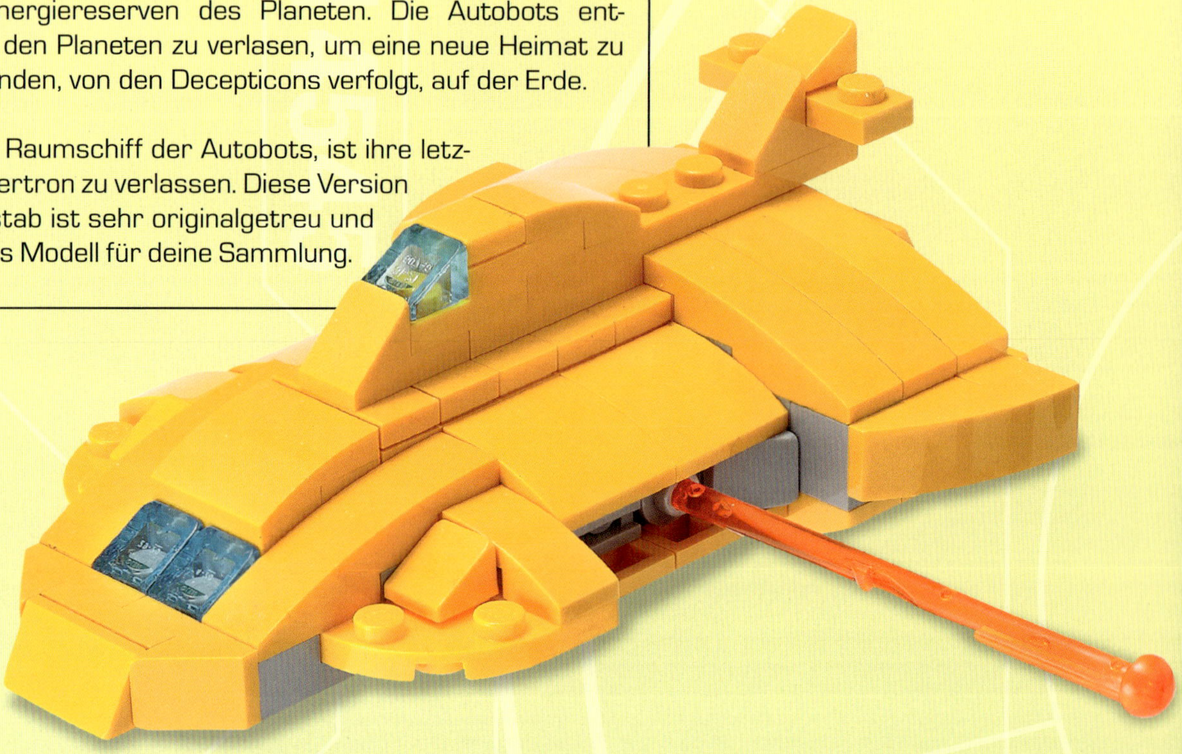

1

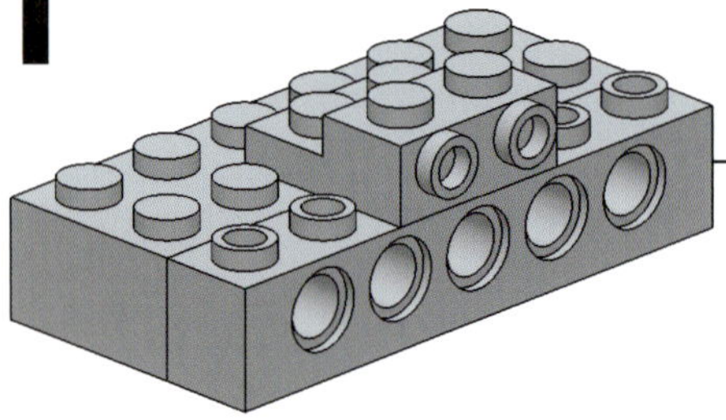

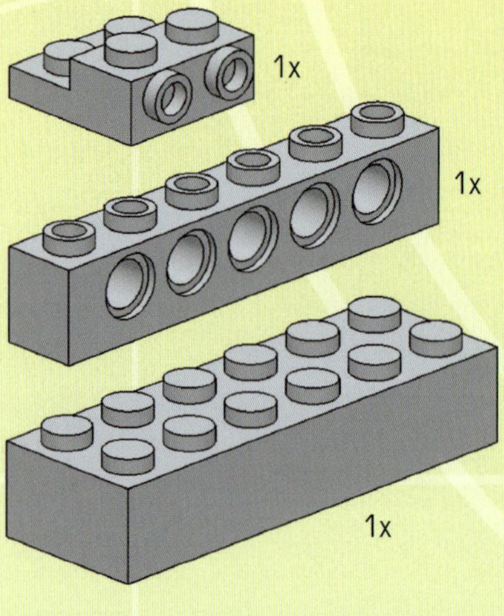

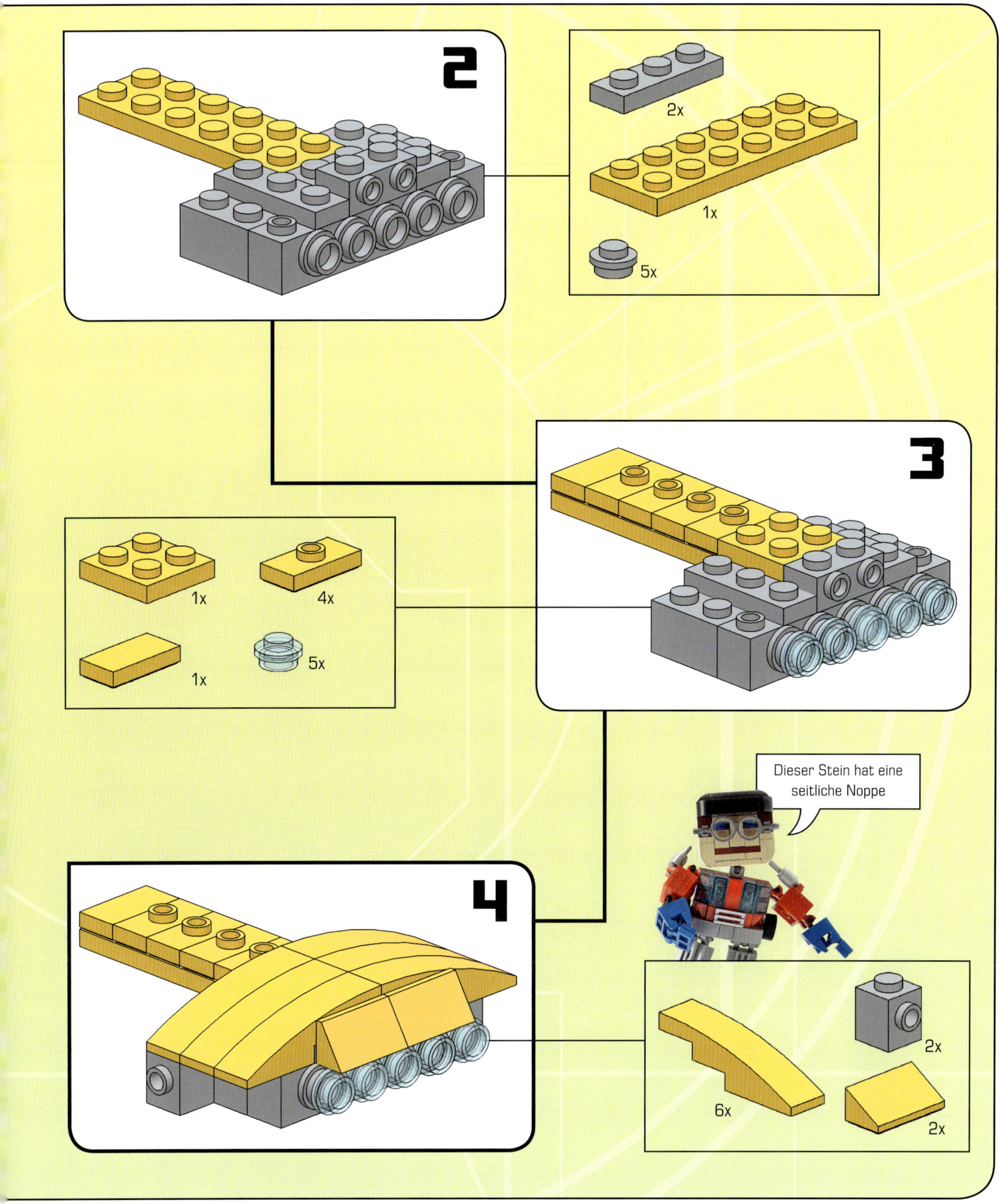
2
2x
1x
5x
3
1x
4x
1x
5x
Dieser Stein hat eine seitliche Noppe
4
6x
2x
2x

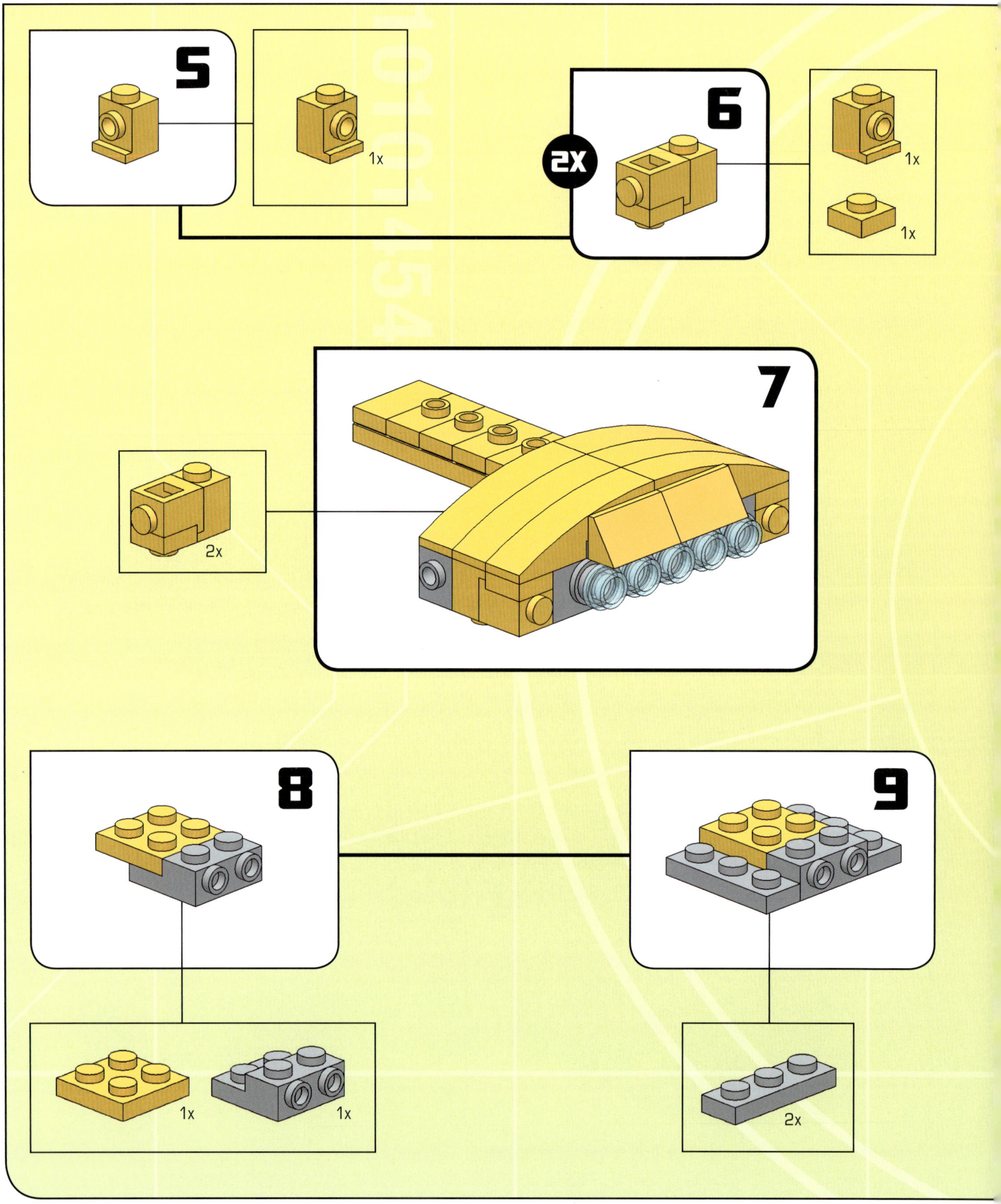
5
1x
6
2x
1x
1x
7
2x
8
1x
1x
9
2x

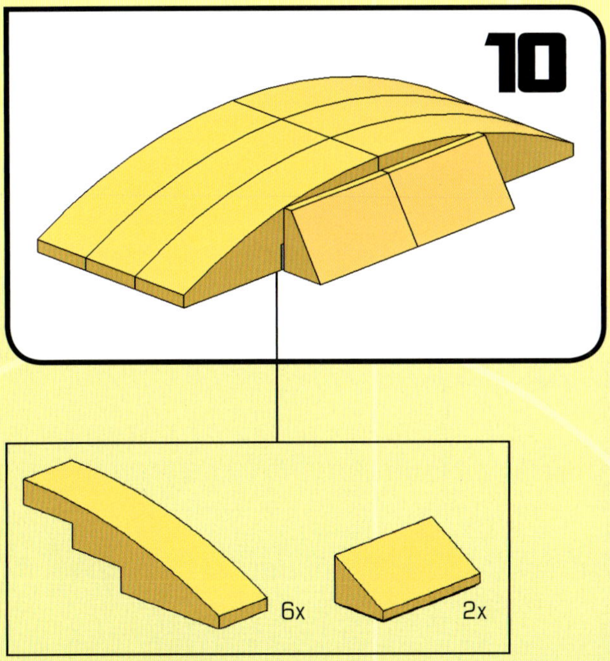
10
6x
2x

11

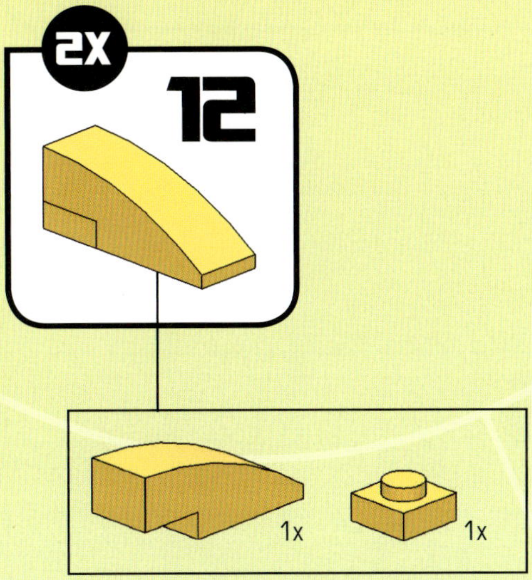
2X
12
1x
1x

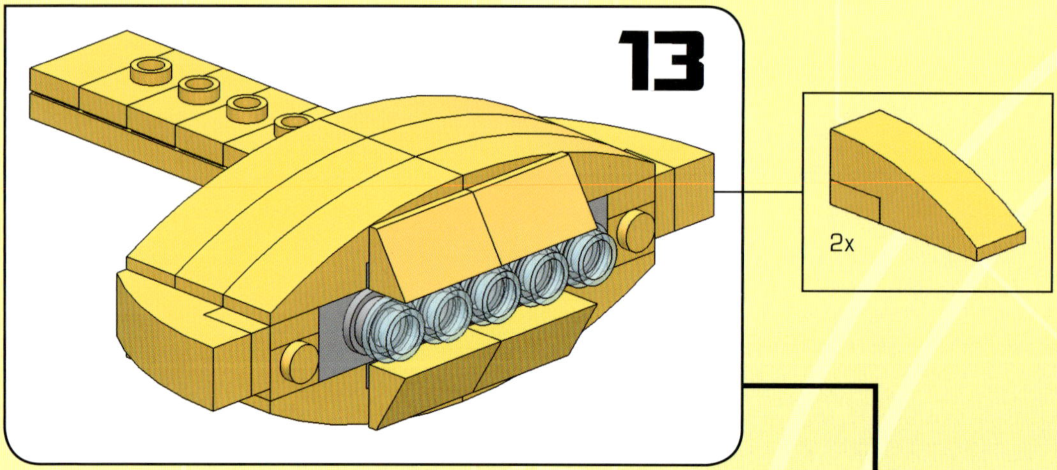
13
2x

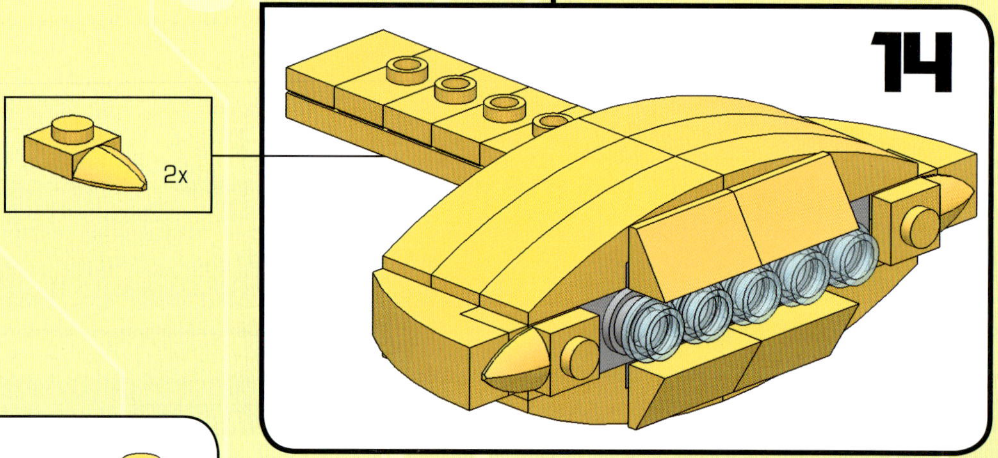
14
2x

15
1x
1x
1x
1x
1x

16
1x
1x
1x

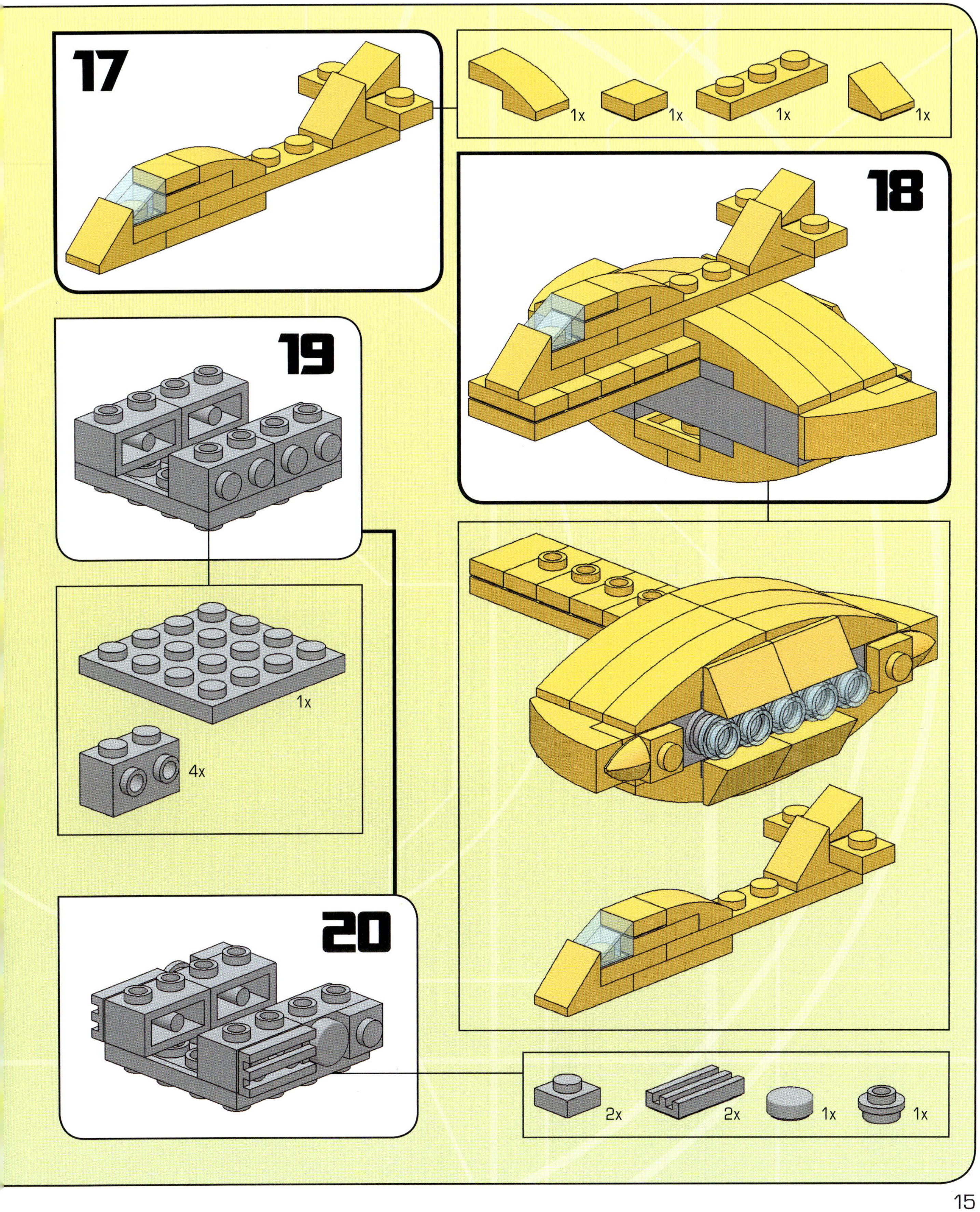
17
1x
1x
1x
1x
18
19
1x
4x
20
2x
2x
1x
1x

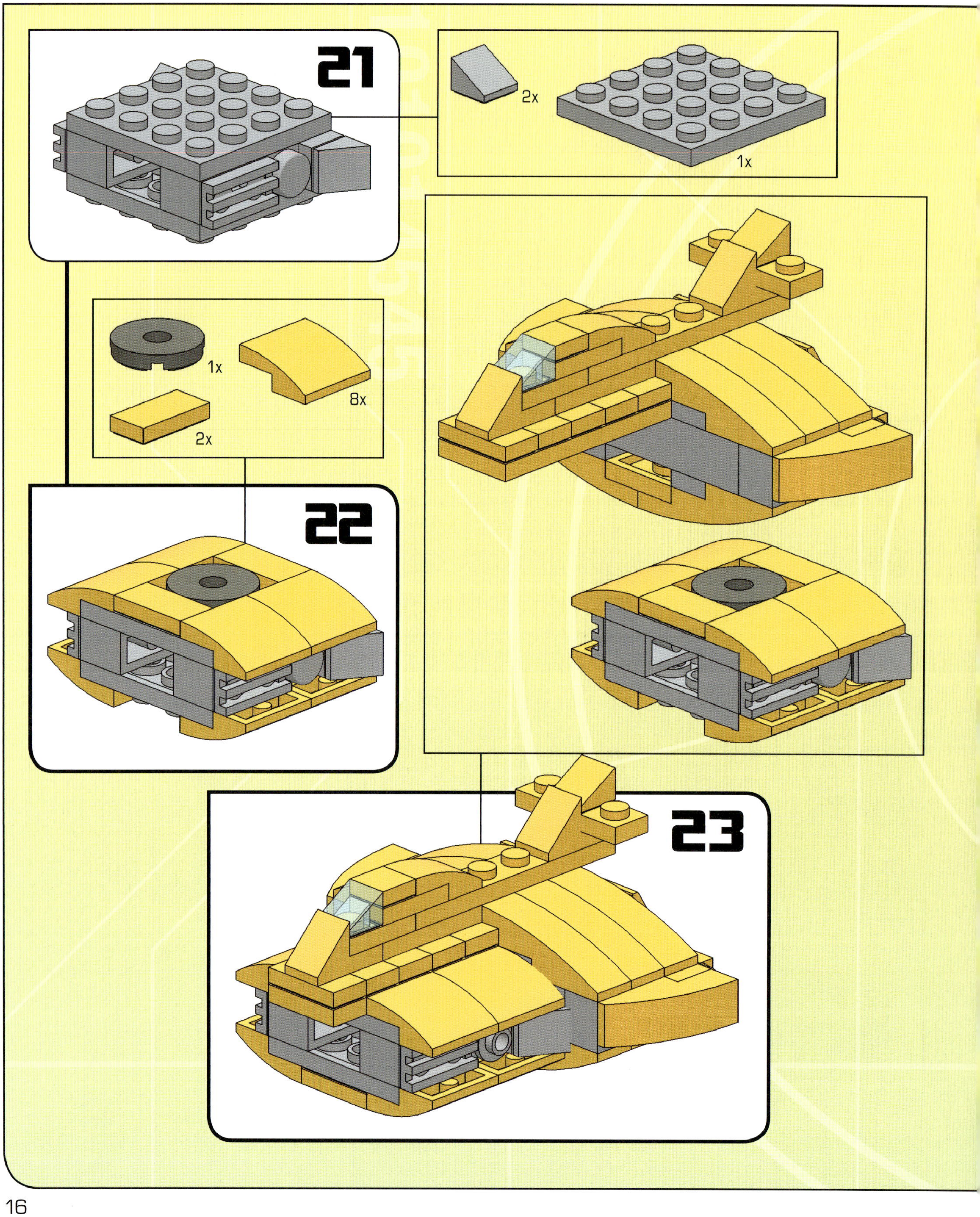
21
2x
1x
1x
8x
2x
22
23

24
1x
1x

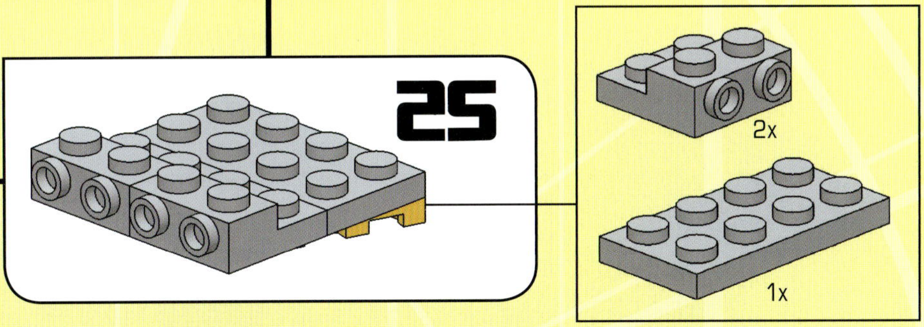
25
2x
1x

26
2x
1x
2x

27
2x
2x
4x

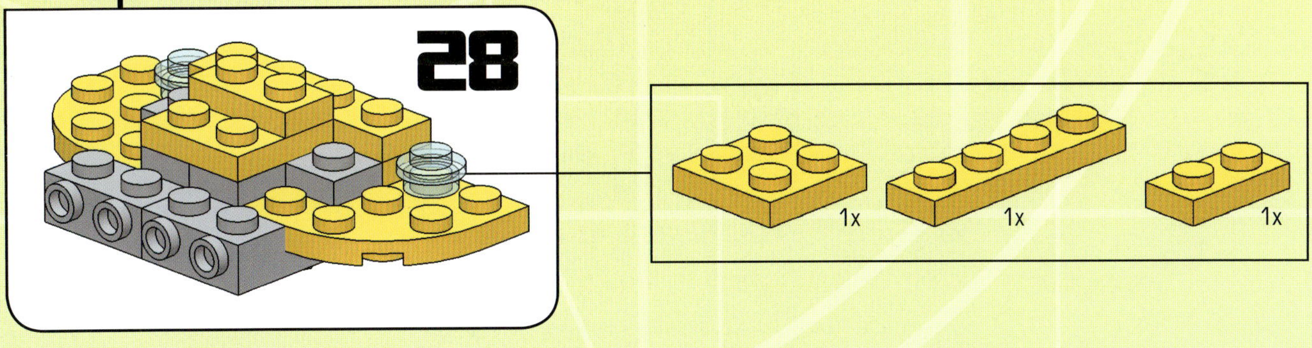
28
1x
1x
1x

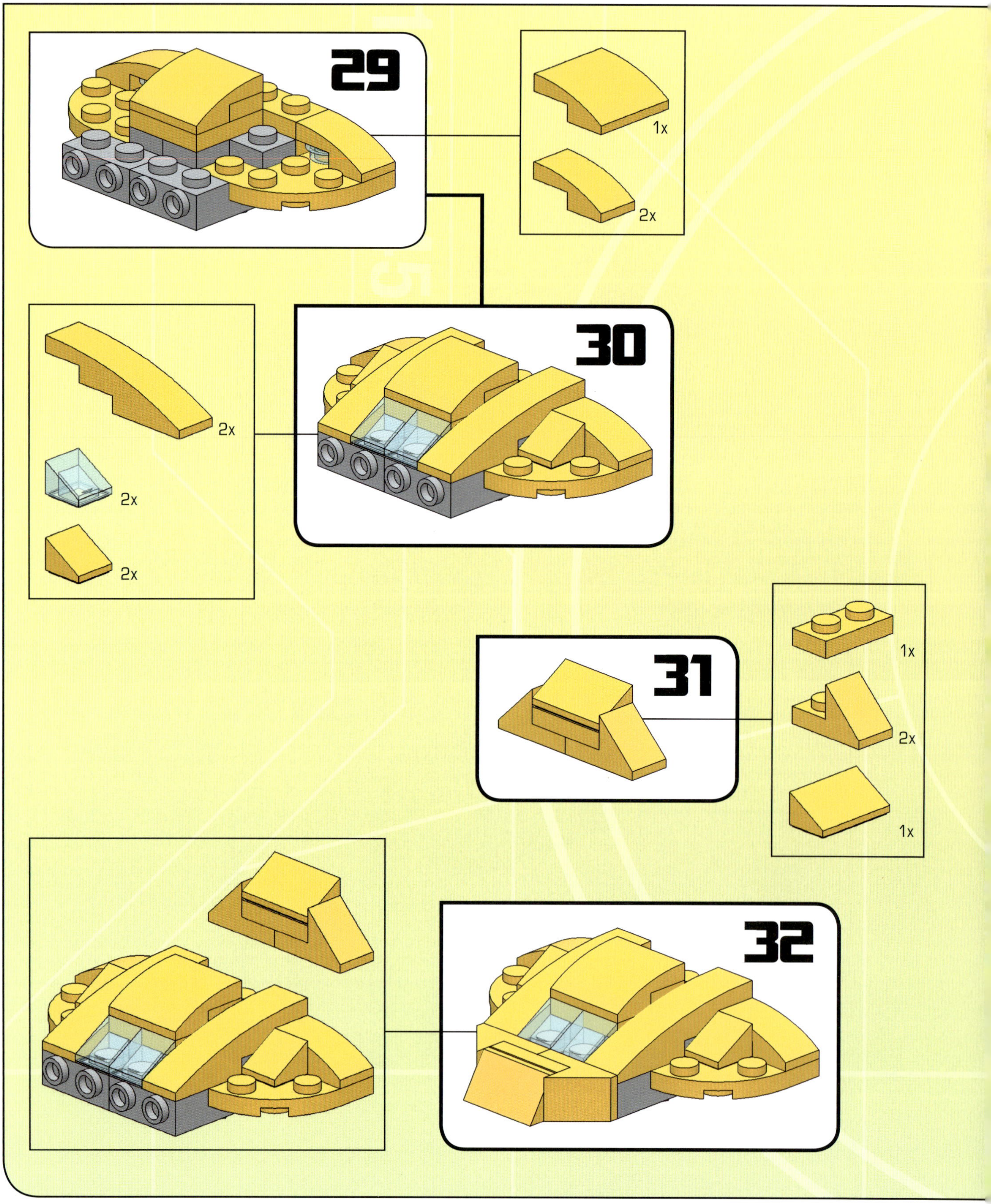
29
1x
2x
30
2x
2x
2x
31
1x
2x
1x
32

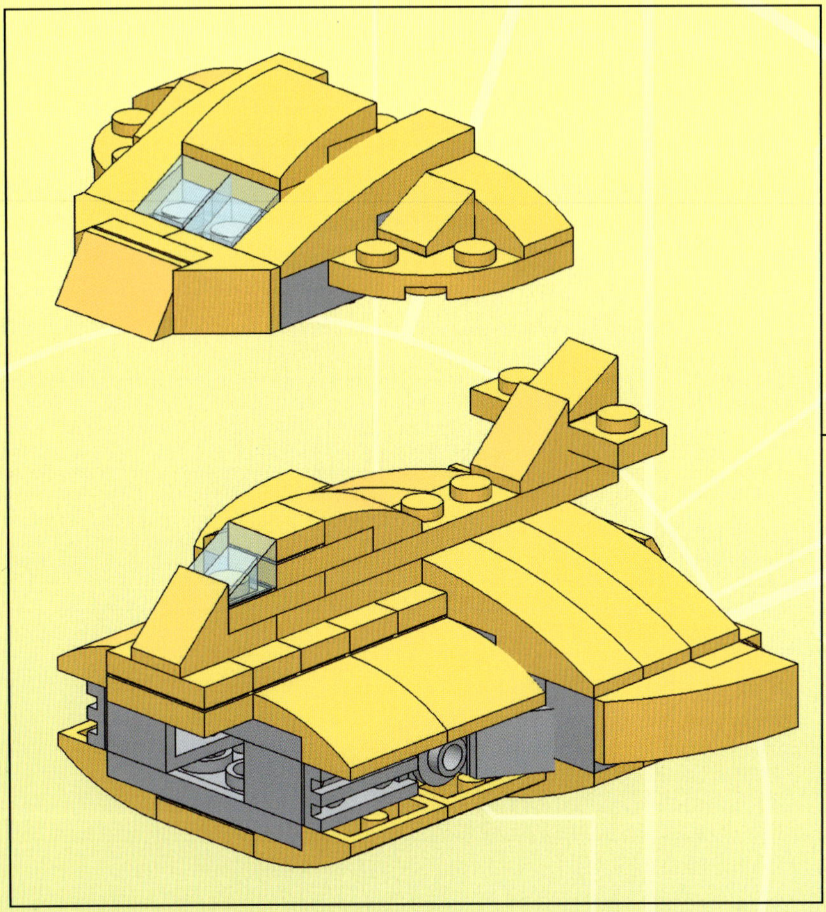

33

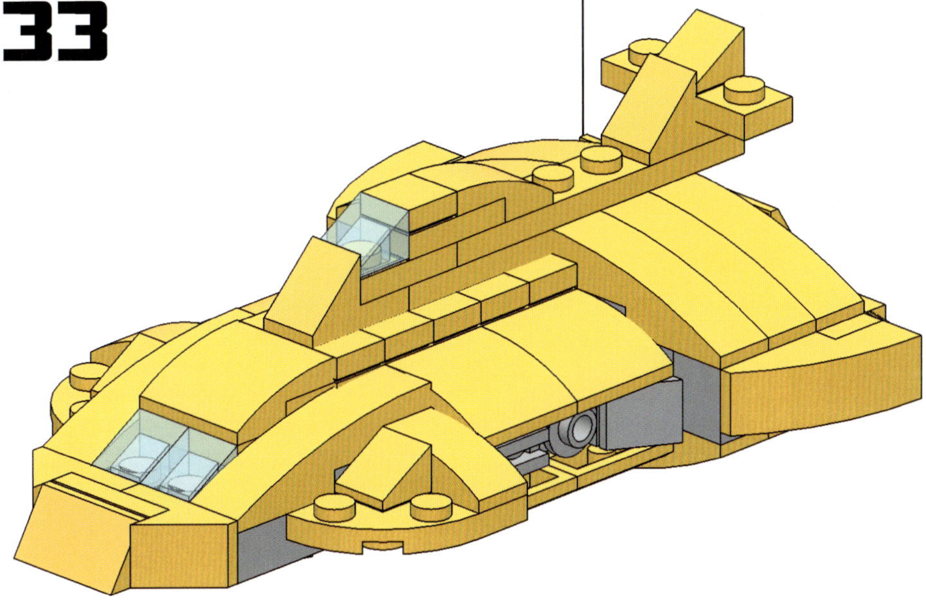

TEILELISTE

Menge		Farbe	Teilenummer	Name	LEGO® Teilenummer
4		Bright Light Orange	4070	Brick 1 x 1 with Headlight	6020098, 6186006
2		Light Bluish Gray	87087	Brick 1 x 1 with Stud on 1 Side	4558953
4		Light Bluish Gray	52107	Brick 1 x 2 with Studs on Sides	4657459
1		Light Bluish Gray	2456	Brick 2 x 6	4211795
6		Bright Light Orange	3024	Plate 1 x 1	6073040
2		Light Bluish Gray	3024	Plate 1 x 1	4211399
5		Light Bluish Gray	4073	Plate 1 x 1 Round	4211525
11		Trans Light Blue	4073	Plate 1 x 1 Round	4163917
1		Light Bluish Gray	85861	Plate 1 x 1 Round with Open Stud	6124825, 6168647
2		Bright Light Orange	49668	Plate 1 x 1 with Tooth In-line	4282860
4		Bright Light Orange	3023	Plate 1 x 2	6028736
4		Bright Light Orange	3794b	Plate 1 x 2 with Groove with 1 Centre Stud	6122504
2		Bright Light Orange	3623	Plate 1 x 3	6073042
4		Light Bluish Gray	3623	Plate 1 x 3	3623194, 4211429
1		Bright Light Orange	3710	Plate 1 x 4	6020073
1		Bright Light Orange	3666	Plate 1 x 6	6020074
3		Bright Light Orange	3022	Plate 2 x 2	4243776, 6003033
1		Light Bluish Gray	3022	Plate 2 x 2	4211397
2		Light Bluish Gray	2420	Plate 2 x 2 Corner	4211353
4		Light Bluish Gray	99206	Plate 2 x 2 x 0.667 with Two Studs On Side and Two Raised	4654577
1		Light Bluish Gray	3020	Plate 2 x 4	4211395
1		Bright Light Orange	3795	Plate 2 x 6	6097509
2		Bright Light Orange	30357	Plate 3 x 3 Corner Round	6022078
2		Light Bluish Gray	3031	Plate 4 x 4	4211403, 4243797
3		Bright Light Orange	54200	Slope Brick 31 1 x 1 x 0.667	6023173
2		Light Bluish Gray	54200	Slope Brick 31 1 x 1 x 0.667	4521921
3		Trans Light Blue	54200	Slope Brick 31 1 x 1 x 0.667	6073445
5		Bright Light Orange	85984	Slope Brick 31 1 x 2 x 0.667	6024286
3		Bright Light Orange	11477	Slope Brick Curved 2 x 1	6099728
9		Bright Light Orange	15068	Slope Brick Curved 2 x 2 x 0.667	6099730
2		Bright Light Orange	50950	Slope Brick Curved 3 x 1	6022064

Menge	Farbe	Teilenummer	Name	LEGO® Teilenummer
14	Bright Light Orange	61678	Slope Brick Curved 4 x 1	6020093, 6045944
4	Bright Light Orange	92946	Slope Plate 45 2 x 1	6020106, 6069171
1	Light Bluish Gray	3894	Technic Brick 1 x 6 with Holes	4211466
1	Light Bluish Gray	98138	Tile 1 x 1 Round with Groove	4650260
1	Bright Light Orange	3070b	Tile 1 x 1 with Groove	6065504
2	Light Bluish Gray	2412b	Tile 1 x 2 Grille with Groove	4211350
3	Bright Light Orange	3069b	Tile 1 x 2 with Groove	4622062
1	Dark Bluish Gray	15535	Tile 2 x 2 Round with Hole	6055313
1	Bright Light Orange	43723	Wing 2 x 3 Left	6020145
1	Bright Light Orange	43722	Wing 2 x 3 Right	6020146

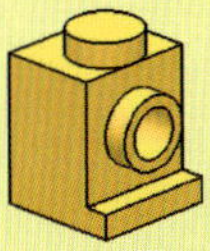
4x

2x

4x

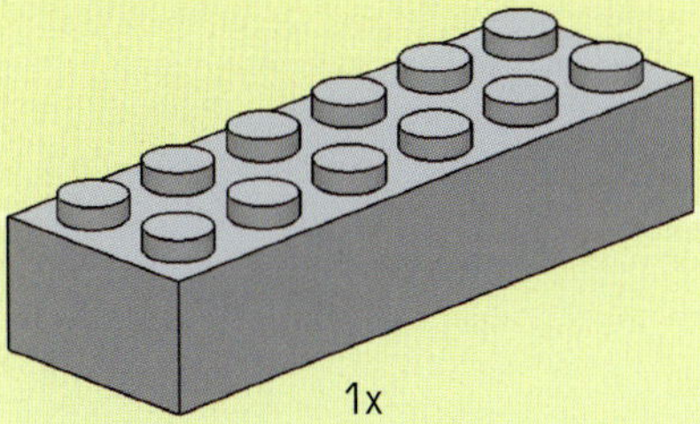
1x

6x

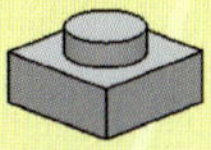
2x

5x

11x

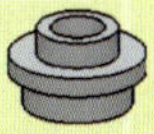
1x

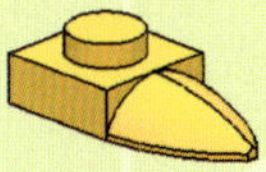
2x

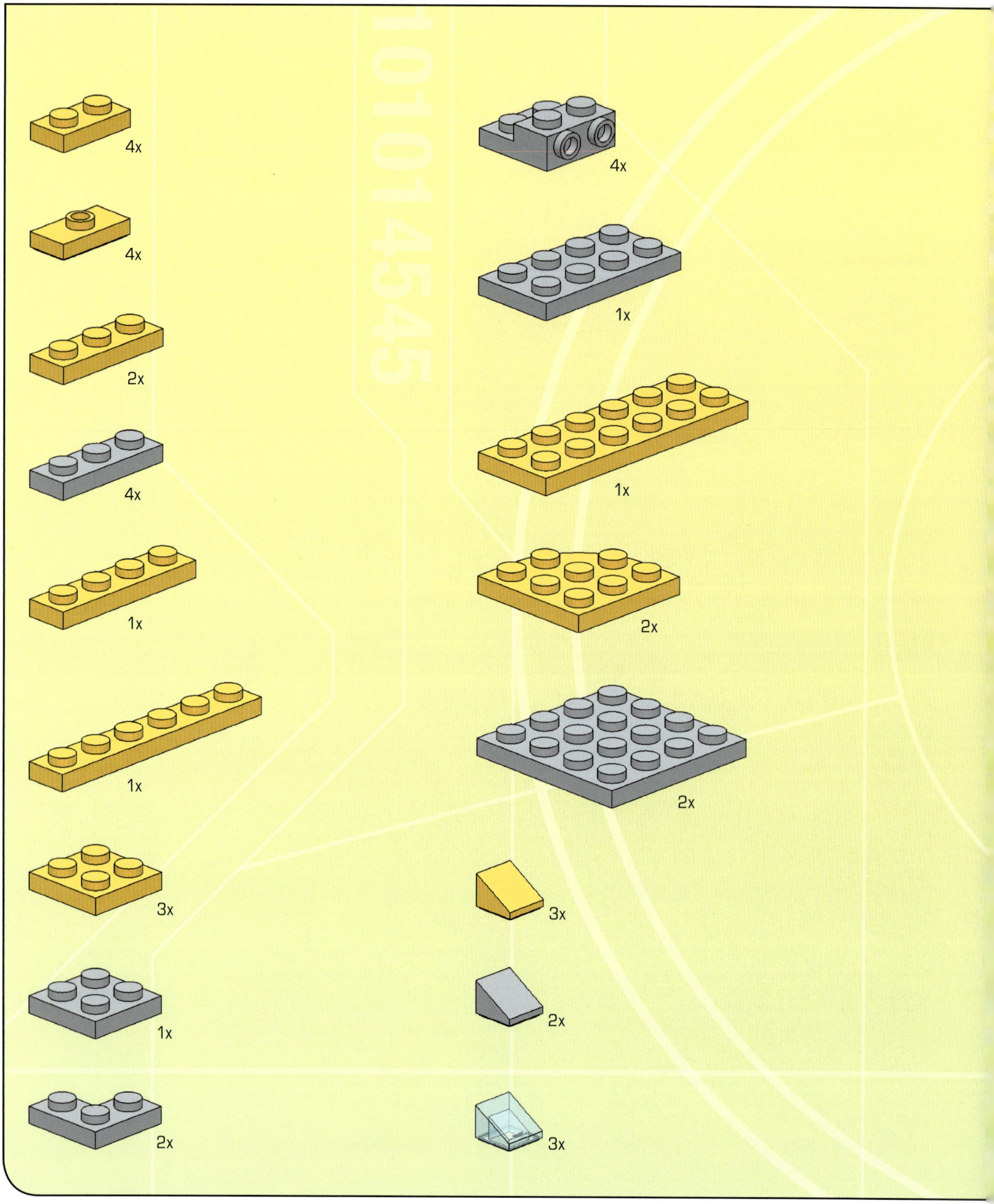
4x
4x
2x
4x
1x
1x
3x
1x
2x
4x
1x
1x
2x
2x
3x
2x
3x

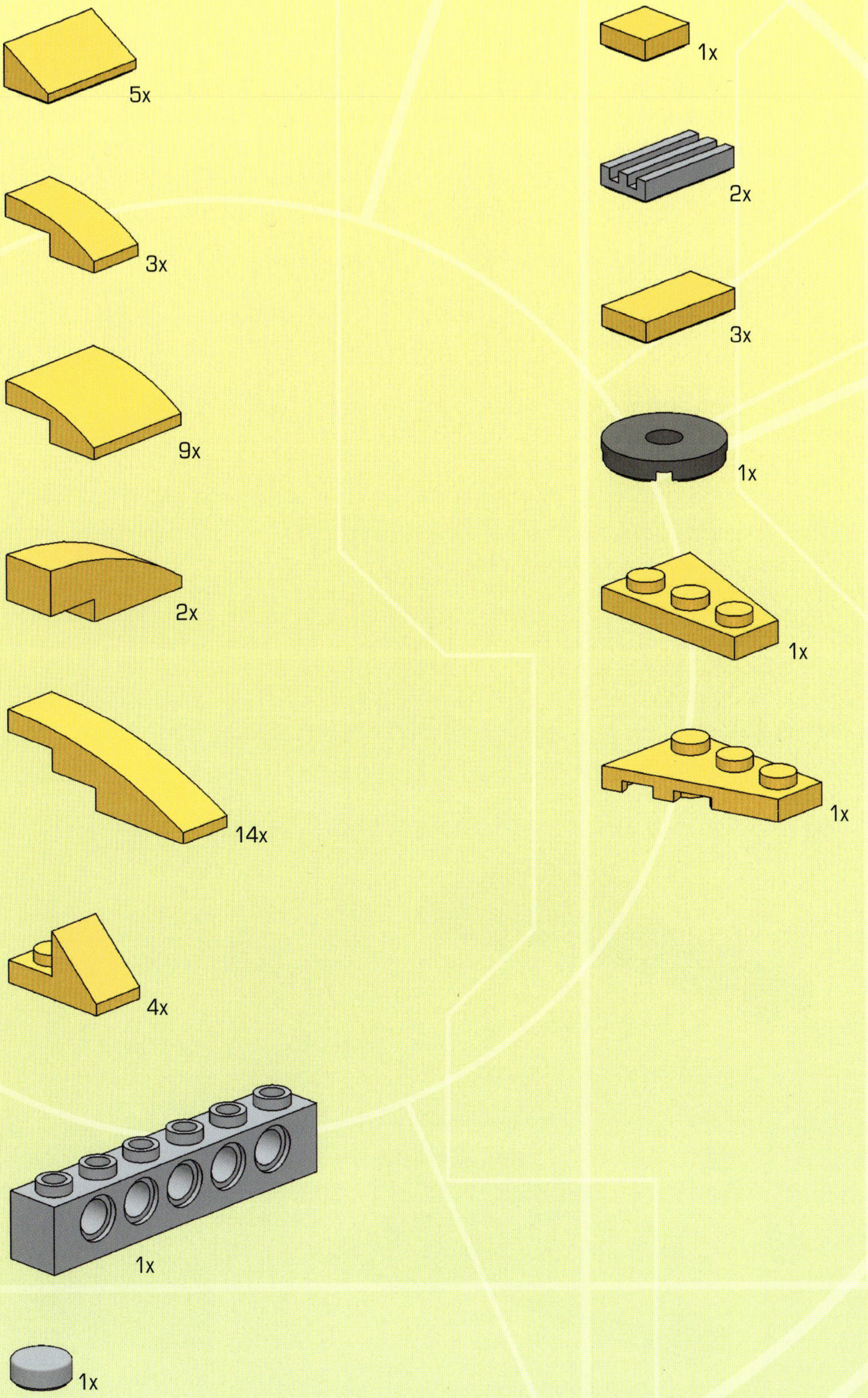
5x
3x
9x
2x
14x
4x
1x
1x
1x
2x
3x
1x
1x
1x

NEMESIS

So wie die Arche der Autobots ist dieses Raumschiff die letzte Fluchtmöglichkeit der Decepticons vom zerstörten Heimatplaneten Cybertron. Die Decepticons verfolgen die Autobots und stürzen zusammen mit ihnen auf der Erde ab.

Die Modelle der beiden Raumschiffe sind toll zum Spielen geeignet. Man kann sie aber auch sehr schön gemeinsam auf eine kleine Platte bauen und sich z. B. ins Regal stellen.

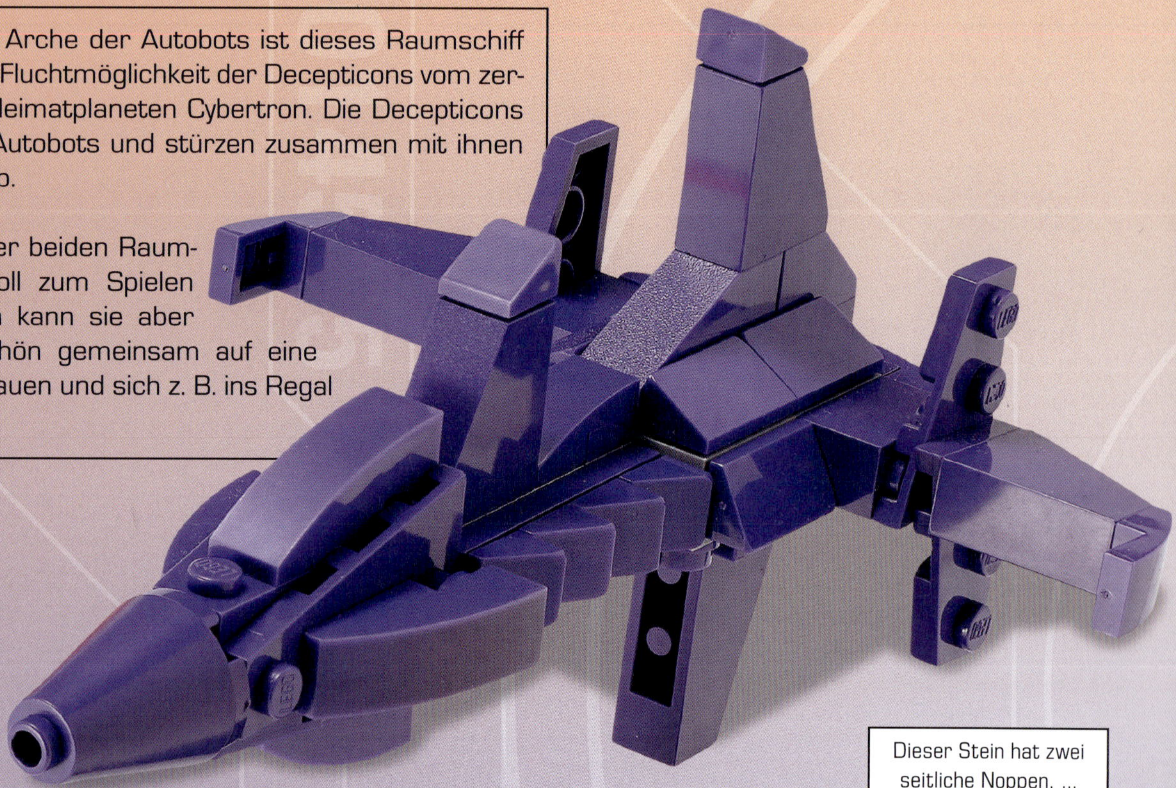

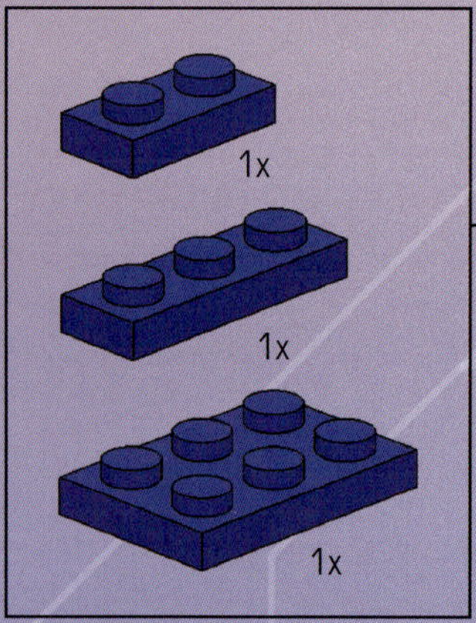

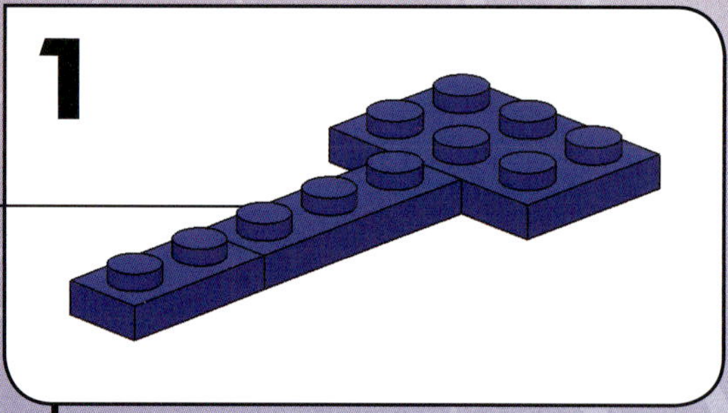

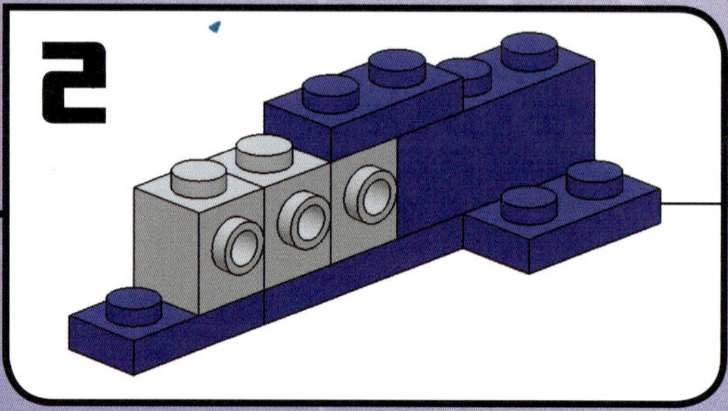

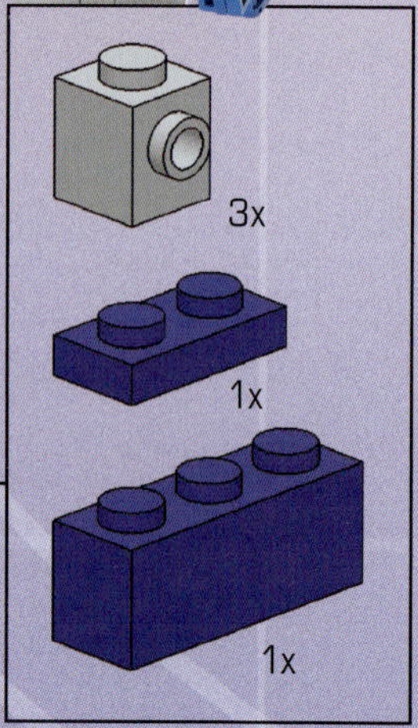

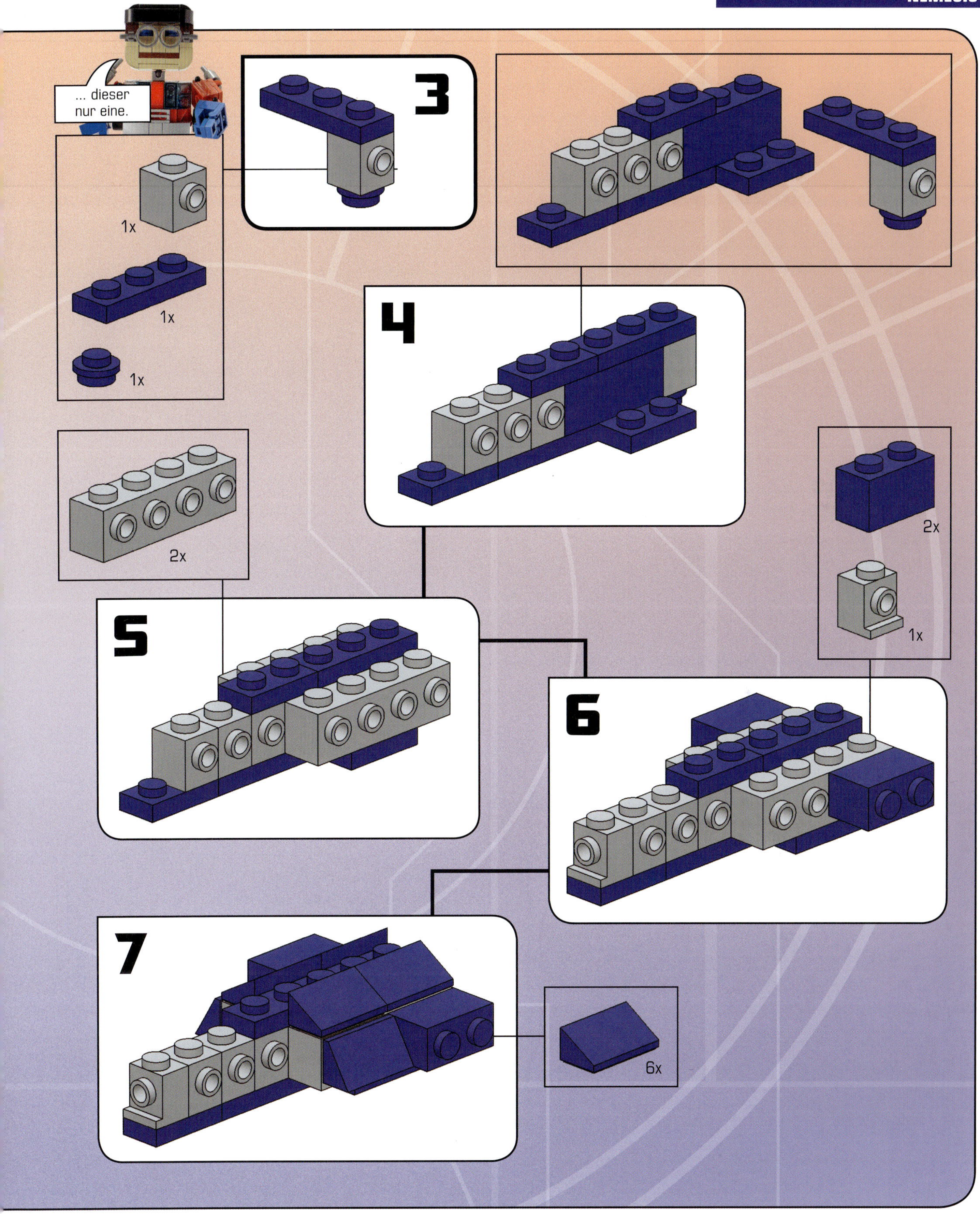

... dieser
nur eine.
1x
1x
1x
3
4
2x
2x
1x
5
6
7
6x

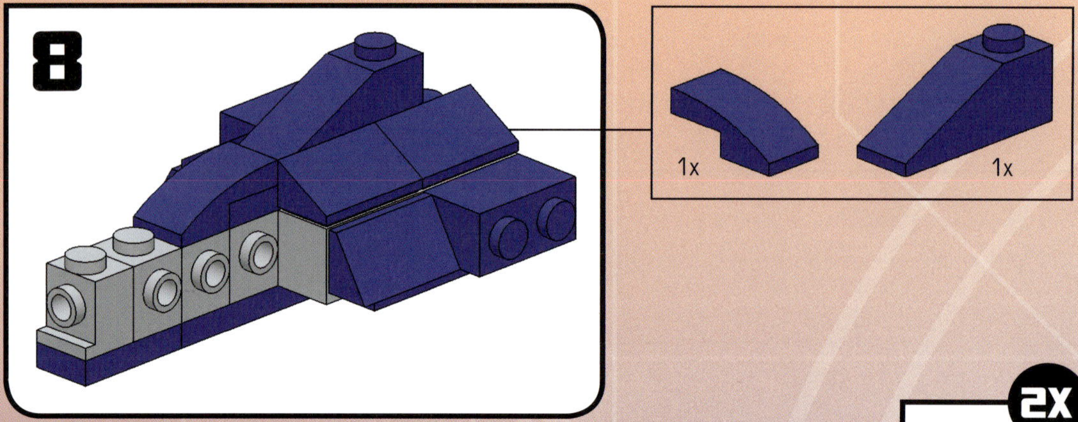
8
1x
1x

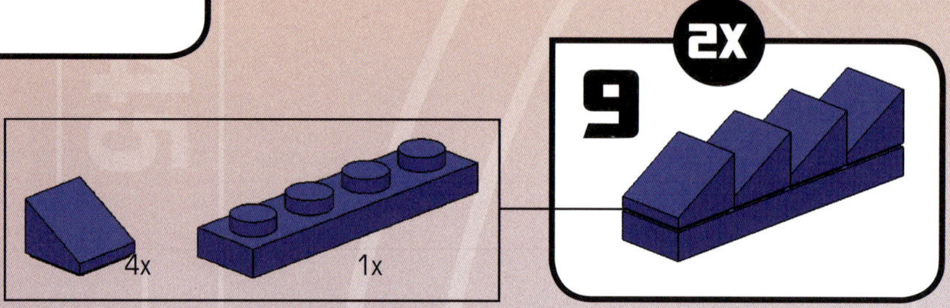
2X
9
4x
1x

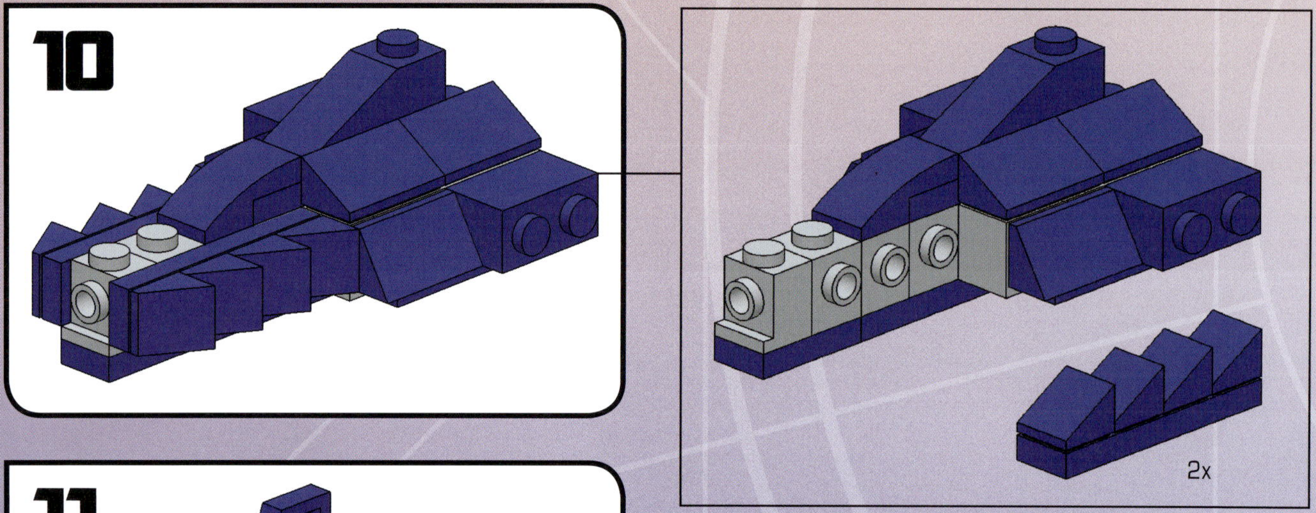
10
2x

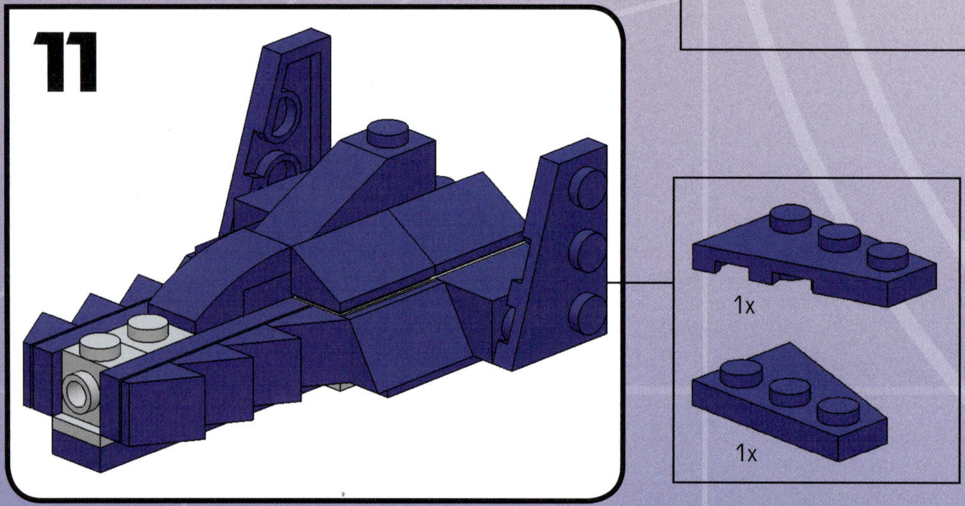
11
1x
1x

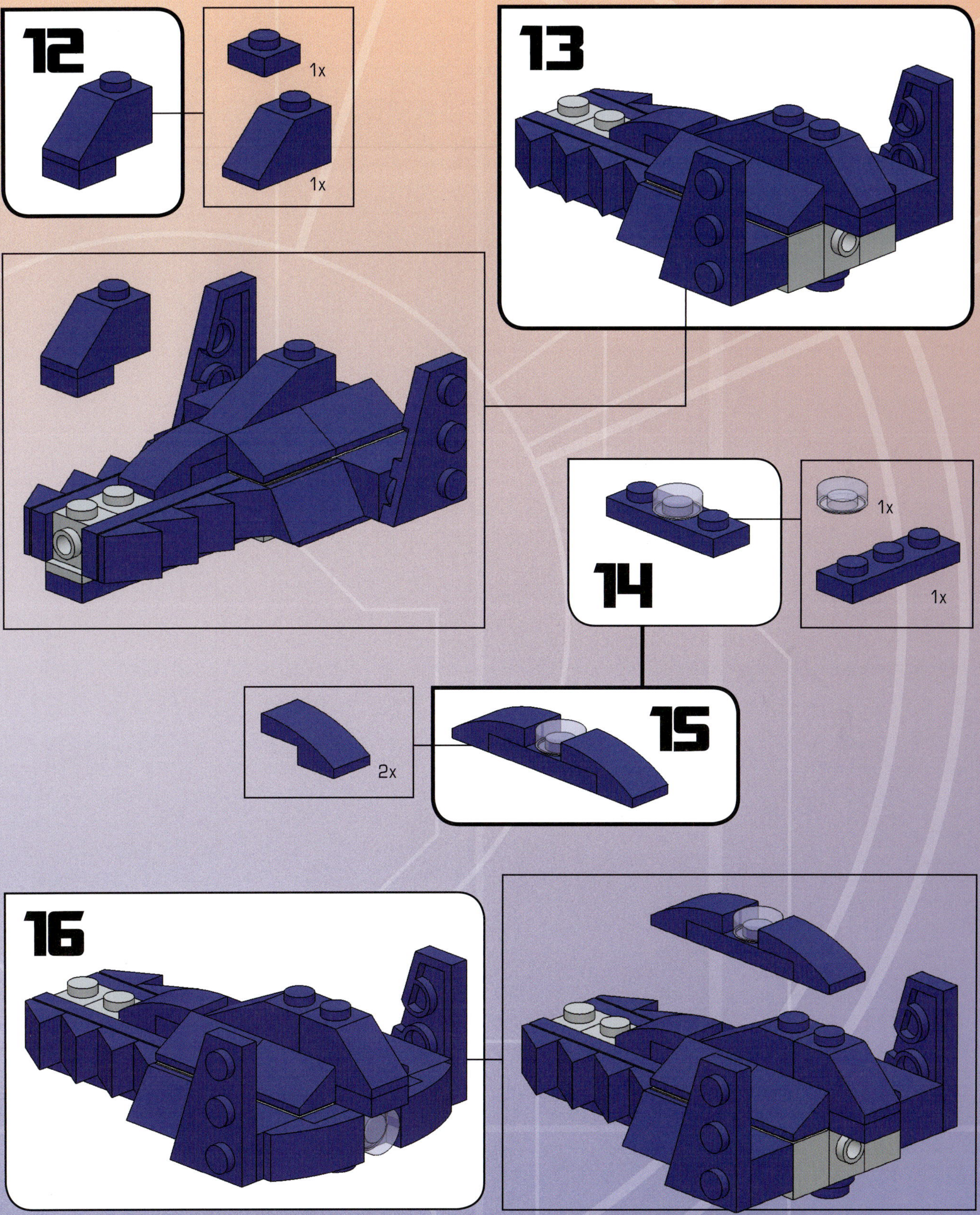
12
1x
1x
13
14
1x
1x
15
2x
16

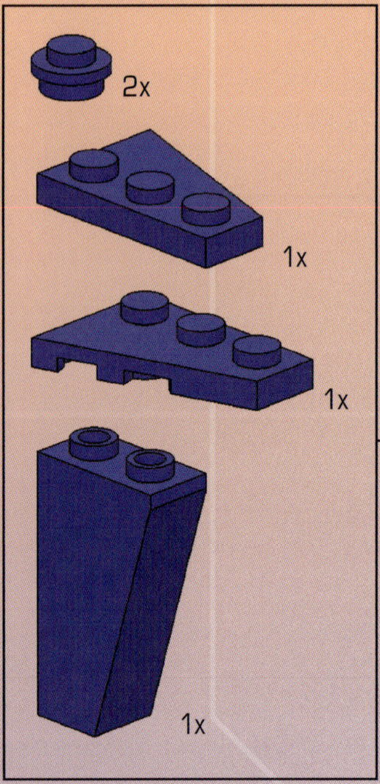
2x
1x
1x
1x

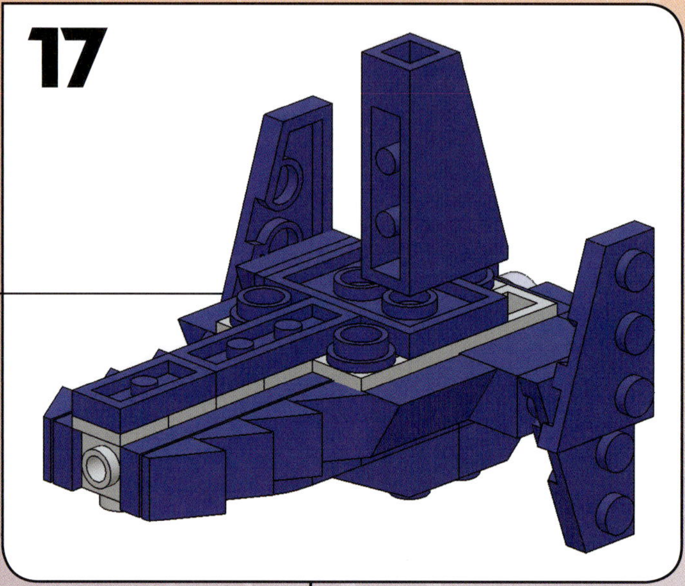
17

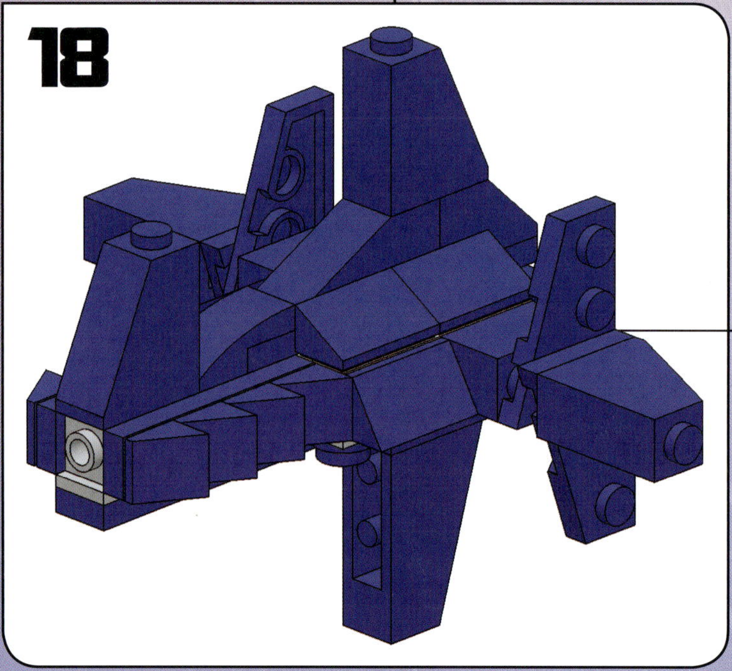
18

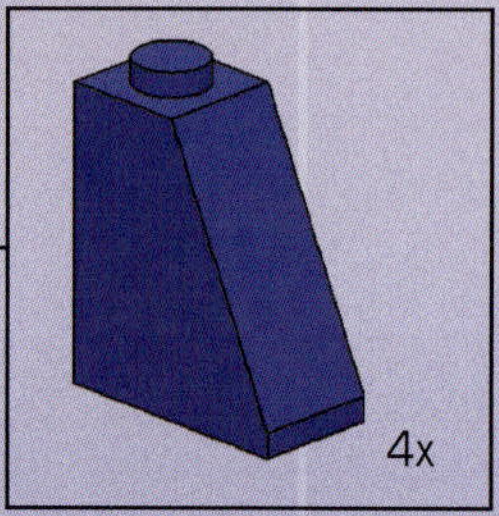
4x

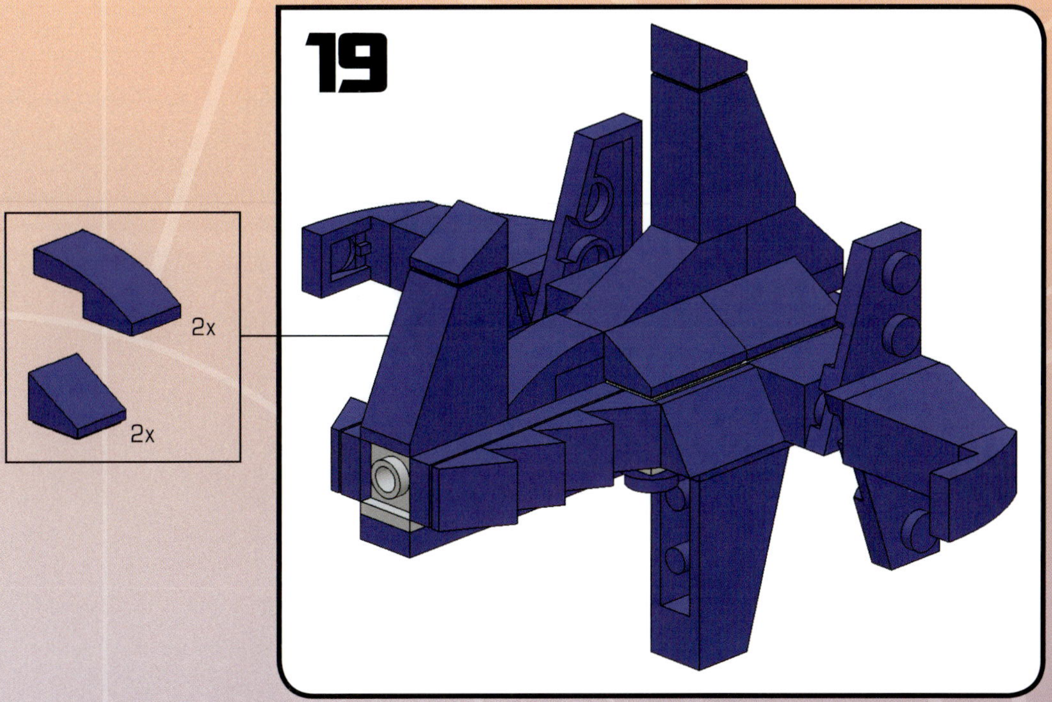
19
2x
2x

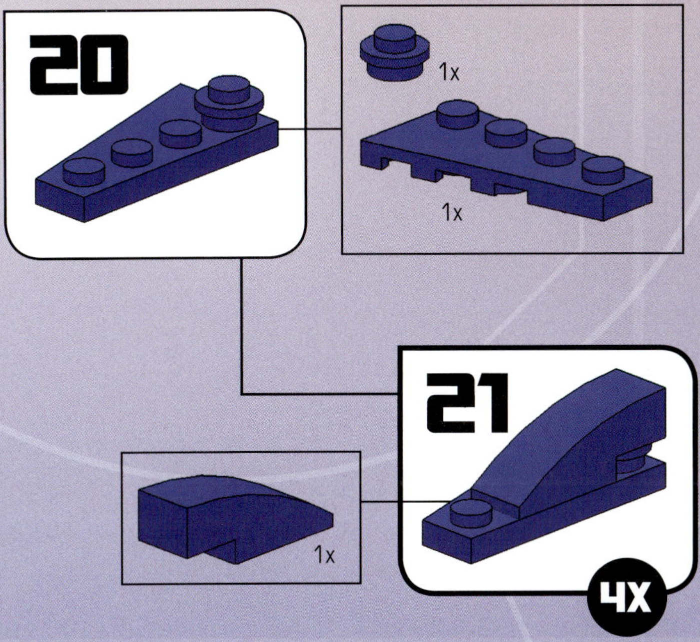
20
1x
1x
21
1x
4X

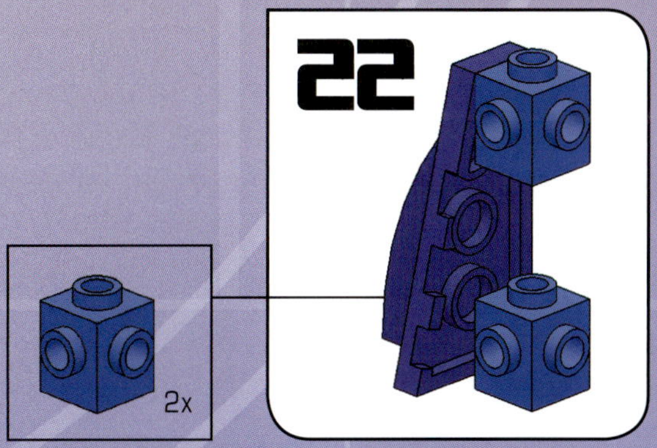
22
2x

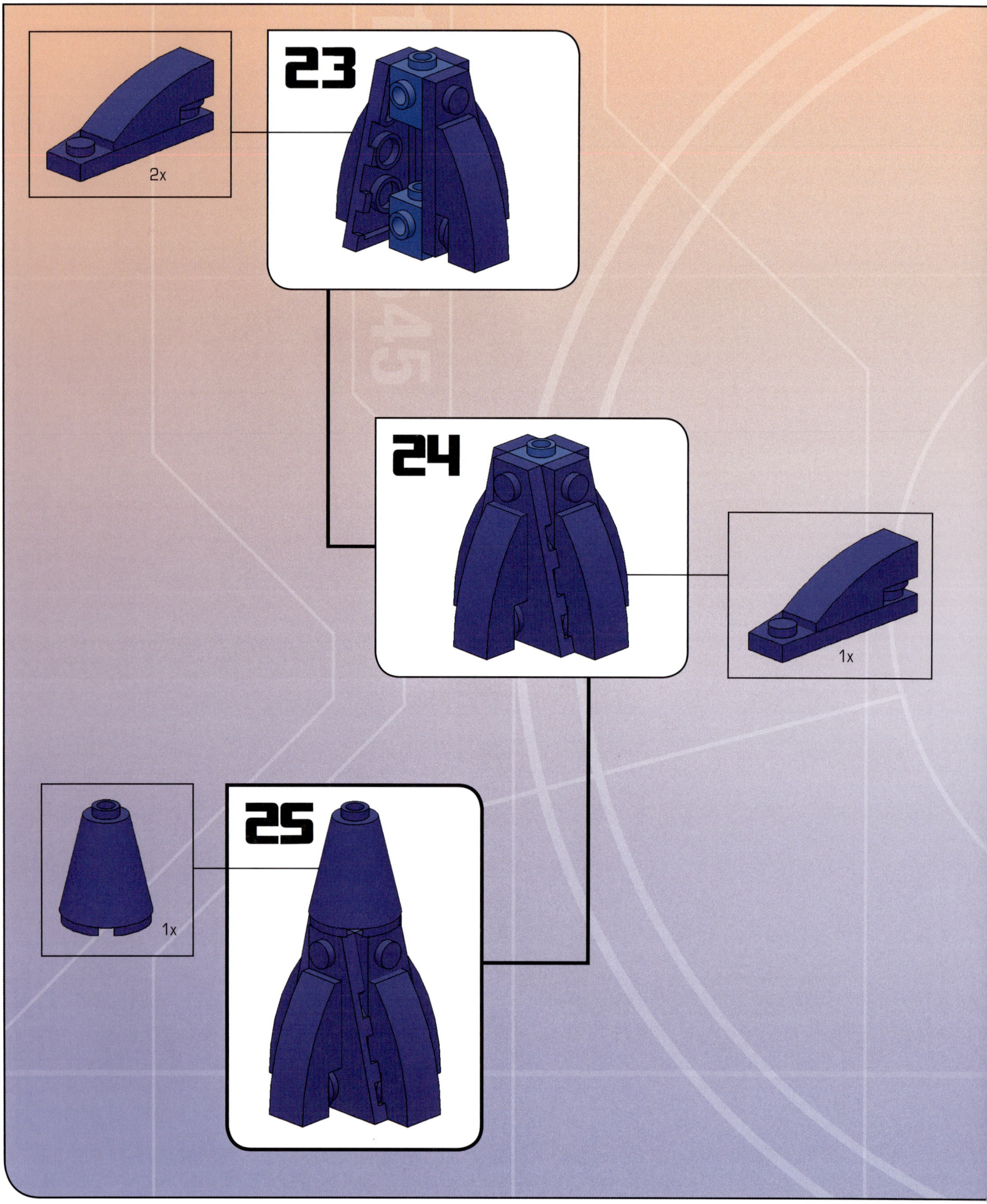
2x
23
24
1x
1x
25

26

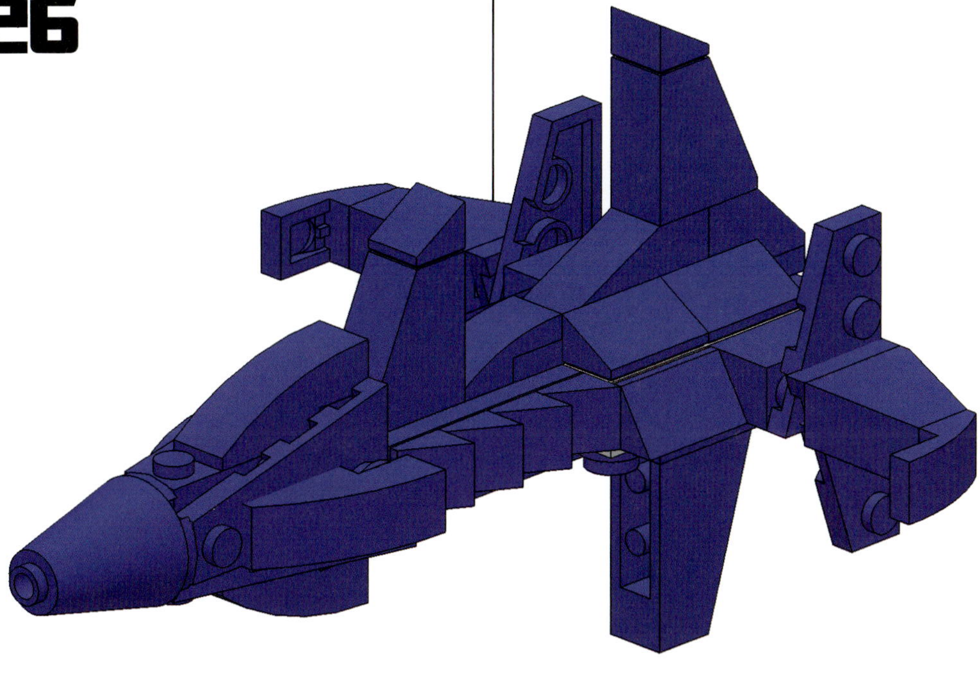

TEILELISTE

Menge		Farbe	Teilenummer	Name	LEGO® Teilenummer
1		Light Bluish Gray	4070	Brick 1 x 1 with Headlight	4211476
1		Light Bluish Gray	87087	Brick 1 x 1 with Stud on 1 Side	4558953
2		Blue	4733	Brick 1 x 1 with Studs on Four Sides	4296151
3		Light Bluish Gray	47905	Brick 1 x 1 with Studs on Two Opposite Sides	4213567
2		Dark Purple	3004	Brick 1 x 2	4224854, 4640739, 6104154
1		Dark Purple	3622	Brick 1 x 3	4235127
2		Light Bluish Gray	30414	Brick 1 x 4 with Studs on Side	4211636
1		Dark Purple	3942c	Cone 2 x 2 x 2 with Hollow Stud Open	4297454, 6060830, 6064621
1		Dark Purple	3024	Plate 1 x 1	4224857
7		Dark Purple	4073	Plate 1 x 1 Round	4566522
2		Dark Purple	3023	Plate 1 x 2	4224858, 4655695
3		Dark Purple	3623	Plate 1 x 3	6035470
2		Dark Purple	3710	Plate 1 x 4	4225140, 6167464
1		Dark Purple	3021	Plate 2 x 3	4225142
10		Dark Purple	54200	Slope Brick 31 1 x 1 x 0.667	4255409, 4567509
6		Dark Purple	85984	Slope Brick 31 1 x 2 x 0.667	4566607
1		Dark Purple	4286	Slope Brick 33 3 x 1	4225012, 4567508
1		Dark Purple	3040	Slope Brick 45 2 x 1	4225265, 6109814
4		Dark Purple	60481	Slope Brick 65 2 x 1 x 2	6022070
1		Dark Purple	2449	Slope Brick 75 2 x 1 x 3 Inverted	6022072
5		Dark Purple	11477	Slope Brick Curved 2 x 1	6057390
4		Dark Purple	50950	Slope Brick Curved 3 x 1	4578772, 6103449
1		Trans Purple	98138	Tile 1 x 1 Round with Groove	6065505
2		Dark Purple	43723	Wing 2 x 3 Left	4616558
2		Dark Purple	43722	Wing 2 x 3 Right	4616557
4		Dark Purple	41769	Wing 2 x 4 Right	4225145

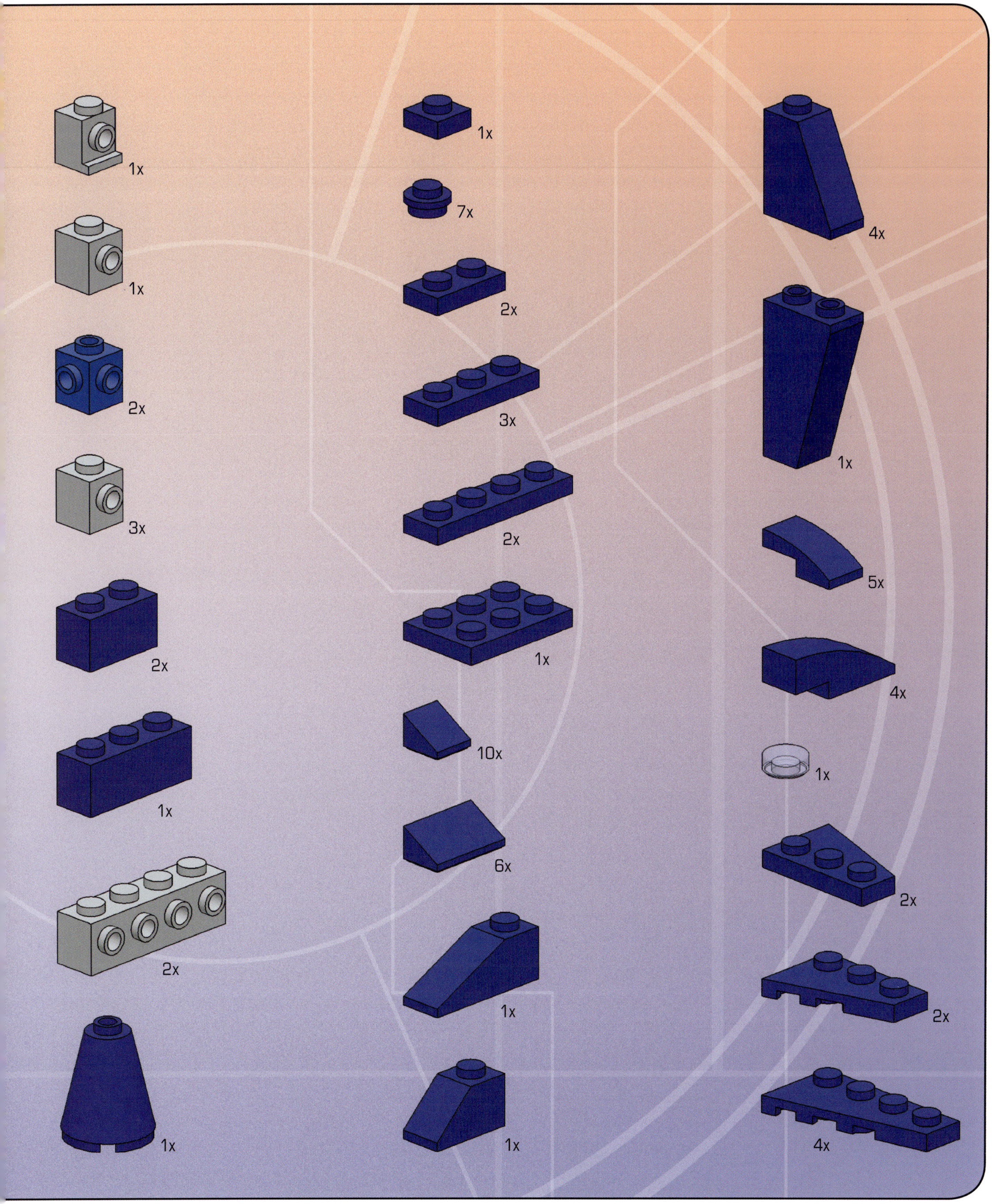
1x
1x
2x
3x
2x
1x
2x
1x
1x
7x
2x
3x
2x
1x
10x
6x
1x
1x
4x
1x
5x
4x
1x
2x
2x
4x

TRANSFORMATIONSSONDE

Sie ist Teil des Neustartprogramms des Teletraan I. Nach dem Absturz auf der Erde wird sie aktiviert, um Formen in der Umgebung zu finden und sie auf die Roboter zu übertragen. Die Transformers nutzten die Transformation auf Cybertron nur zu Fortbewegungszwecken, erst auf der Erde wird sie zur Tarnung.

Natürlich muss die Größe des Roboters und des Objekts, in das er sich transformieren soll, übereinstimmen – im Cartoon wurde das aber nie ganz ernst genommen.

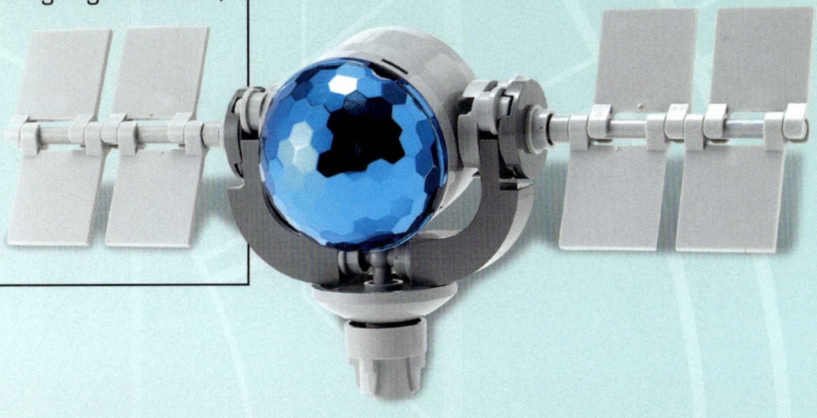

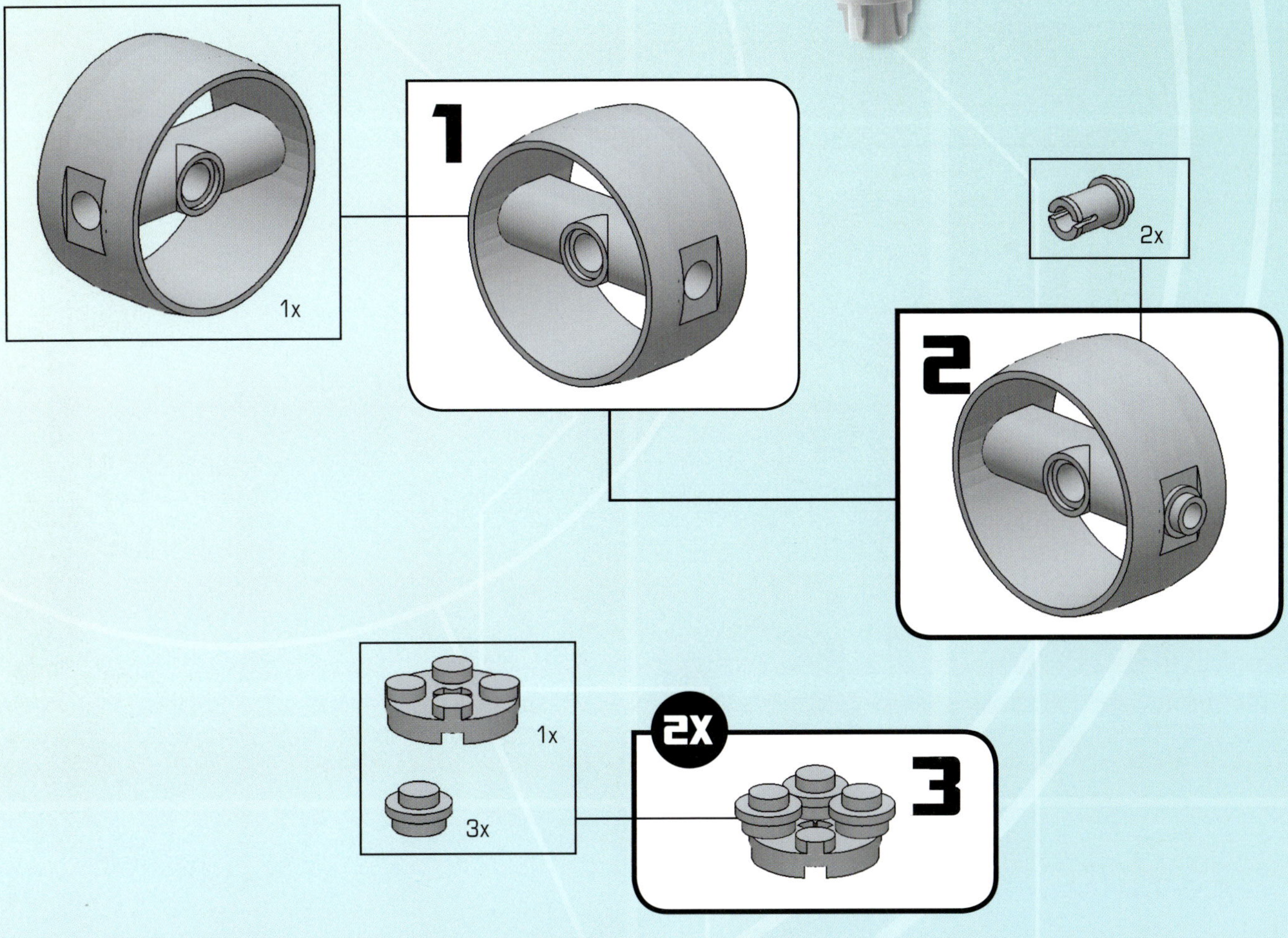

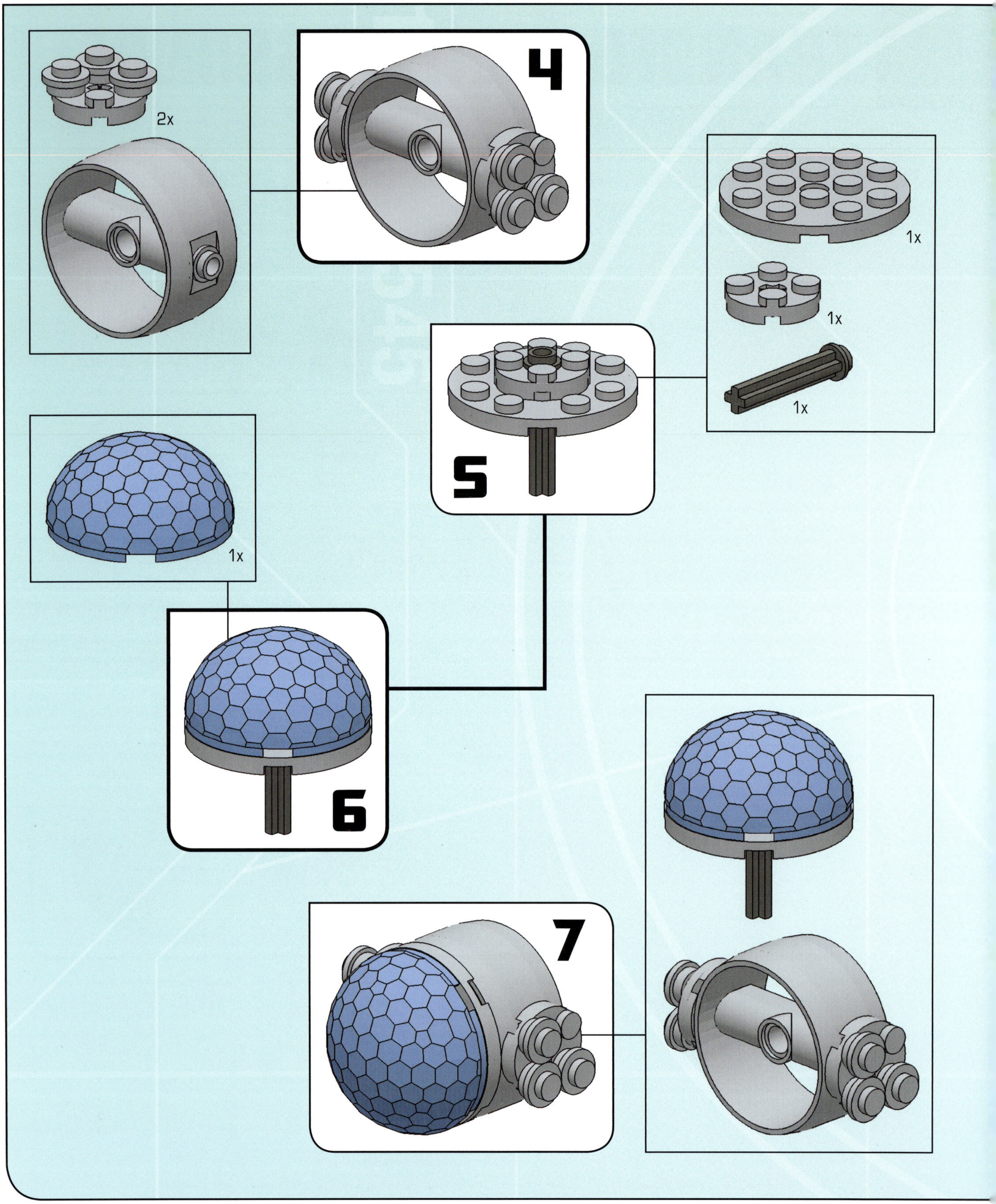
2x
4
1x
1x
5
1x
1x
6
7

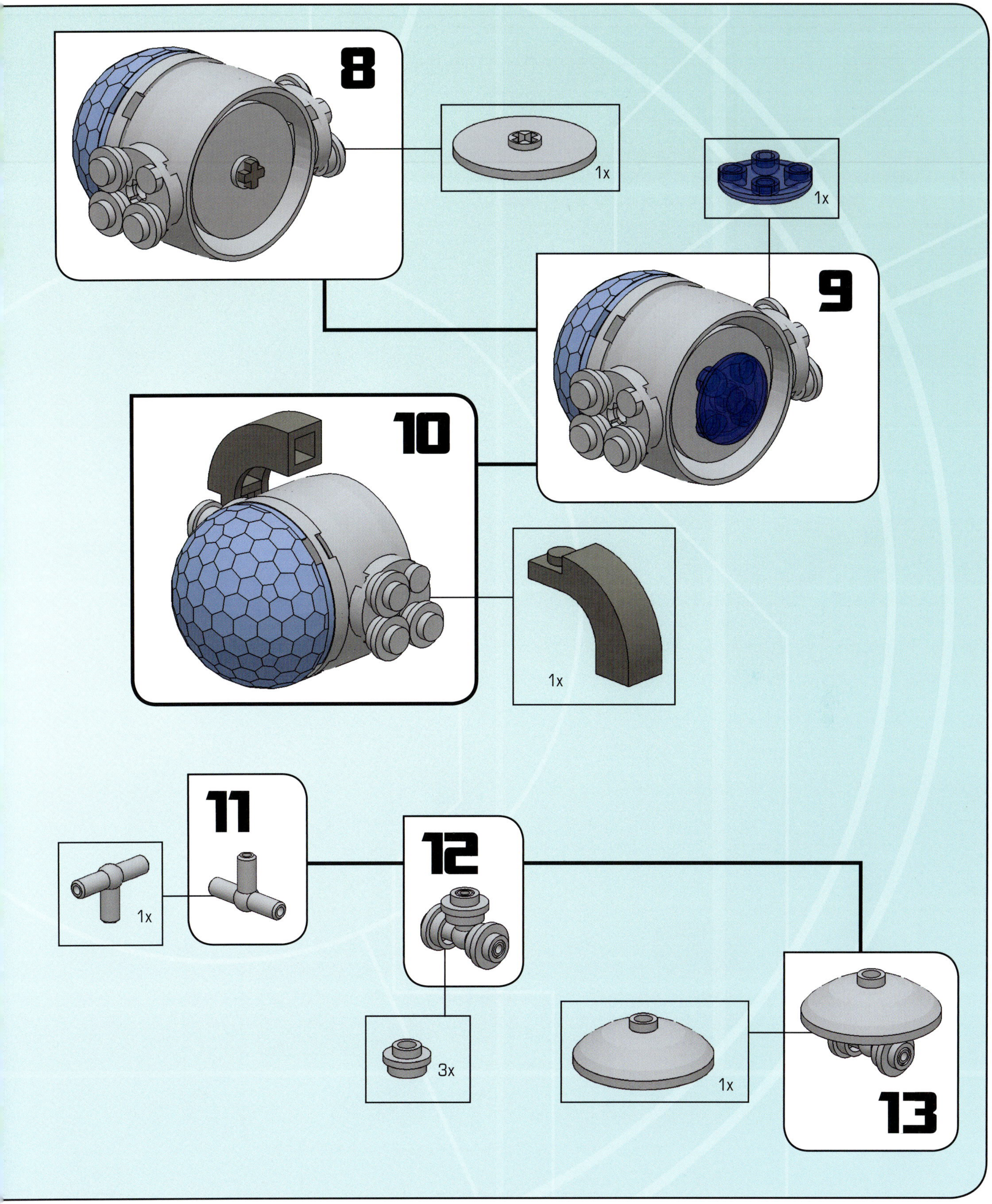
8
1x
1x
9
10
1x
11
1x
12
3x
1x
13

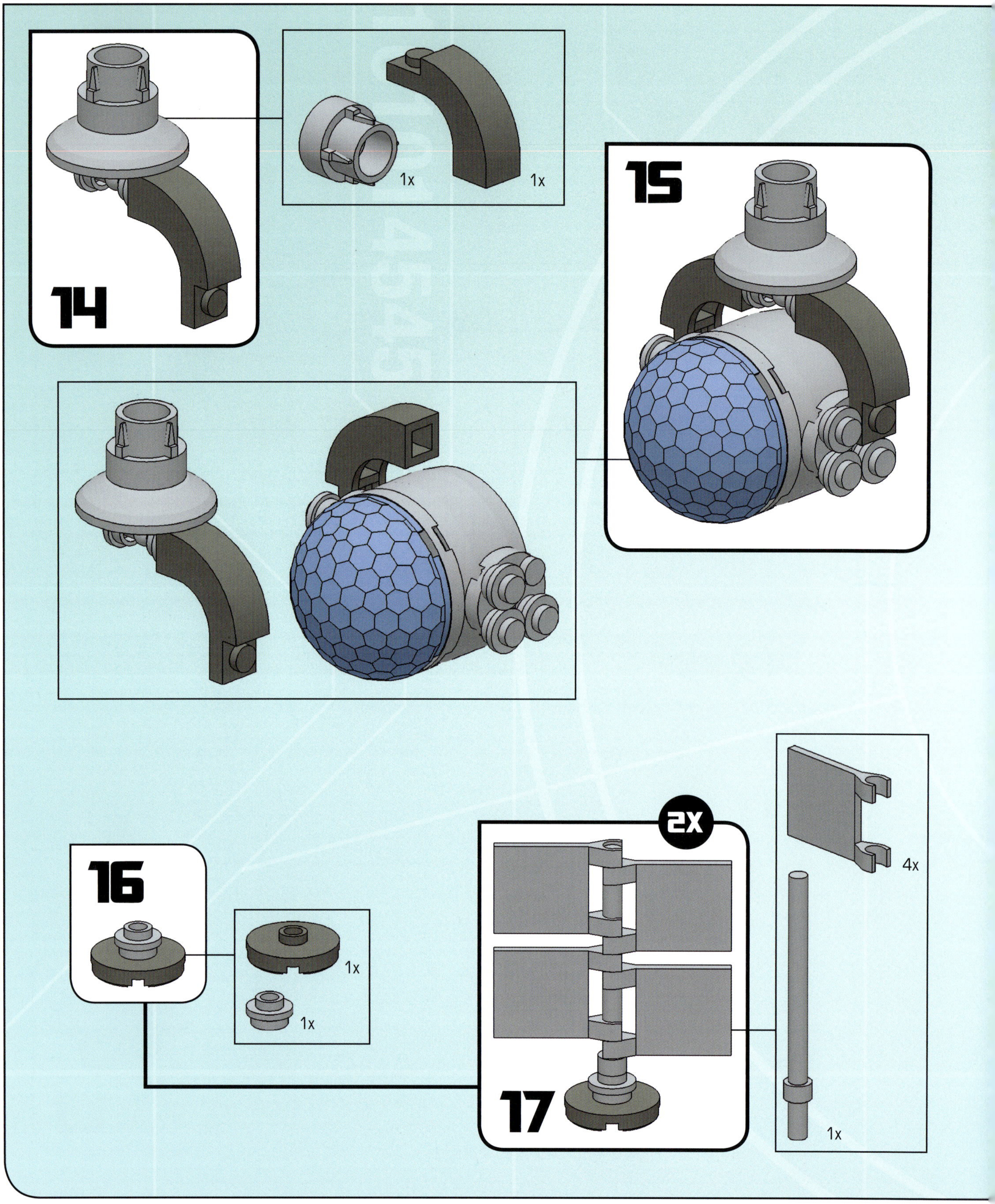
14
1x
1x
15
16
1x
1x
2x
17
4x
1x

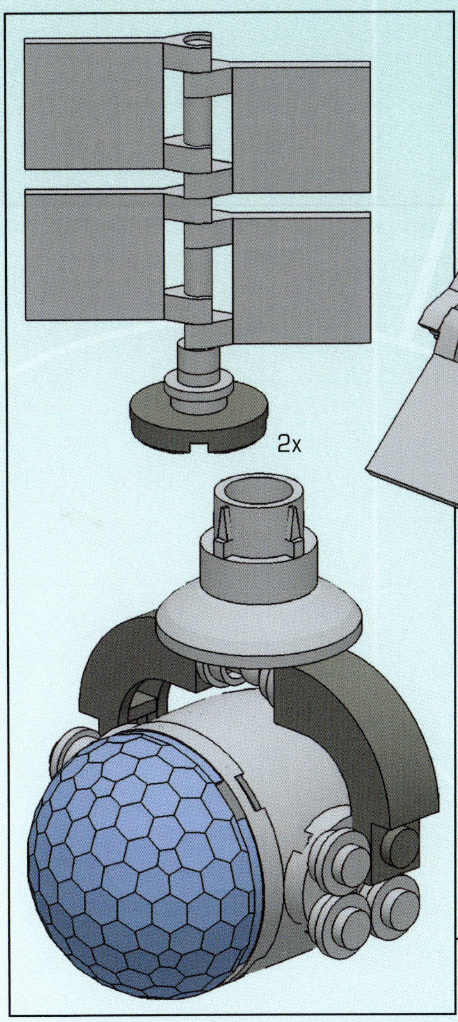

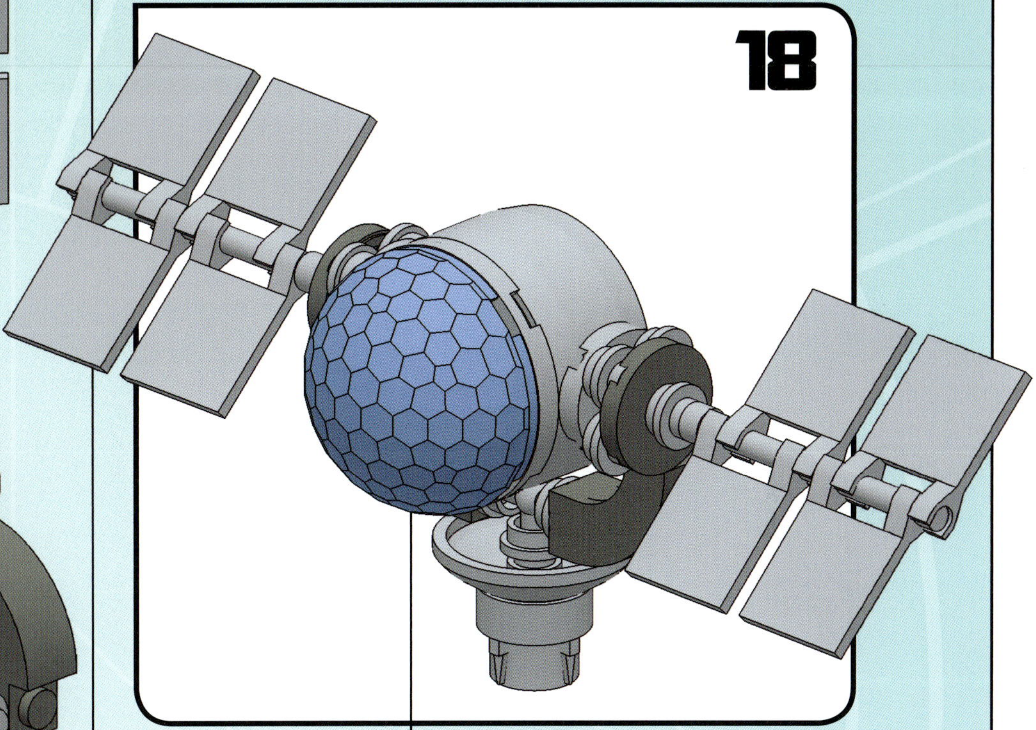

TEILELISTE

Menge	Farbe		Teilenummer	Name	LEGO® Teilenummer
2		Dark Bluish Gray	6005	Arch 1 x 3 x 2 with Curved Top	4199213, 4586564, 4618881
2		Light Bluish Gray	63965	Bar 6L with Thick Stop	4538098, 6061535, 6081975
1		Trans Dark Blue	2654	Dish 2 x 2	4278413, 4529172, 4623595
1		Light Bluish Gray	43898	Dish 3 x 3 Inverted	4211787, 4568360, 6070564
8		Light Bluish Gray	2335	Flag 2 x 2	4271362, 4523408, 6011817
1		Chrome Blue	30208	Hemisphere 4 x 4 Multifaceted	4295298
6		Light Bluish Gray	4073	Plate 1 x 1 Round	4211525
5		Light Bluish Gray	85861	Plate 1 x 1 Round with Open Stud	6124825, 6168647
2		Dark Bluish Gray	18674	Plate 2 x 2 Round with 1 Centre Stud	6115080

Menge	Farbe	Teilenummer	Name	LEGO® Teilenummer
3	Light Bluish Gray	4032b	Plate 2 x 2 Round with Axlehole Type 2	4211475
1	Light Bluish Gray	60474	Plate 4 x 4 Round with Hole and Snapstud	4515351
1	Dark Bluish Gray	6587	Technic Axle 3 with Stud	4211086, 6129590, 6587199
1	Light Bluish Gray	41531	Technic Cylinder 4 x 4 x 2 with 3 Pin Holes and Center Bar	4507052
1	Light Bluish Gray	2723	Technic Disc 3 x 3 with Axlehole	
2	Light Bluish Gray	4274	Technic Pin 1/2	4211483, 4274194
1	Light Bluish Gray	4697b	Technic Pneumatic T-Piece - Type 2	4211508
1	Light Bluish Gray	32187	Technic Transmission Driving Ring Extension	4278756

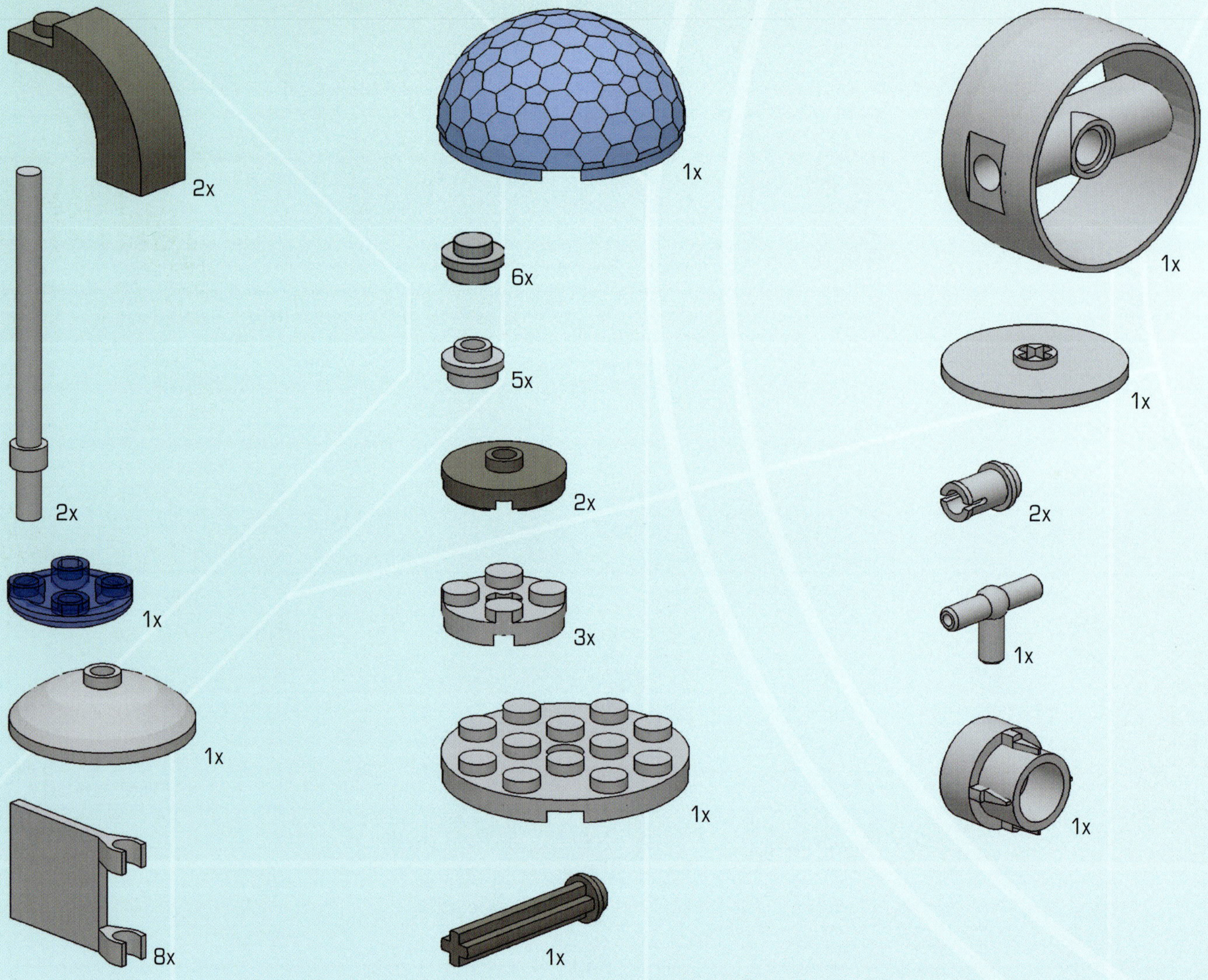

MINI-OPTIMUS PRIME

Nach dem Vorbild dieses Trucks könnt ihr auch weitere Mini-Modelle einfach nachbauen. Versucht euch doch z. B. einmal an einem Mini-Bumblebee. In Joes erstem Buch „Bau dir deine Stadt“ findet ihr einige Bauanleitungen, die euch bei eventuellen Schwierigkeiten weiterhelfen können. Jetzt zeigen wir euch aber erst einmal die Mini-Version des Optimus Prime.

Auf dem Foto seht ihr übrigens die Absturzstelle der Arche am Mount St. Hilary. Von hier aus startet Optimus Prime alle Missionen seiner Autobots. In der Szene wurde eine alte Baseplate in dark orange verbaut, die als Teil der Verpackung in einem LEGO® Set verwendet wurde. Sie eignet sich in unserem Diorama ganz hervorragend als Berg.

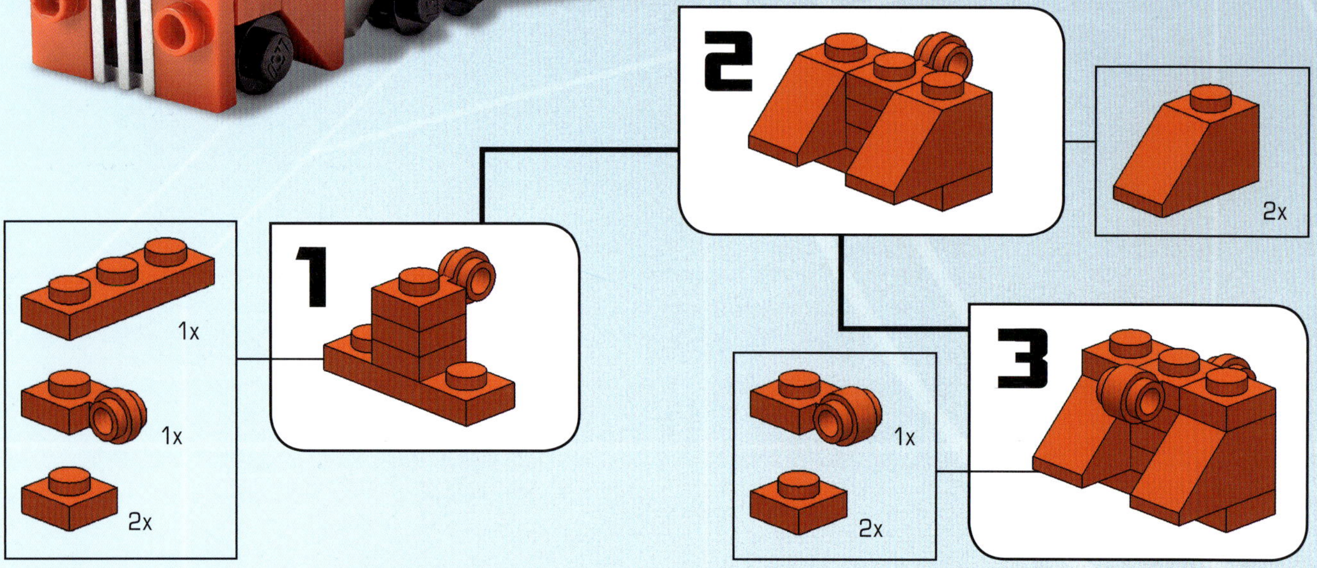

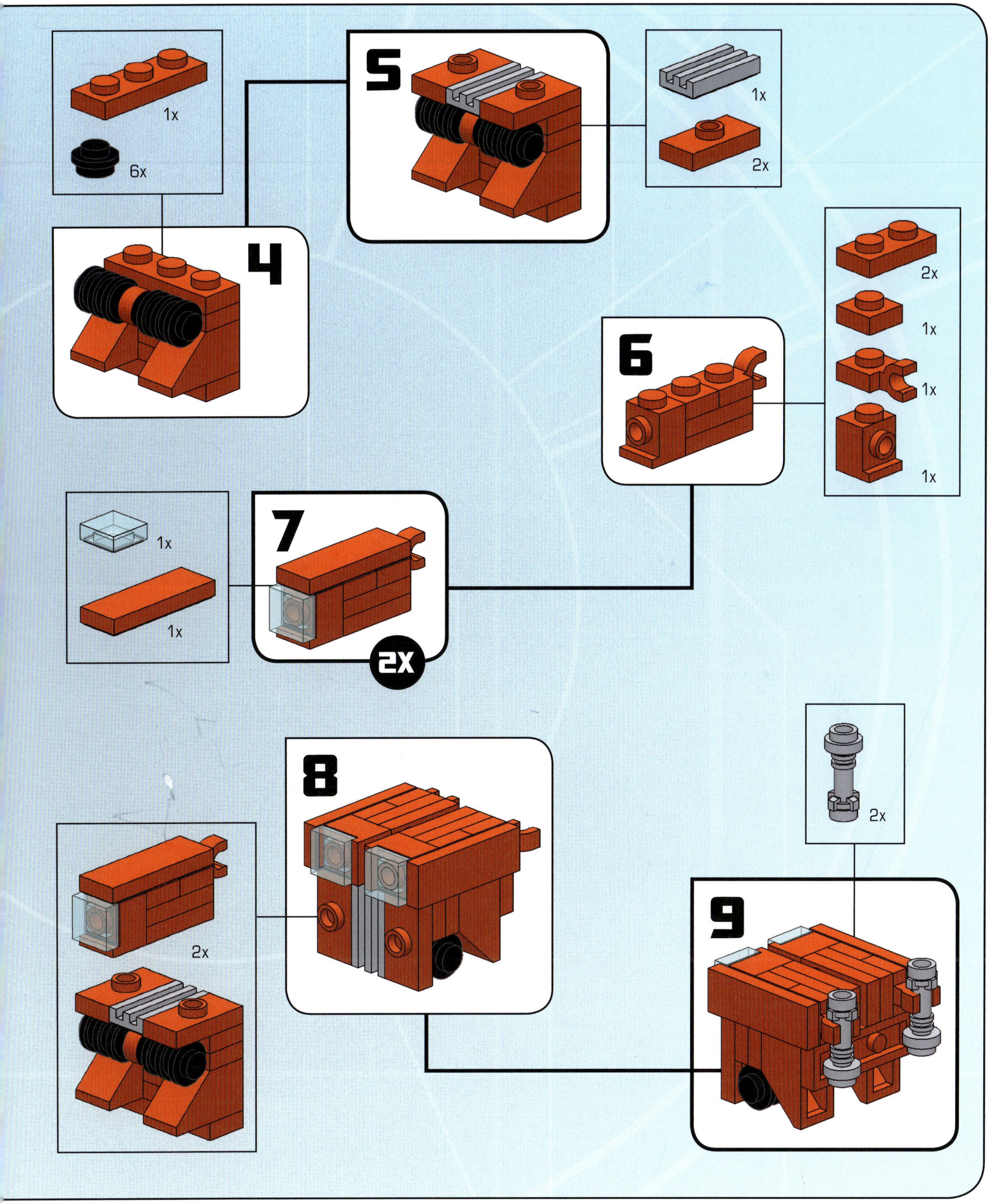
1x
6x
4
5
1x
2x
6
2x
1x
1x
1x
7
1x
1x
2X
8
2x
9
2x

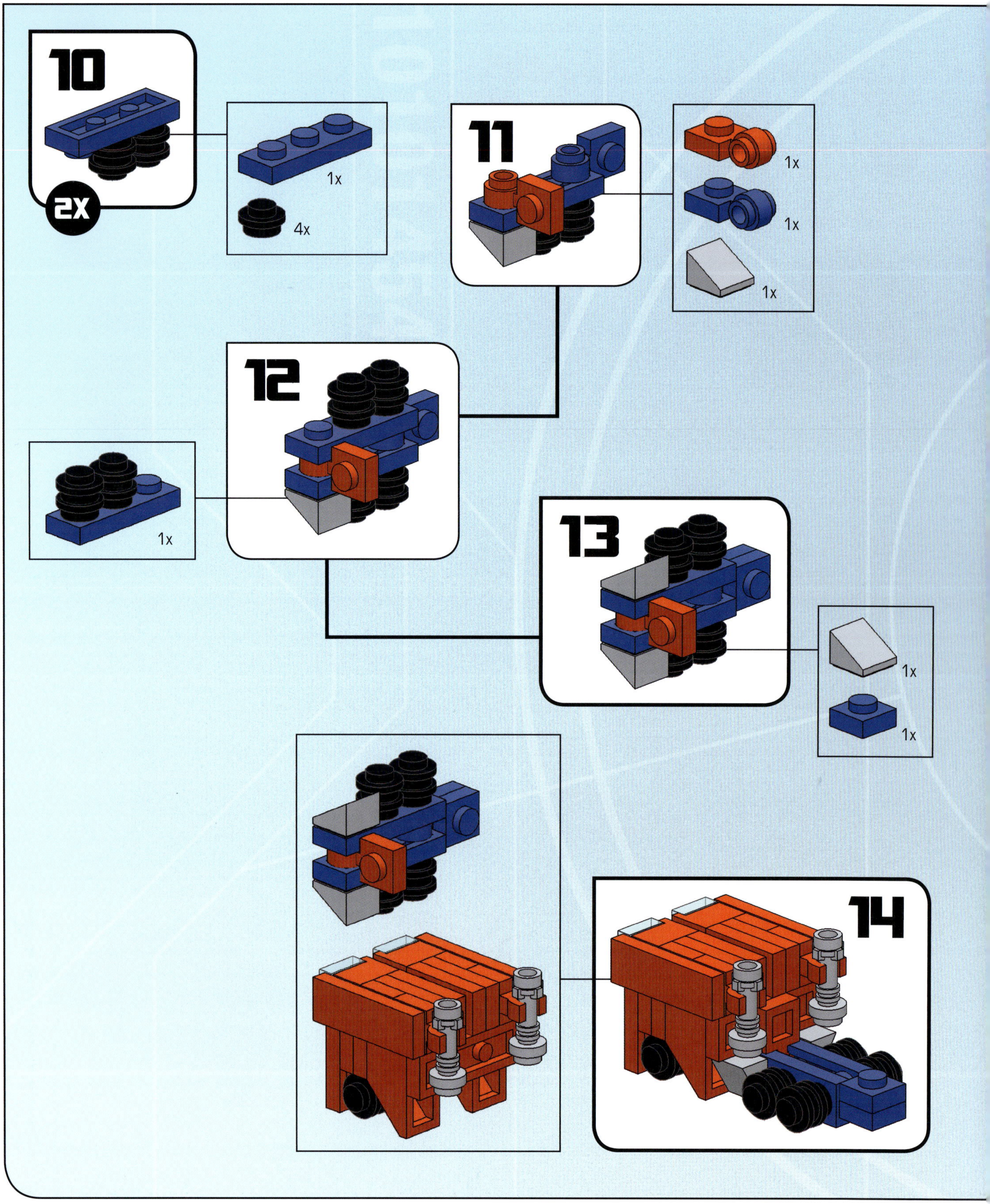
10
2X
1x
4x
11
1x
1x
1x
12
1x
13
1x
1x
14

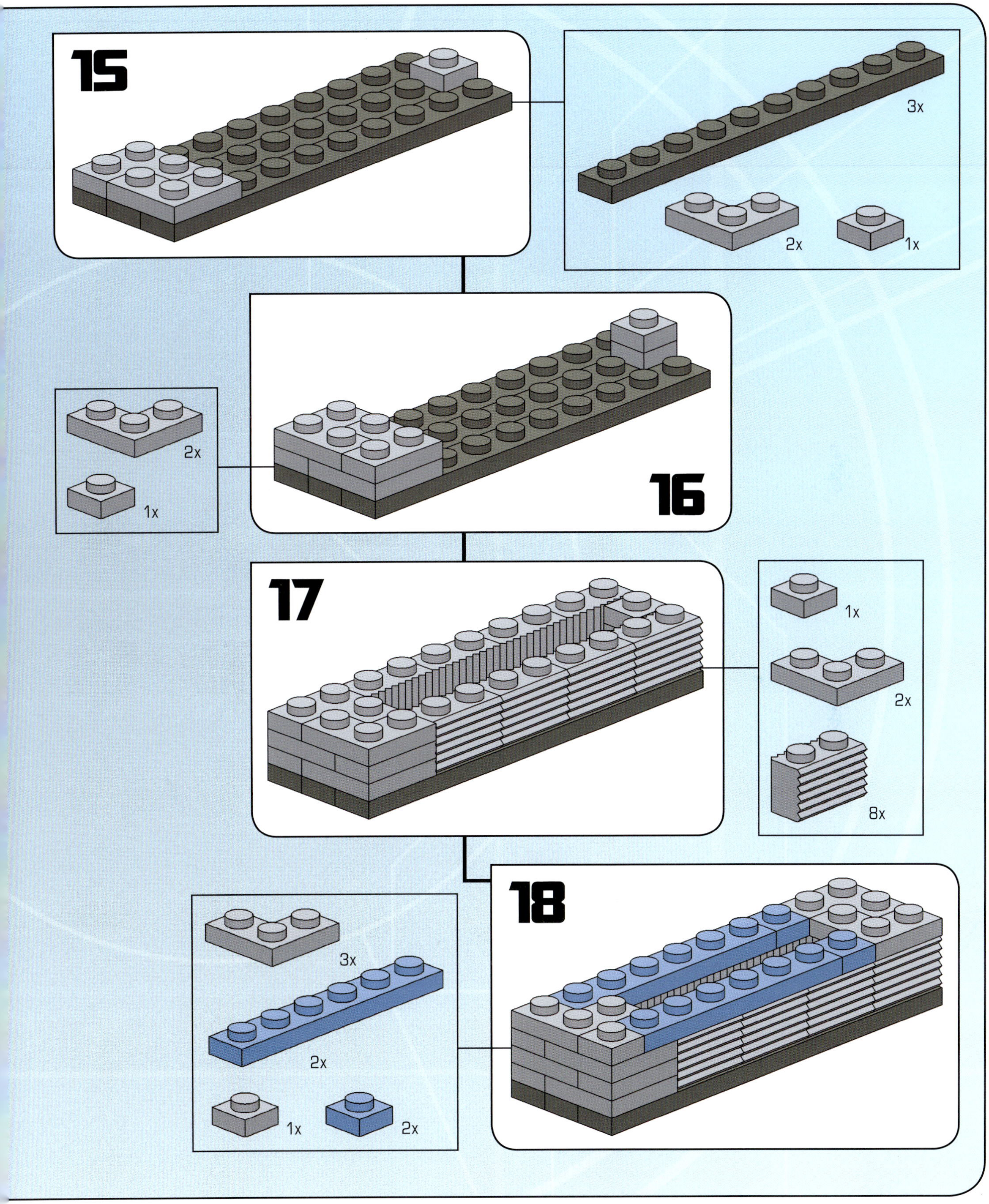
15
3x
2x
1x
2x
1x
16
17
1x
2x
8x
18
3x
2x
1x
2x

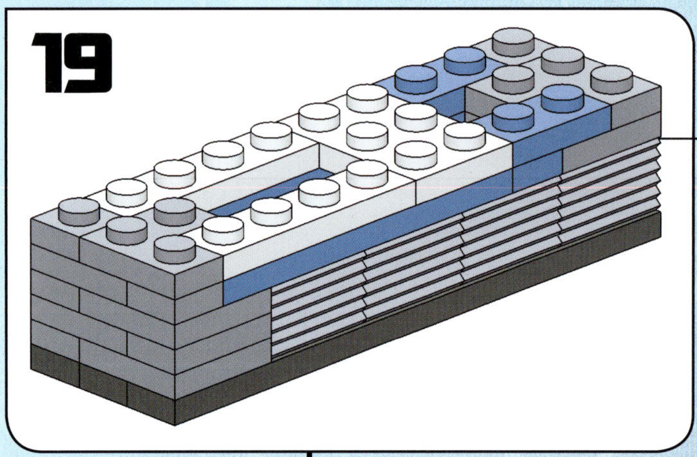
19

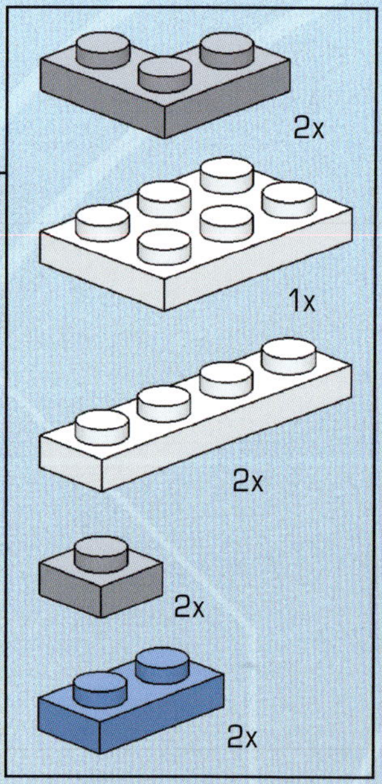
2x
1x
2x
2x
2x

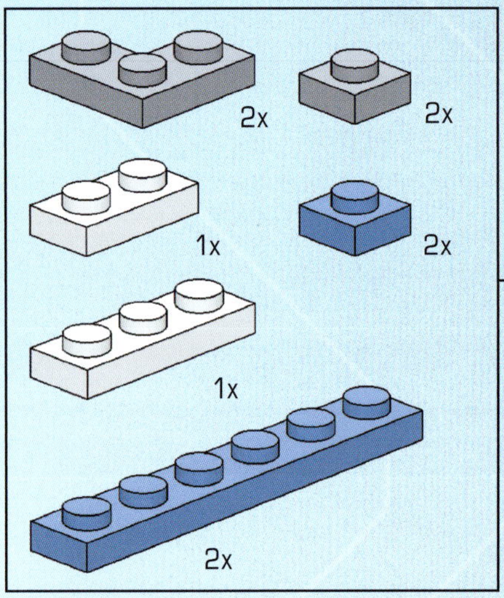
2x
2x
1x
2x
1x
2x

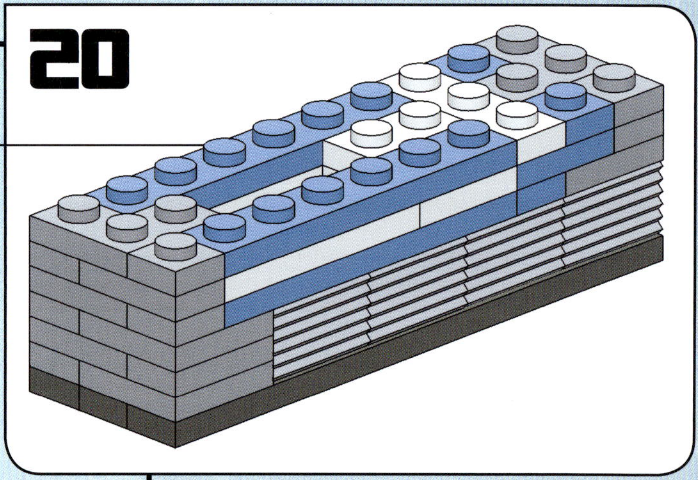
20

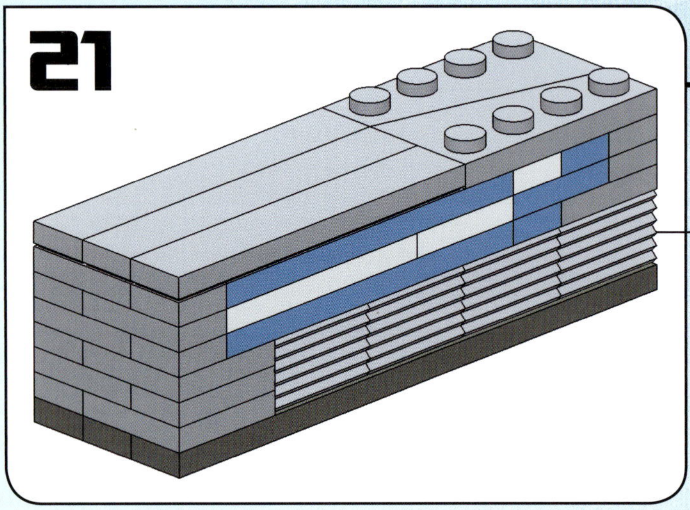
21

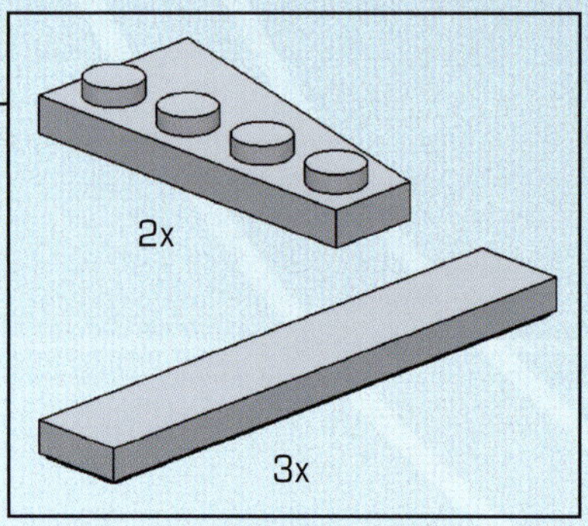
2x
3x

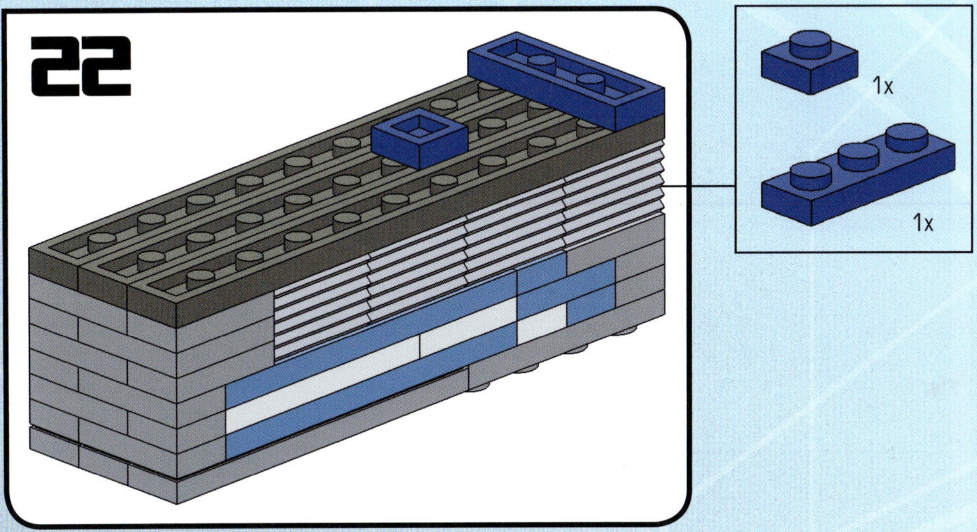
22
1x
1x

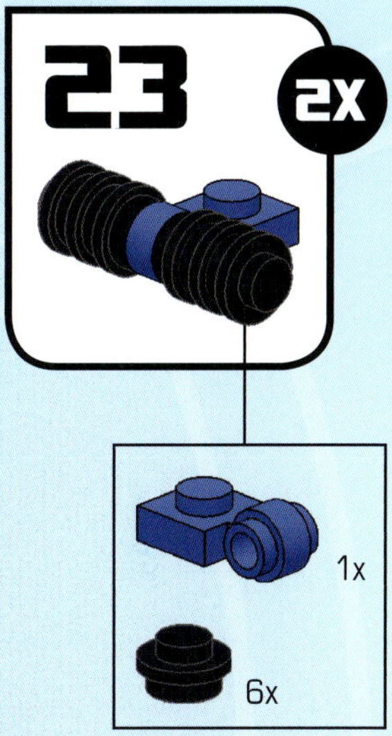
23
2x
1x
6x

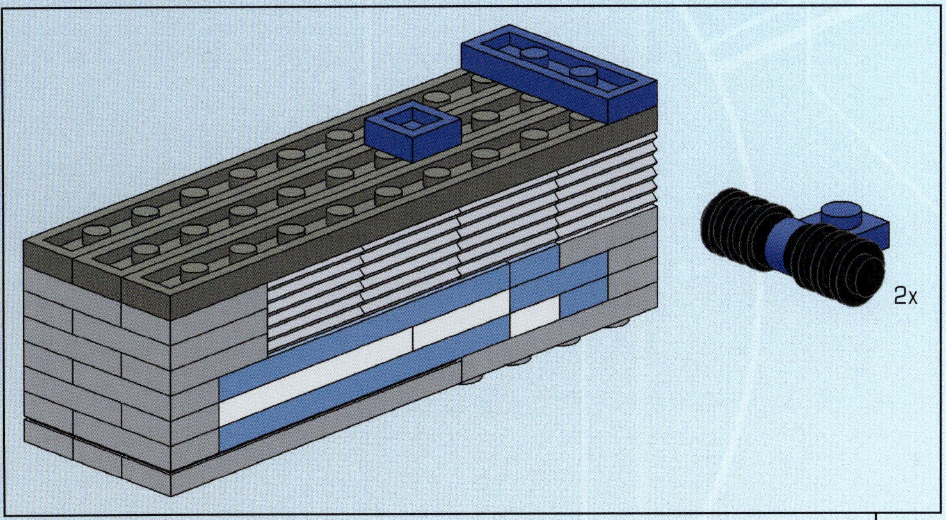
2x

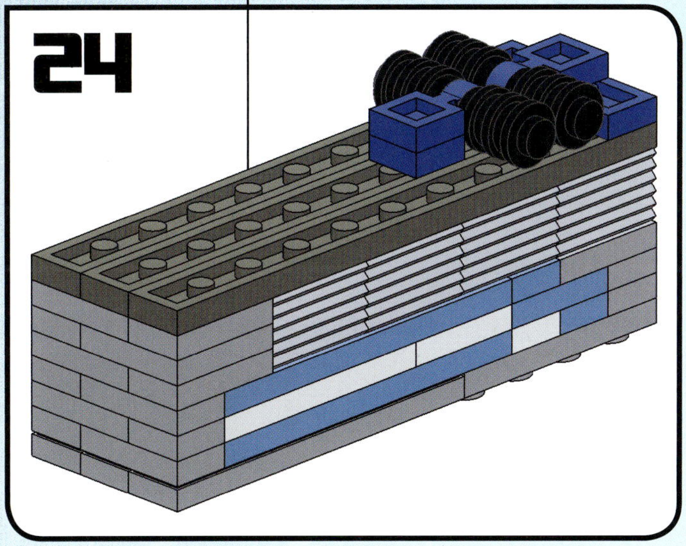
24

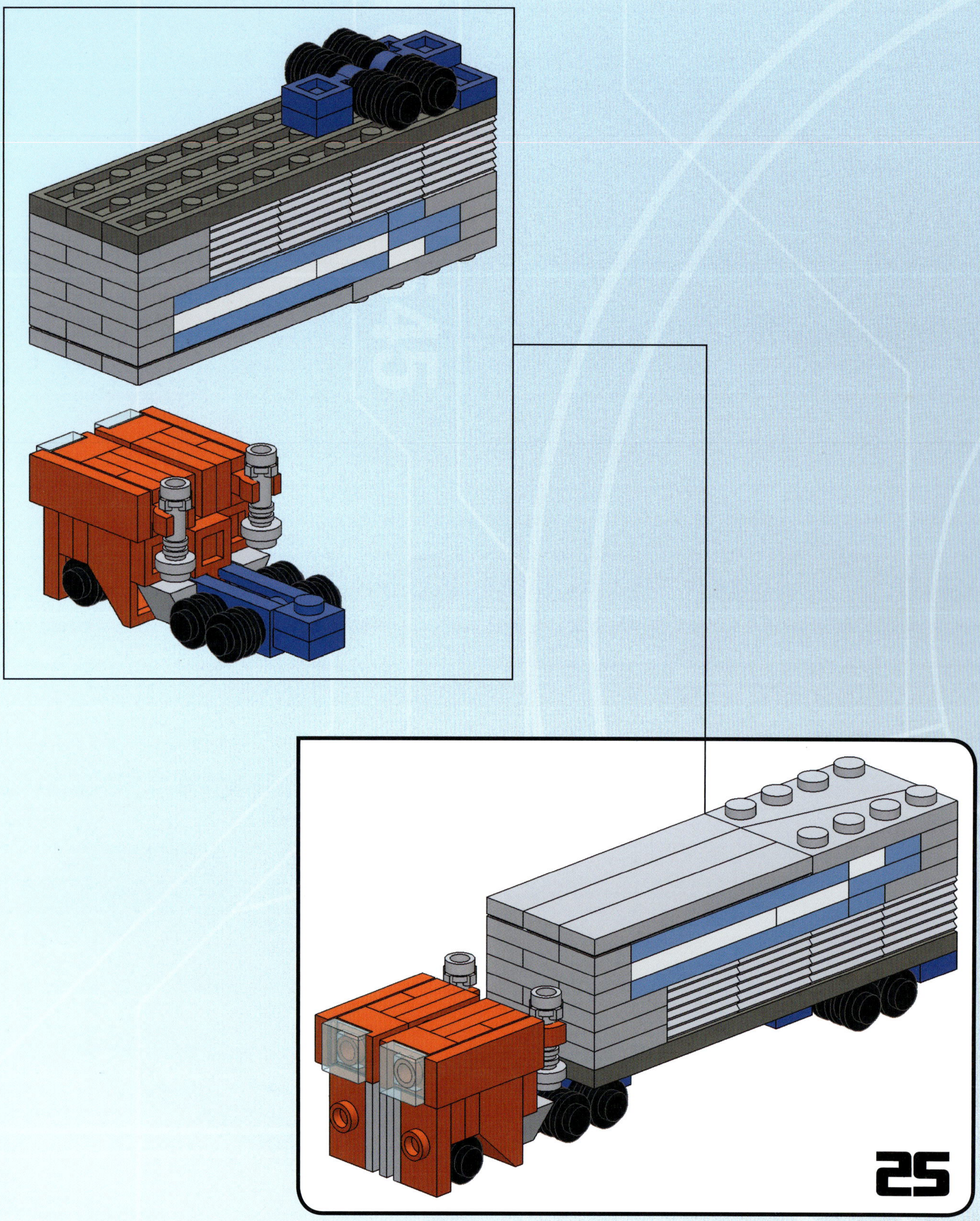
25

TEILELISTE

Menge	Farbe	Teilenummer	Name	LEGO® Teilenummer
2	Red	4070	Brick 1 x 1 with Headlight	407021
8	Light Bluish Gray	2877	Brick 1 x 2 with Grille	4211383
2	Metallic Silver	577b	Minifig Lightsaber Hilt with Bottom Ring	
2	Blue	3024	Plate 1 x 1	302423
4	Medium Blue	3024	Plate 1 x 1	4179826
8	Metallic Silver	3024	Plate 1 x 1	4528732
8	Red	3024	Plate 1 x 1	302421
26	Black	4073	Plate 1 x 1 Round	614126
2	Red	6019	Plate 1 x 1 with Clip Horizontal (Open U-Clip)	601921
1	Red	4081a	Plate 1 x 1 with Clip Light Type 1	
3	Blue	4081b	Plate 1 x 1 with Clip Light Type 2	408123, 4632567
3	Red	4081b	Plate 1 x 1 with Clip Light Type 2	4161412, 4632572
2	Medium Blue	3023	Plate 1 x 2	4179825
4	Red	3023	Plate 1 x 2	302321
1	White	3023	Plate 1 x 2	302301
2	Red	3794	Plate 1 x 2 without Groove with 1 Centre Stud	379421
3	Blue	3623	Plate 1 x 3	362323
2	Red	3623	Plate 1 x 3	362321
1	White	3623	Plate 1 x 3	362301
2	White	3710	Plate 1 x 4	371001
4	Medium Blue	3666	Plate 1 x 6	4179829
3	Dark Bluish Gray	4477	Plate 1 x 10	4257526
13	Metallic Silver	2420	Plate 2 x 2 Corner	4528731
1	White	3021	Plate 2 x 3	302101
2	Metallic Silver	54200	Slope Brick 31 1 x 1 x 0.667	4528609, 6092109
4	Red	3040	Slope Brick 45 2 x 1	4121934
2	Trans Light Blue	3070b	Tile 1 x 1 with Groove	4175010, 6051921
1	Metallic Silver	2412b	Tile 1 x 2 Grille with Groove	4249040, 51815301, 6051422
2	Red	63864	Tile 1 x 3 with Groove	4533742
3	Metallic Silver	6636	Tile 1 x 6	4528730
2	Metallic Silver	41770	Wing 2 x 4 Left	4528772

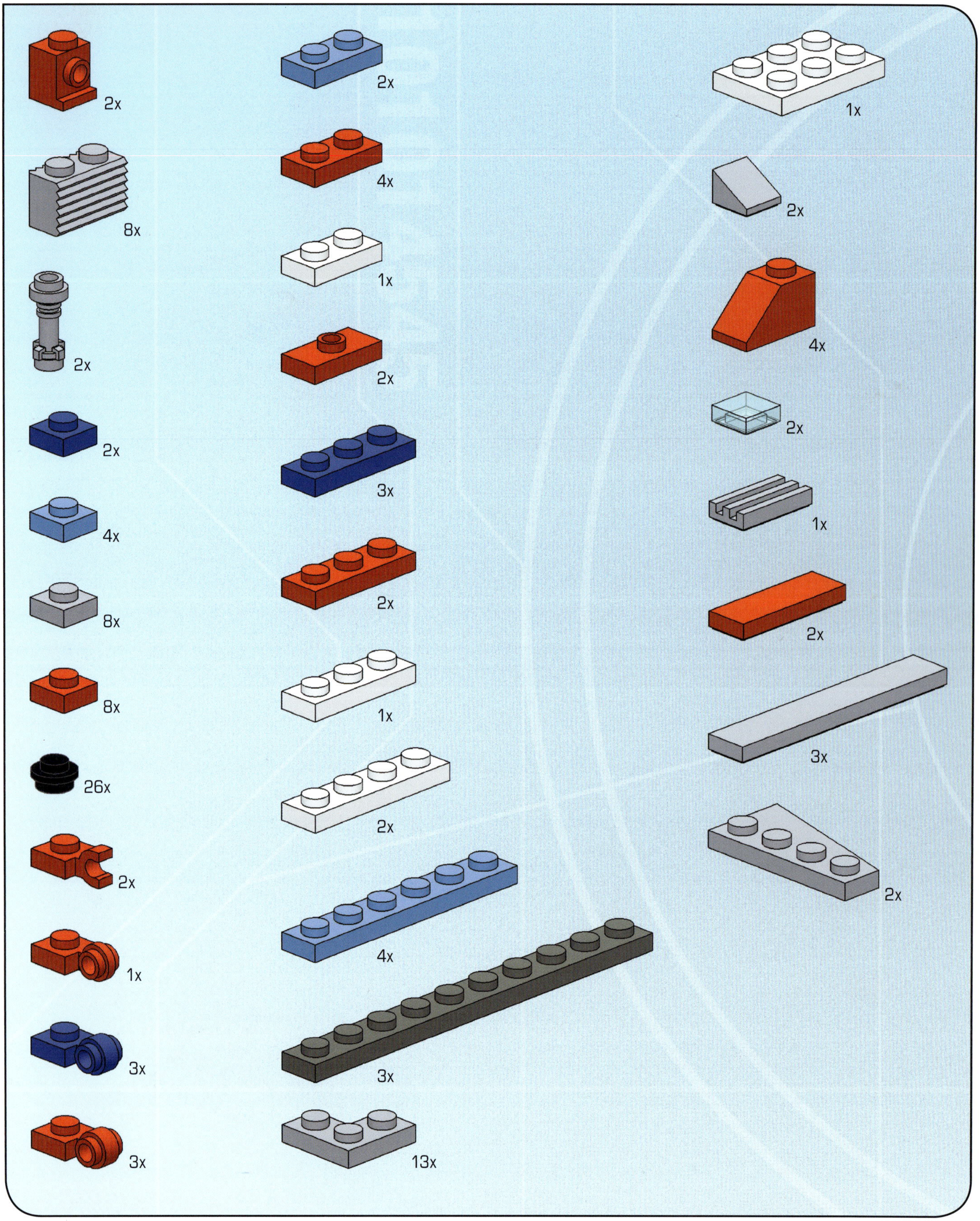
2x
8x
2x
2x
4x
8x
8x
26x
2x
1x
3x
3x
2x
4x
1x
2x
3x
2x
1x
2x
4x
3x
13x
1x
2x
4x
2x
1x
2x
3x
2x

Energy Energy

MINI-GRIMLOCK

Wheeljack ist der leitende Techniker der Autobots, der neue Ideen und Waffensysteme entwickelt. Bei Renovierungsarbeiten an der Arche findet er alte Dinosaurierknochen und erarbeitet daraus die Pläne für Roboter, die sich in Dinosaurier verwandeln können: die Dinobots.

Der kleine Dinobot Grimlock, den ihr auf der Seite zuvor auf dem Tisch seht, folgt hier als Bauanleitung.

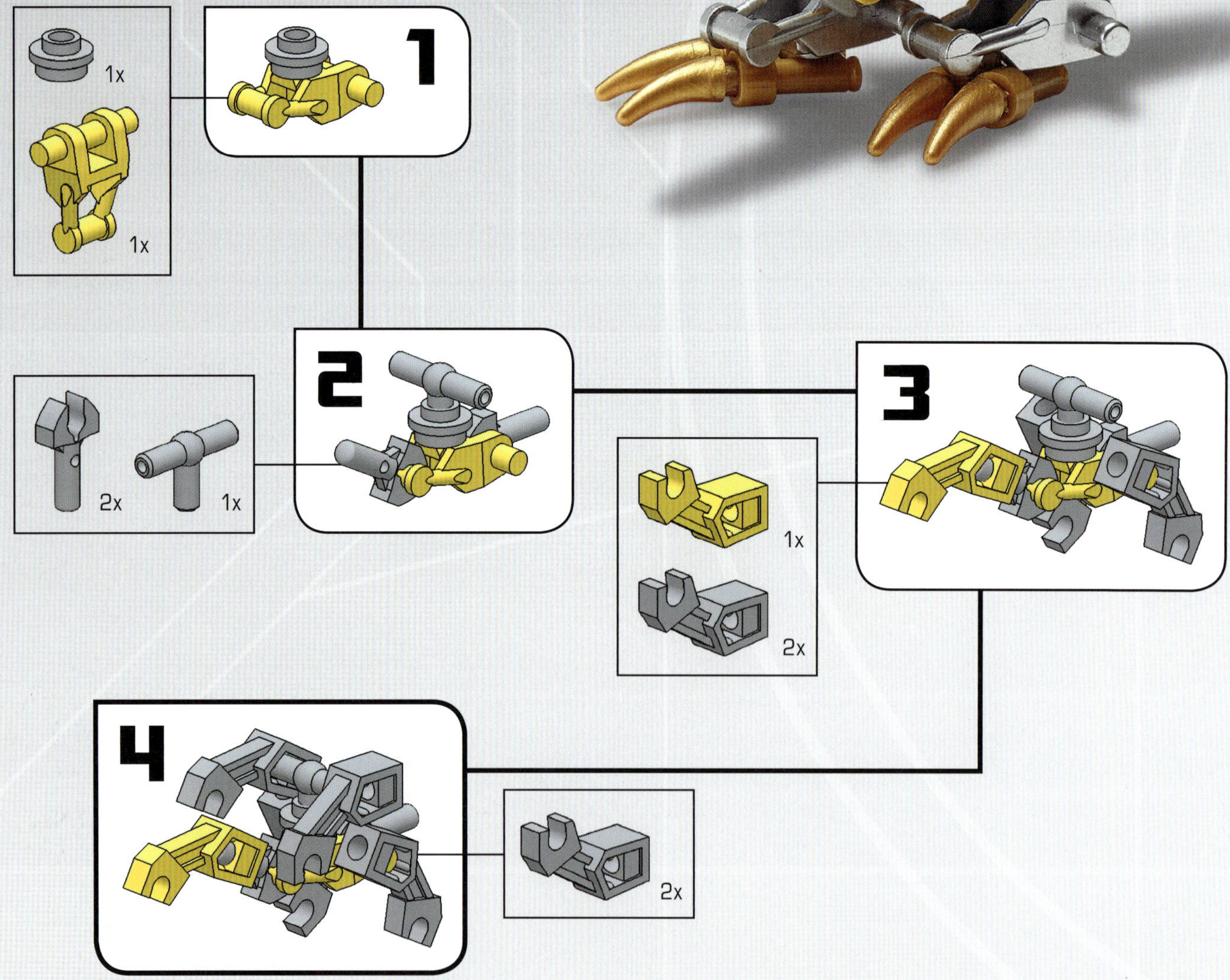

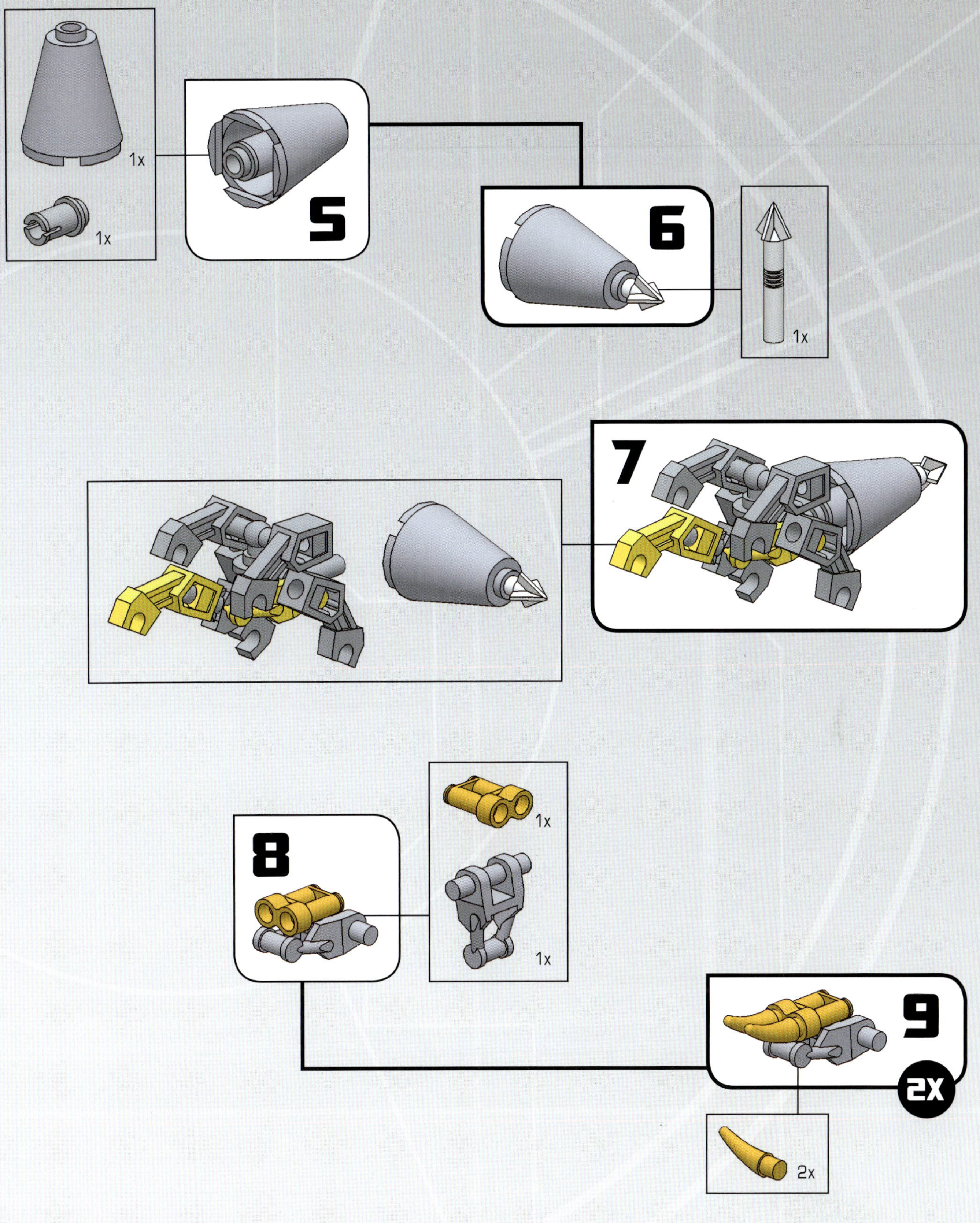
1x
1x
5
6
1x
7
8
1x
1x
9
2X
2x

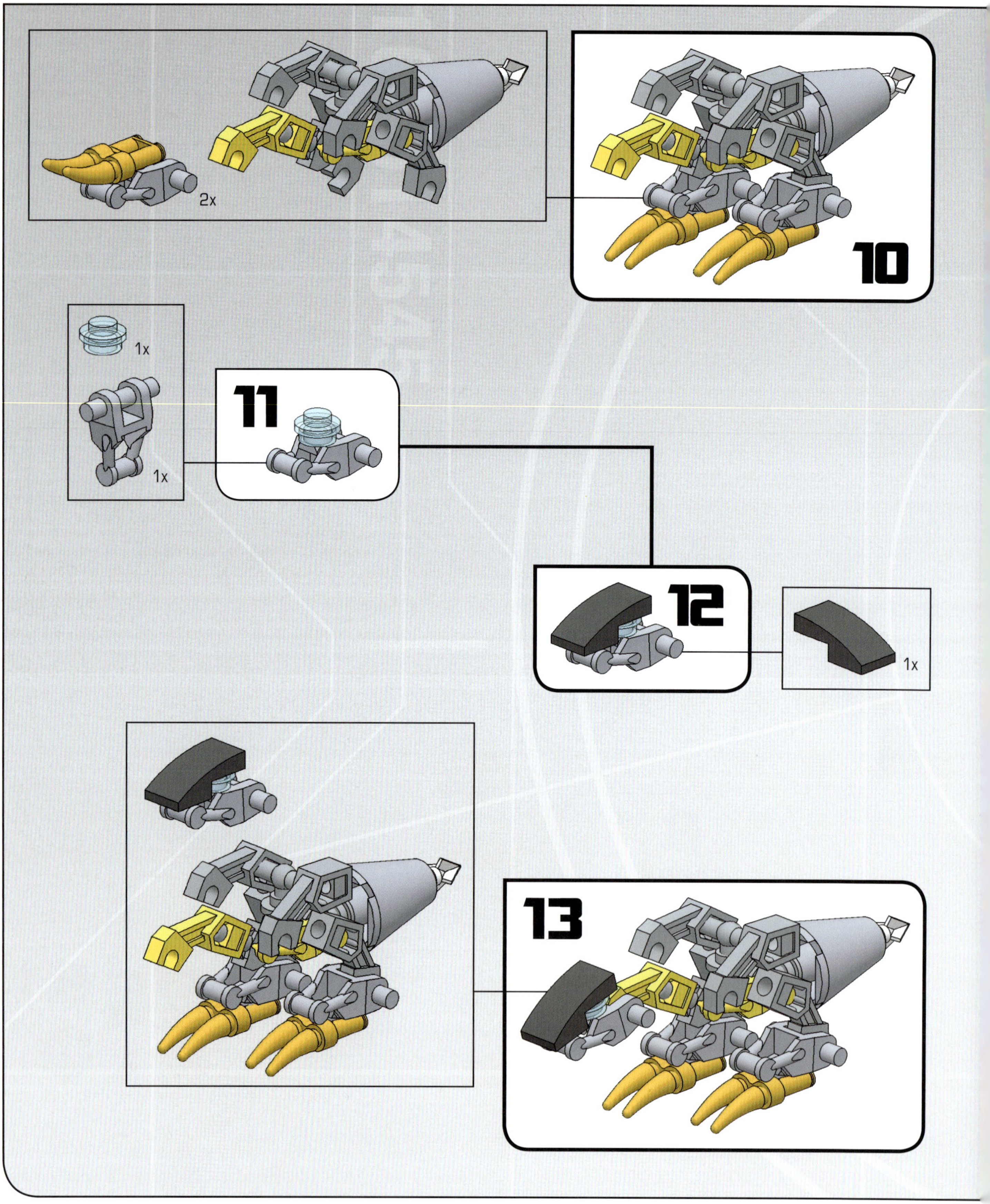
2x
10
1x
1x
11
12
1x
13

TEILELISTE

Menge	Farbe	Teilenummer	Name	LEGO® Teilenummer
2	Pearl Light Gray	48729b	Bar 1.5L with Clip with Truncated Sides and Hole in Shaft	4529339, 4569620
1	Metallic Silver	3942c	Cone 2 x 2 x 2 with Hollow Stud Open	4528919
2	Pearl Gold	30162	Minifig Binoculars with Round Eyepiece	6034543
1	Chrome Silver	57467	Minifig Harpoon	70750
4	Pearl Gold	53451	Minifig Helmet Viking Horn	4618195
4	Pearl Light Gray	53989	Minifig Mechanical Arm with Clip and Rod Hole	4288114, 4494600
1	Yellow	53989	Minifig Mechanical Arm with Clip and Rod Hole	
3	Metallic Silver	30375	Minifig Mechanical Torso	4290382, 4540528, 4547962
1	Yellow	30375	Minifig Mechanical Torso	4224266, 4521511
1	Trans Light Blue	4073	Plate 1 x 1 Round	4163917
1	Light Bluish Gray	85861	Plate 1 x 1 Round with Open Stud	6124825, 6168647
1	Flat Silver	11477	Slope Brick Curved 2 x 1	6047418
1	Light Bluish Gray	4274	Technic Pin 1/2	4211483, 4274194
1	Light Bluish Gray	4697b	Technic Pneumatic T-Piece - Type 2	4211508

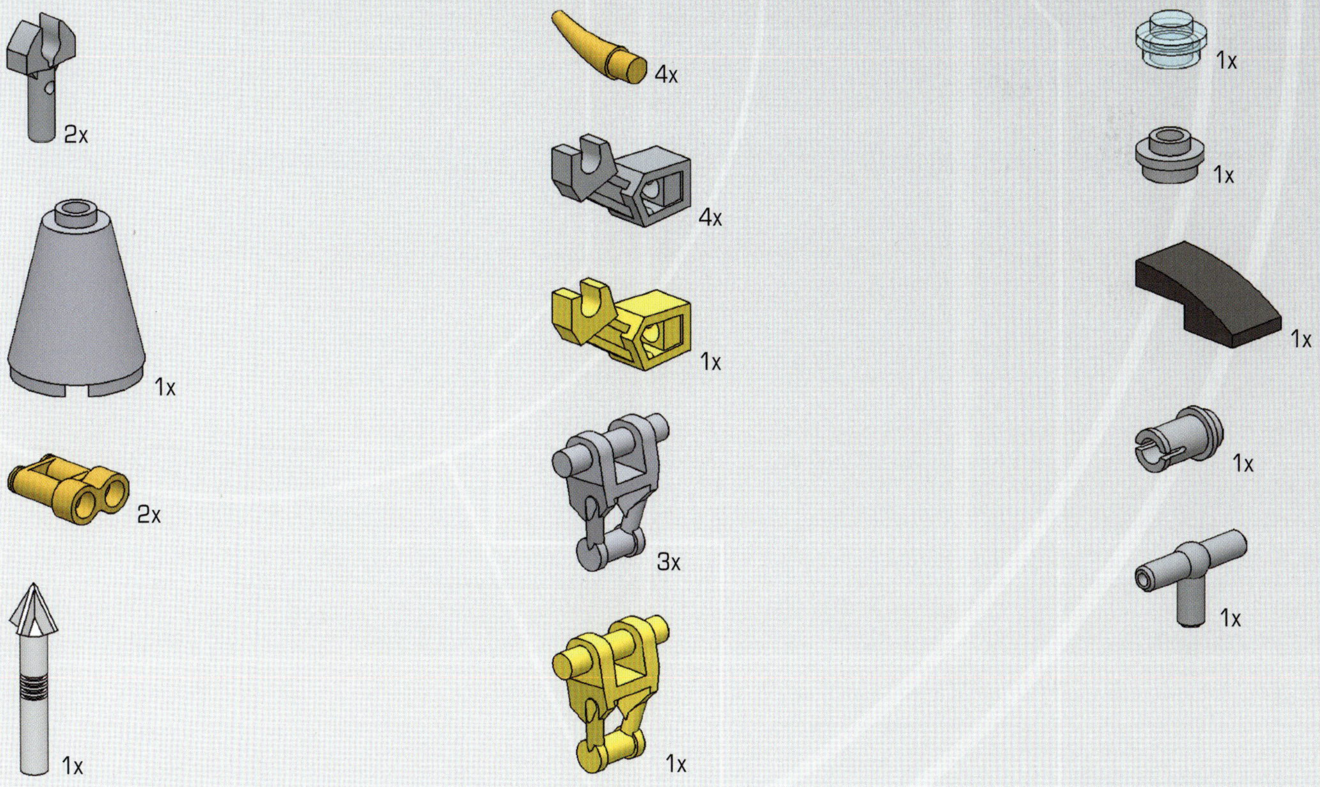

BUMBLEBEE

Er ist einer der kleinsten Autobots und immer unterwegs mit seinem Erden-Freund Spike Witwicky. Bumblebee mag zwar nicht besonders stark sein, dafür ist er aber schnell und wendig. Als Käfer ist mein Modell im Altmode 6 Noppen breit. Er transformiert sich innerhalb weniger Schritte in seinen Botmode.

Steven Spielberg, Executive Producer der Transformers-Filme von Michael Bay, ist bekennender Transformers-Fan. Wir haben für unser Foto ein berühmtes Bild nachgestellt, in dem der T-Rex aus Spielbergs „Jurassic Park“ durch den Dinobot Grimlock und die Jeeps des Freizeitparks durch Hound und Bumblebee ersetzt wurden. Wir haben für diese Szene tatsächlich echtes Wasser versprüht, um den Regen so realistisch wie möglich darzustellen. Der Zaun ist aus flexiblen Röhrchen (Hose, Rigid 3 mm) gebaut, die es in unterschiedlichen Längen gibt. Die Lichteffekte wurden nachträglich digital eingefügt.

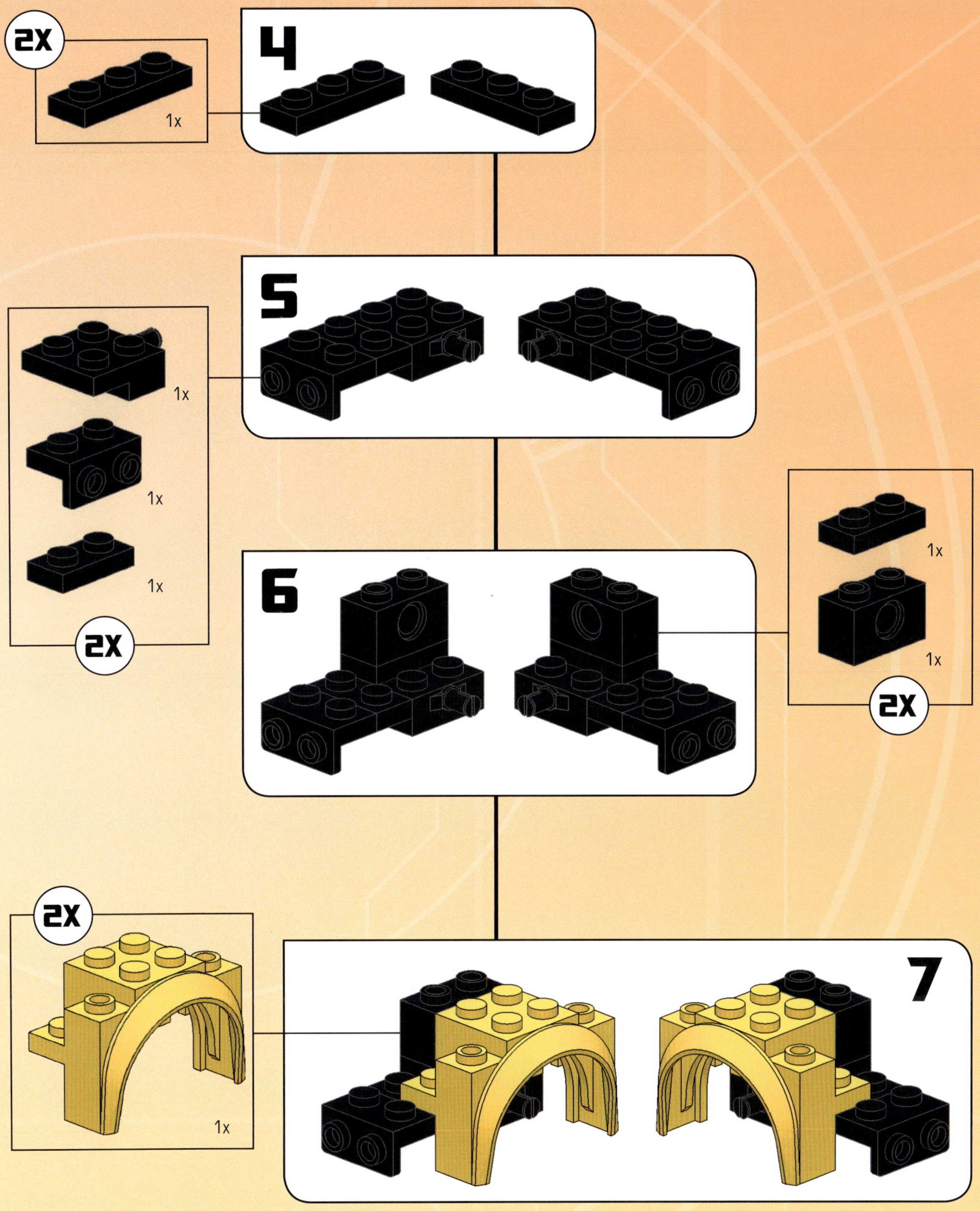
2X
1x
4
5
1x
1x
1x
2X
6
1x
1x
2X
2X
1x
7

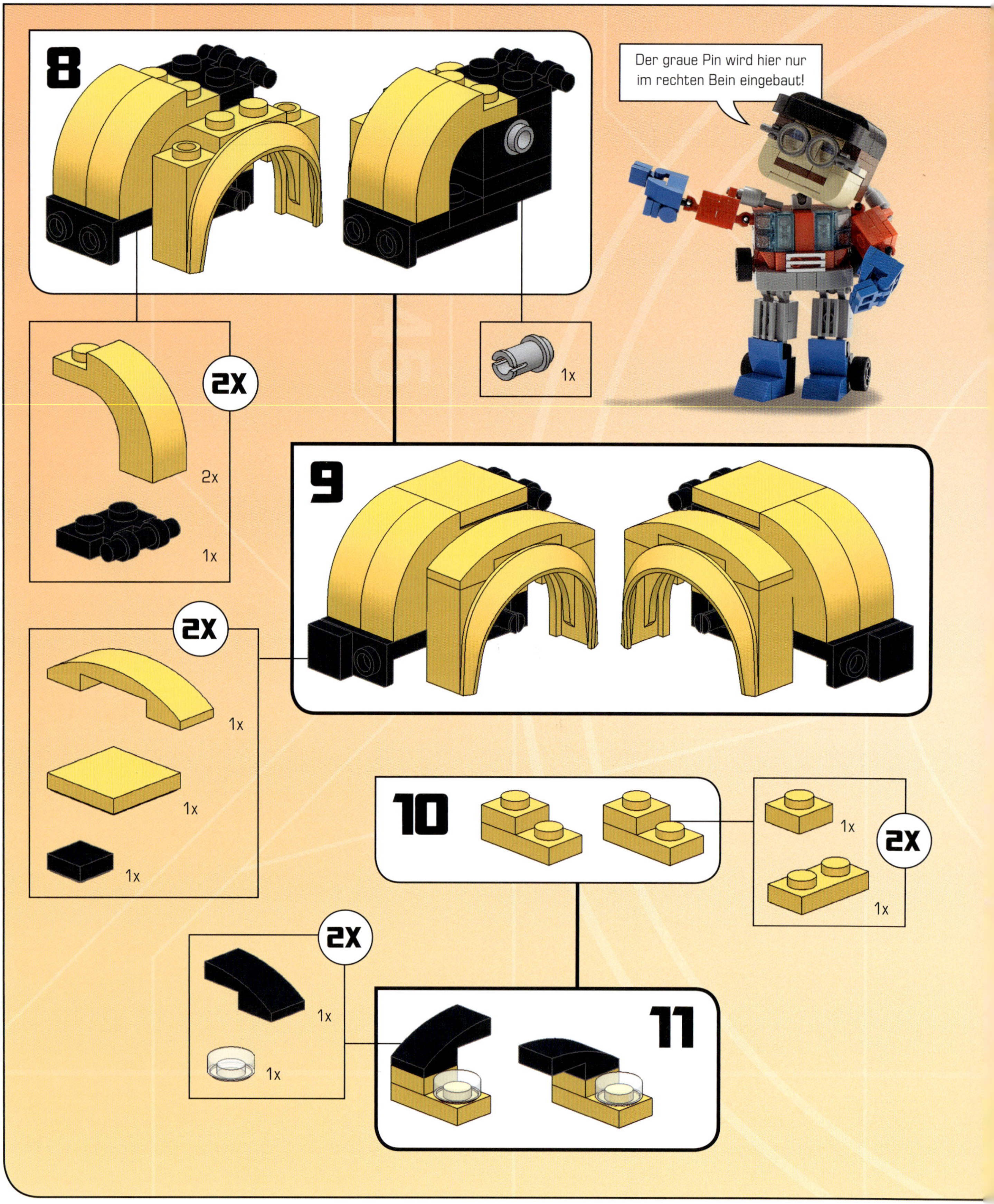
8
2X
2x
1x
1x
Der graue Pin wird hier nur
im rechten Bein eingebaut!
9
2X
1x
1x
1x
10
1x
2X
1x
2X
1x
1x
11

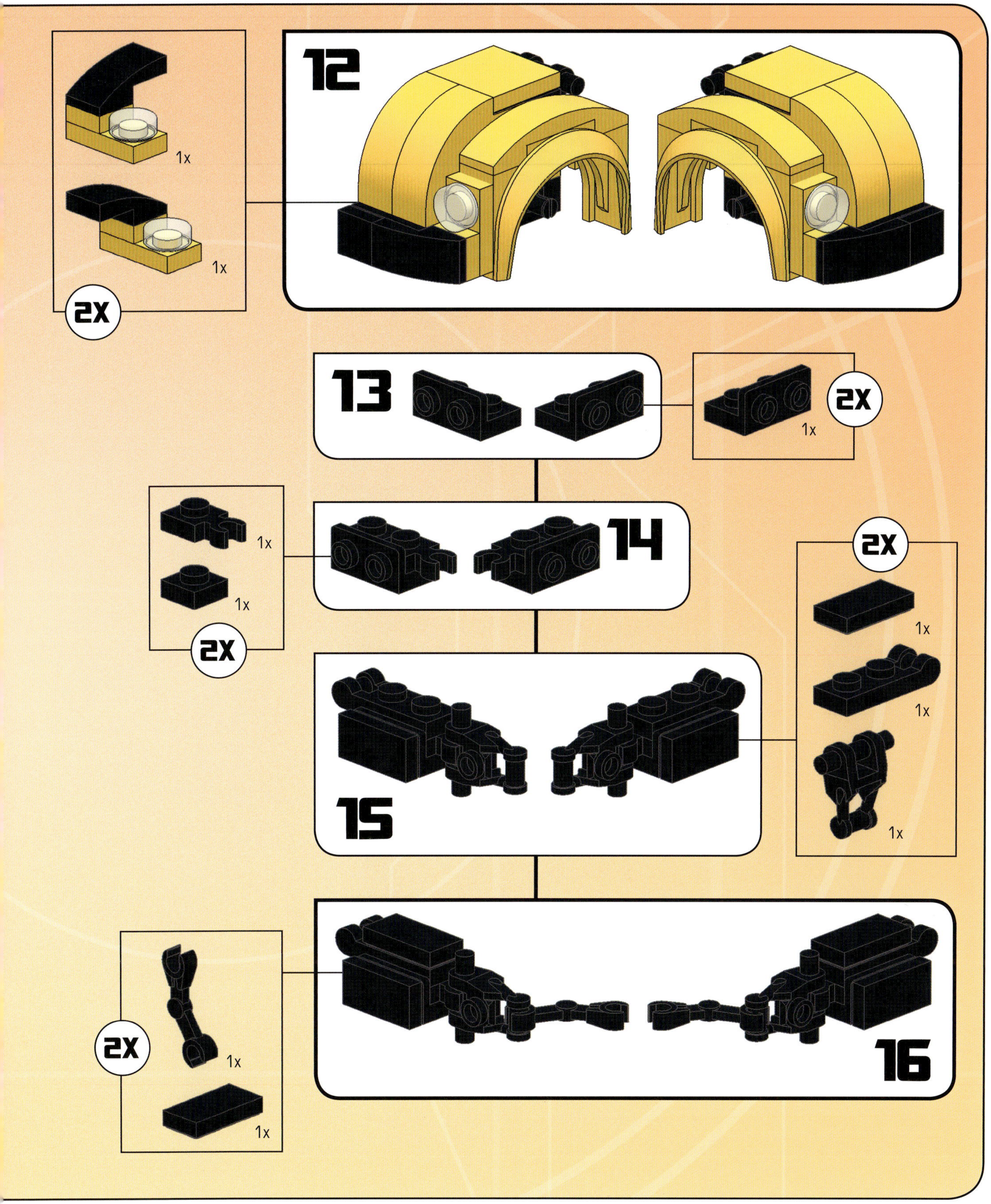
12
1x
1x
2X
13
1x
2X
14
1x
1x
2X
2X
1x
1x
15
1x
16
2X
1x
1x

1x
1x

17
4X

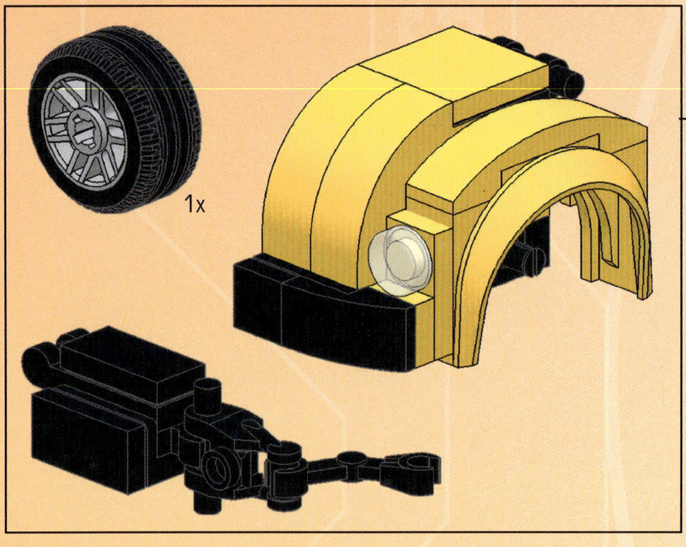
1x

18

1x

19

20

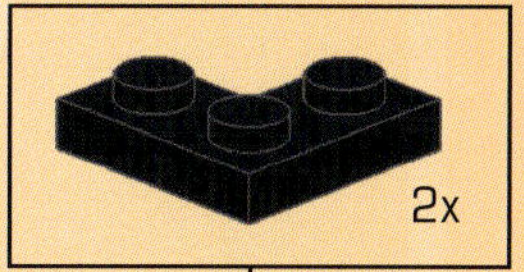

21

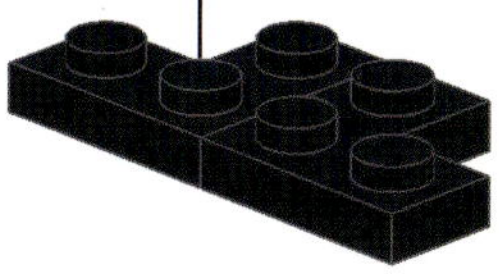

22

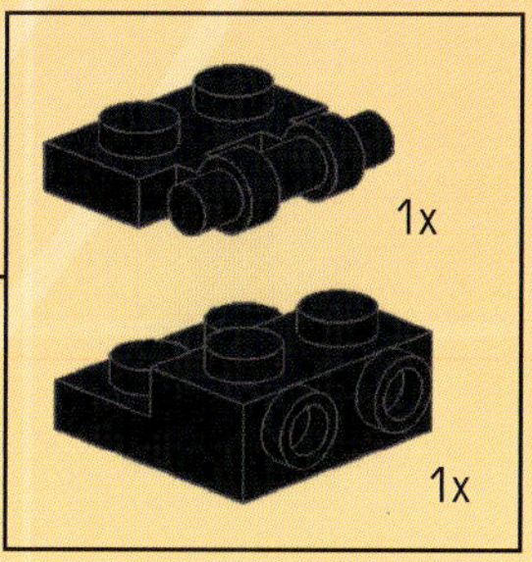

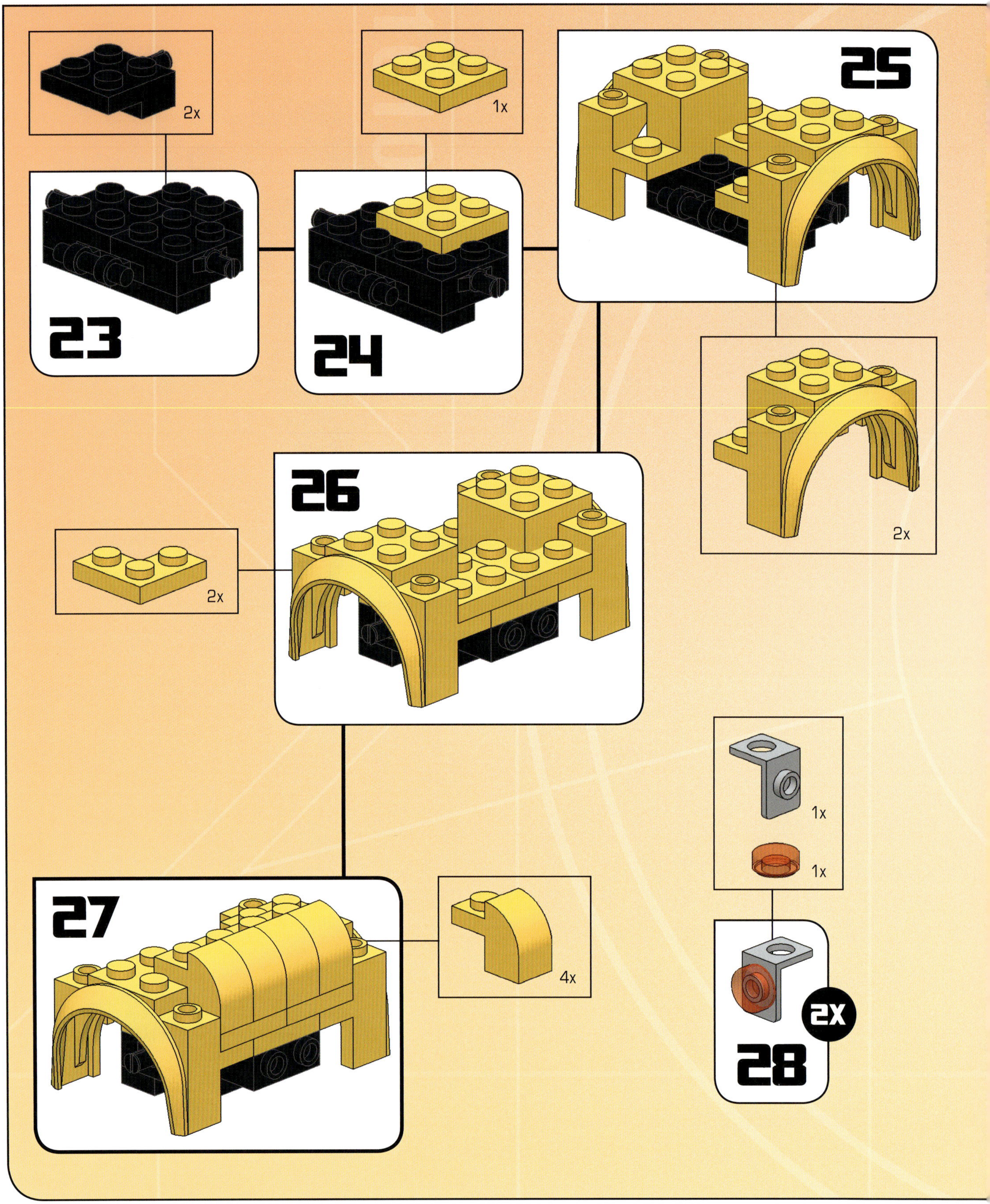
2x
23
1x
24
25
2x
26
2x
1x
1x
27
4x
2X
28

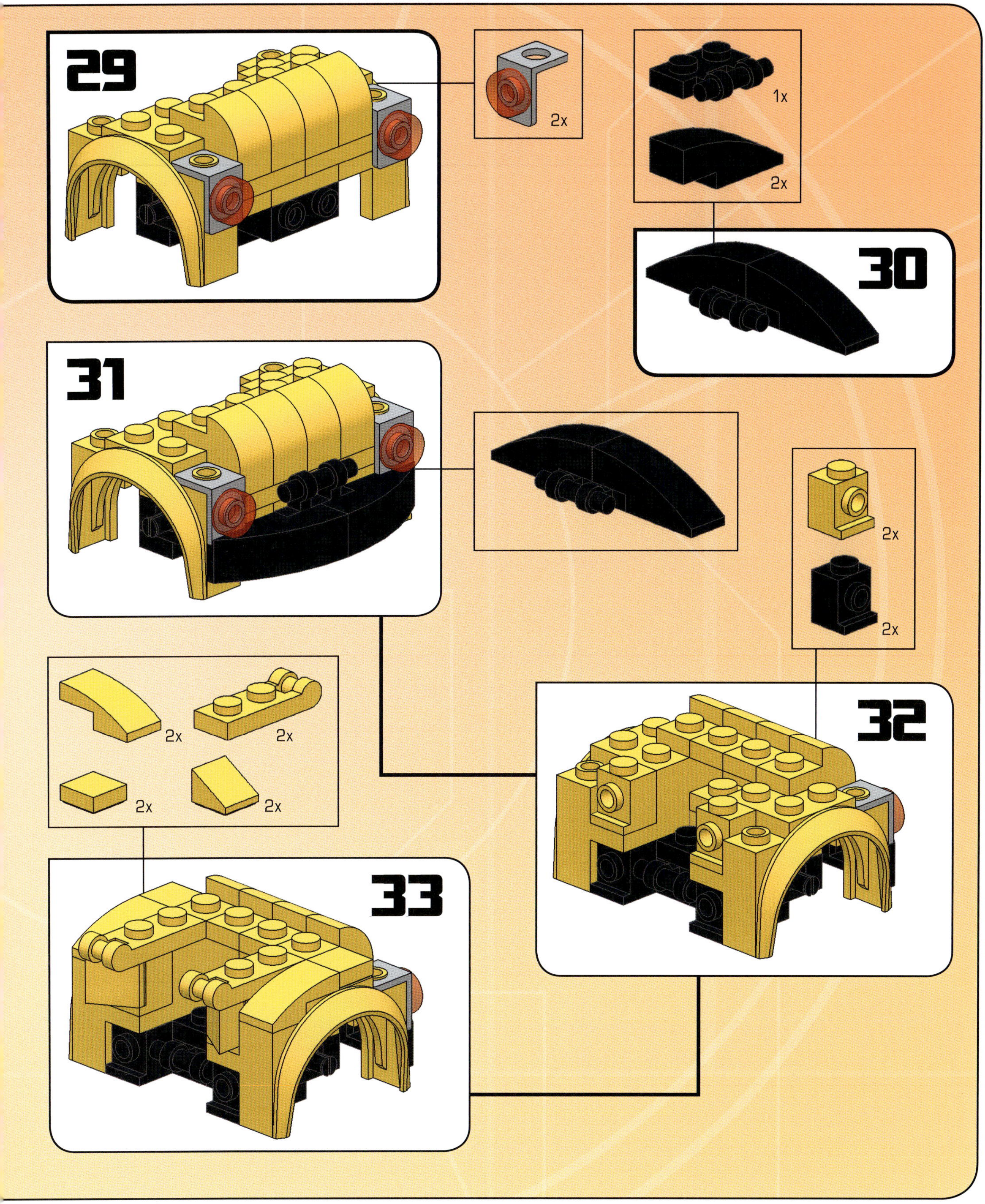
29
2x
1x
2x
30
31
2x
2x
2x
2x
2x
2x
32
33

1x
2x
2x
34
2x
2x
35
36
2x
1x
1x
2x
2x
37
38

39

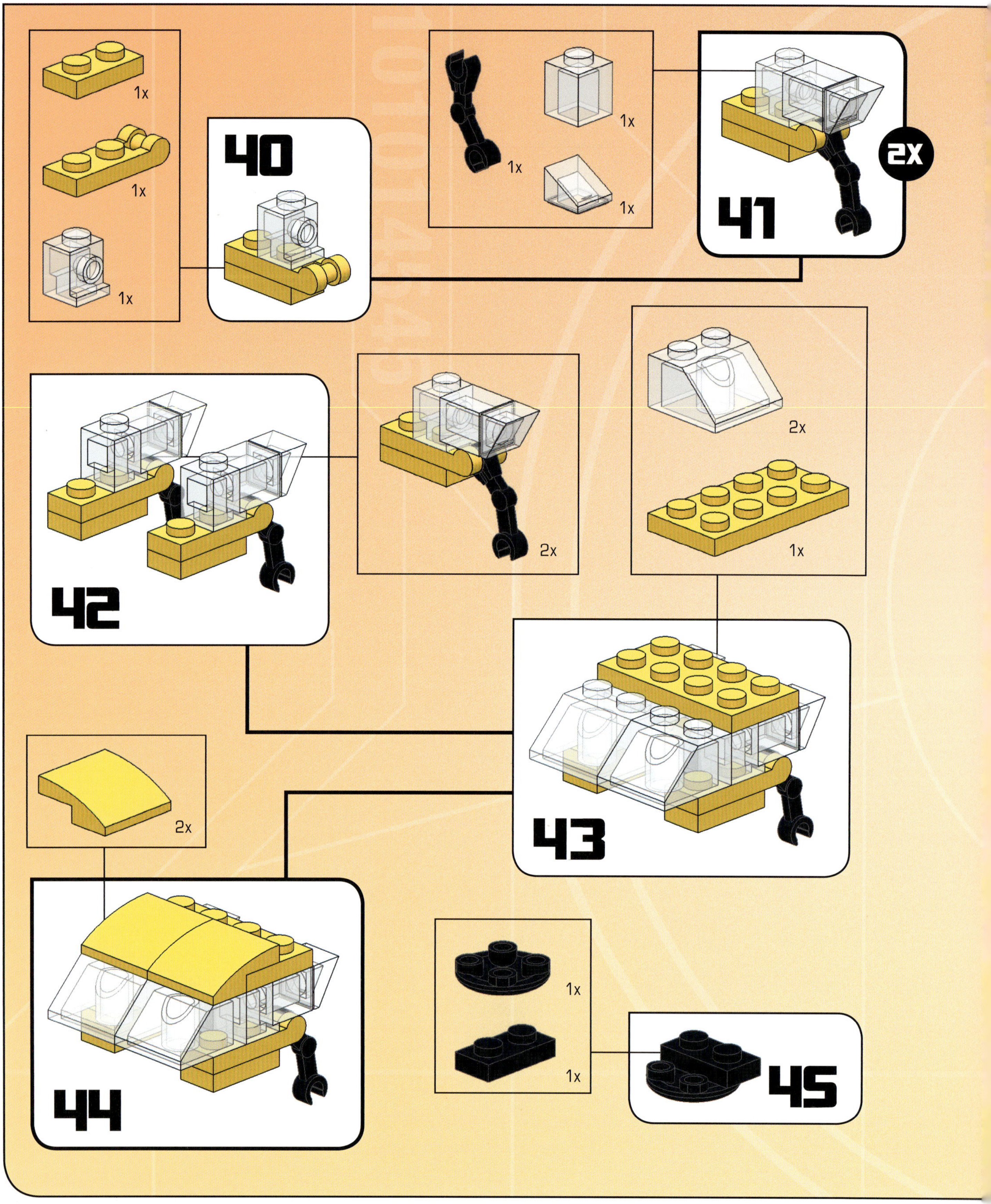
1x
1x
1x
40
1x
1x
1x
41
2X
42
2x
2x
1x
43
2x
44
1x
1x
45

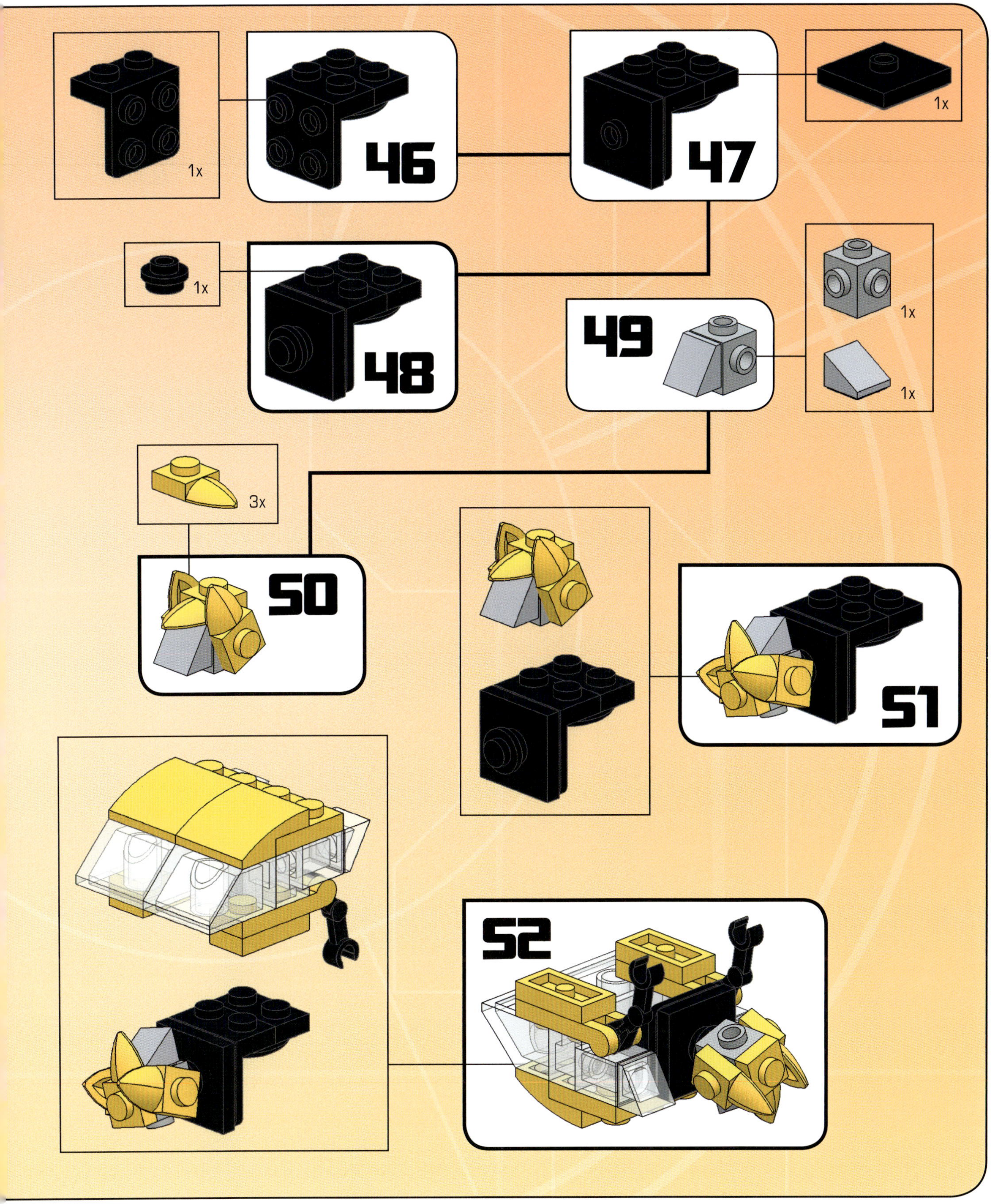
1x
46
47
1x
1x
48
49
1x
1x
3x
50
51
52

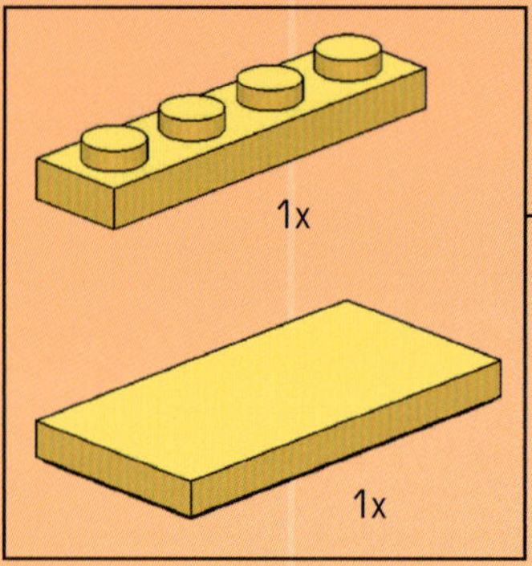

53

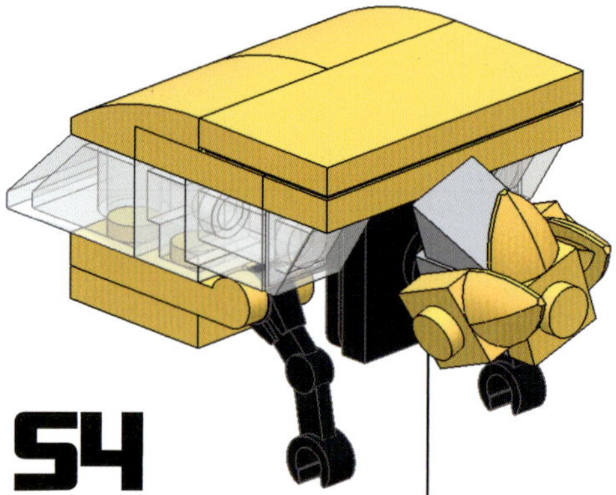

54

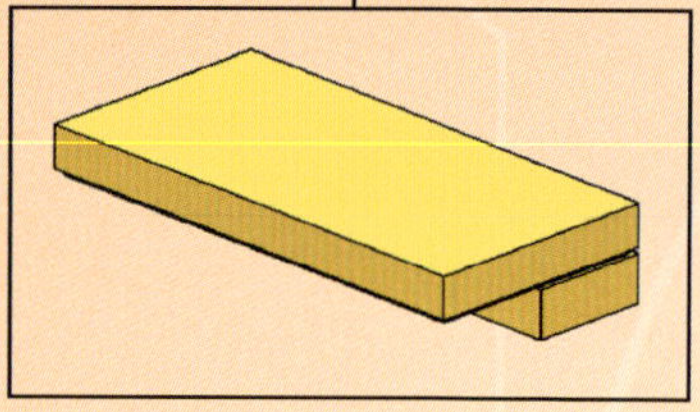

55

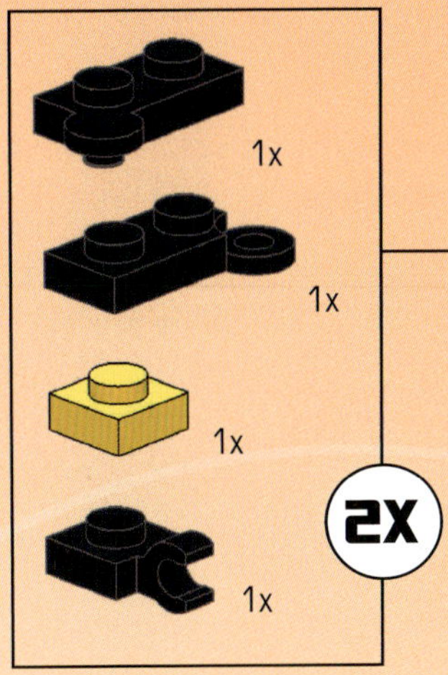
1x
1x
1x
1x
2X

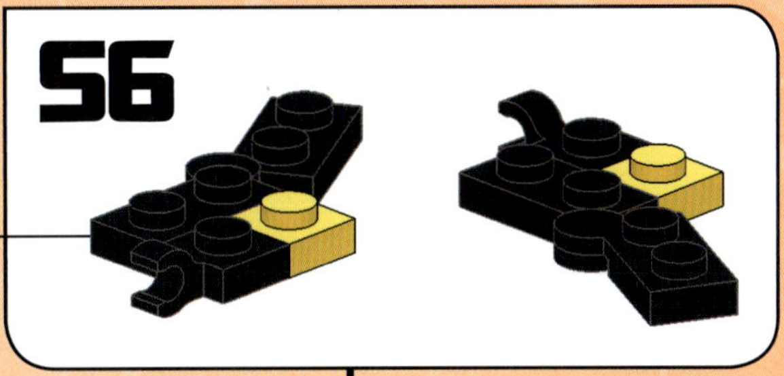
56

57

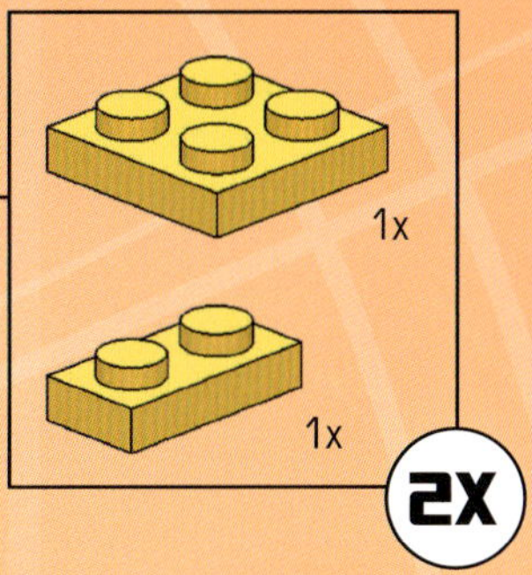
1x
1x
2X

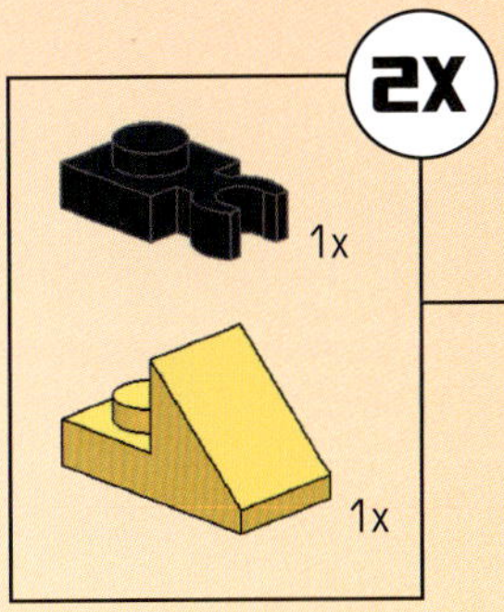
2X
1x
1x

58

59

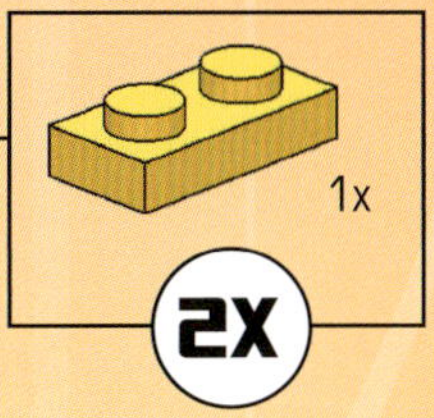
1x
2X

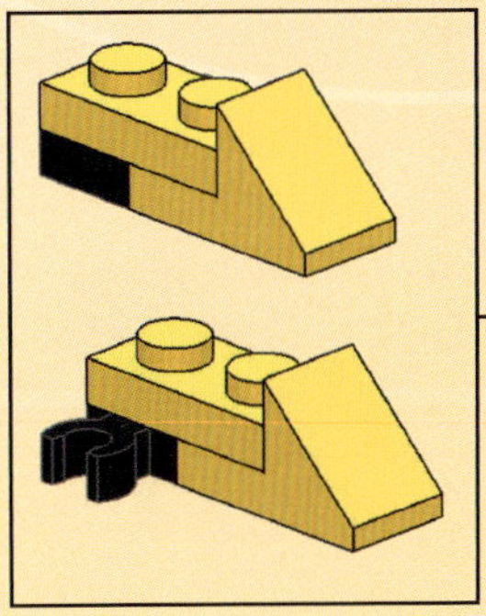

60

2x
2X
61

62

63

64

Merkwürdig, dass Bumblebee auch auf Cybertron diesen Namen trägt. Dort gab es doch gar keine Hummeln.
Hm, vielleicht lässt sich die Sprache Cybertrons nicht gut übersetzten und die Namen sind alle nur Entsprechungen? Kleiner gelber, flinker Flitzer halt …!

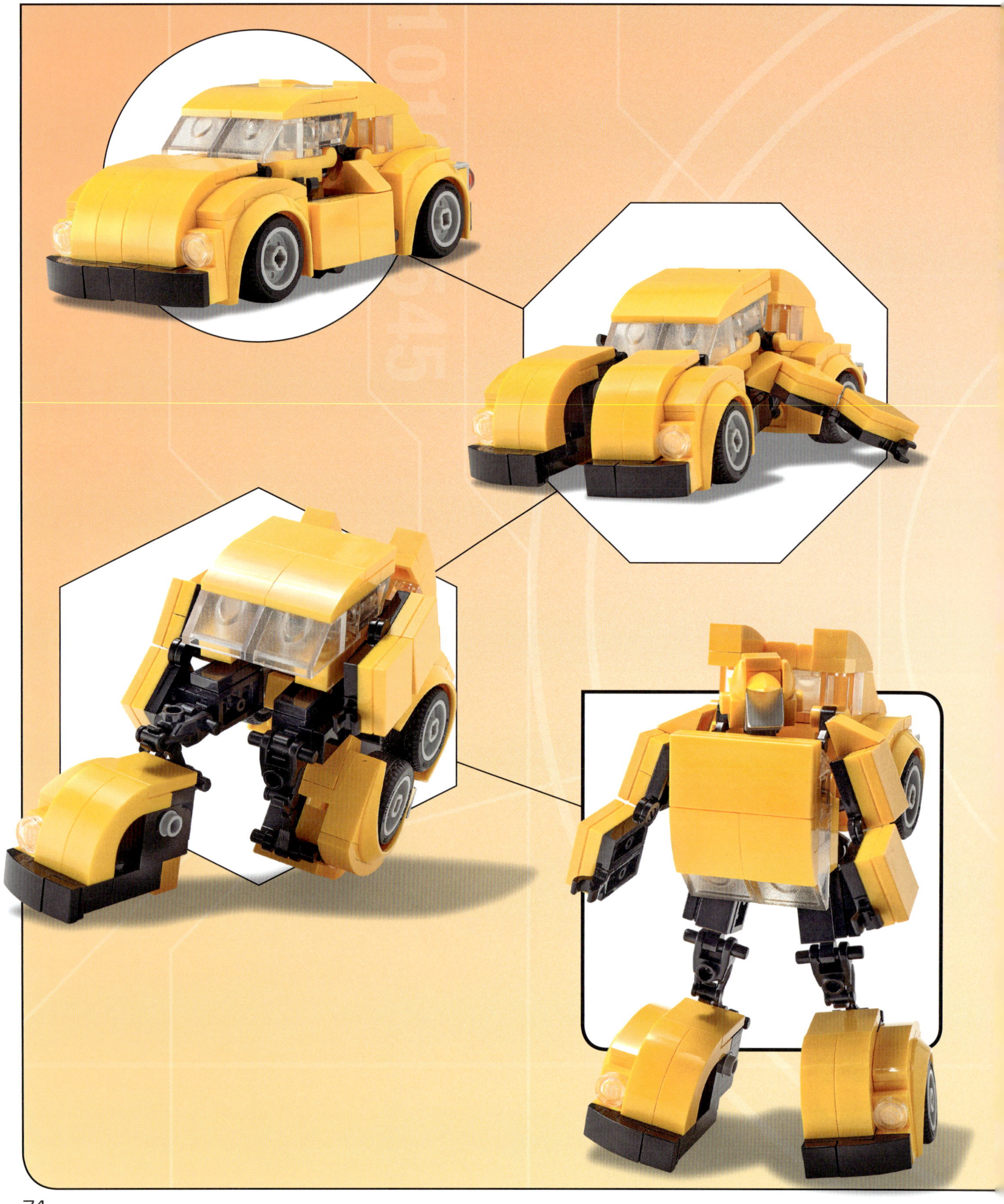

TEILELISTE

Menge		Farbe	Teilenummer	Name	LEGO® Teilenummer
4		Bright Light Orange	6005	Arch 1 x 3 x 2 with Curved Top	6035590, 6175161
3		Black	48729b	Bar 1.5L with Clip with Truncated Sides and Hole in Shaft	4289538
2		Light Bluish Gray	42446	Bracket 1 x 1 - 1 x 1	4211760
2		Black	99781	Bracket 1 x 2 - 1 x 2 Down	6016172
2		Black	99780	Bracket 1 x 2 - 1 x 2 Up	6020193
1		Black	44728	Bracket 1 x 2 - 2 x 2	4184645, 4277932, 6048855, 6117973
4		Trans Clear	3005	Brick 1 x 1	4238226, 4645394
2		Black	4070	Brick 1 x 1 with Headlight	407026
2		Bright Light Orange	4070	Brick 1 x 1 with Headlight	6020098, 6186006
2		Trans Clear	4070	Brick 1 x 1 with Headlight	4215618
1		Black	4733	Brick 1 x 1 with Studs on Four Sides	473326
1		Light Bluish Gray	4733	Brick 1 x 1 with Studs on Four Sides	4211511
4		Bright Light Orange	6091	Brick 2 x 1 x 1 & 1/3 with Curved Top	6023185
4		Bright Light Orange	18974	Car Mudguard 4 x 2.5 x 2.333	6103455
1		Black	2654	Dish 2 x 2	265426, 4278359, 4617551
2		Black	2429	Hinge Plate 1 x 4 Swivel Base	6102782
2		Black	2430	Hinge Plate 1 x 4 Swivel Top	6102782
2		Black	60849	Minifig Hose Nozzle with Side String Hole Simplified	4537551
4		Black	30377	Minifig Mechanical Arm	4223247
2		Black	30375	Minifig Mechanical Torso	4143663, 4540274
2		Black	3024	Plate 1 x 1	302426
6		Bright Light Orange	3024	Plate 1 x 1	6073040
1		Black	4073	Plate 1 x 1 Round	614126
3		Black	85861	Plate 1 x 1 Round with Open Stud	6100627, 6168646
2		Black	61252	Plate 1 x 1 with Clip Horizontal (Thick C-Clip)	4517925
4		Black	60897	Plate 1 x 1 with Clip Vertical (Thick C-Clip)	4550017
3		Bright Light Orange	49668	Plate 1 x 1 with Tooth In-line	4282860
5		Black	3023	Plate 1 x 2	302326
8		Bright Light Orange	3023	Plate 1 x 2	6028736
4		Black	2540	Plate 1 x 2 with Handle	254026, 4140588
2		Black	60478	Plate 1 x 2 with Handle on End	4515368
4		Bright Light Orange	60478	Plate 1 x 2 with Handle on End	6097507
2		Black	3623	Plate 1 x 3	362326

Menge		Farbe	Teilenummer	Name	LEGO® Teilenummer
1		Bright Light Orange	3710	Plate 1 x 4	6020073
3		Bright Light Orange	3022	Plate 2 x 2	4243776, 6003033
2		Black	2420	Plate 2 x 2 Corner	242026
2		Bright Light Orange	2420	Plate 2 x 2 Corner	6099714
1		Black	87580	Plate 2 x 2 with Groove with 1 Center Stud	4565323
4		Black	4488	Plate 2 x 2 with Wheel Holder	448826, 6092658
1		Black	99206	Plate 2 x 2 x 0.667 with Two Studs On Side and Two Raised	6052126
1		Bright Light Orange	3020	Plate 2 x 4	6097511
5		Bright Light Orange	54200	Slope Brick 31 1 x 1 x 0.667	6023173
1		Metallic Silver	54200	Slope Brick 31 1 x 1 x 0.667	4528609, 6092109
2		Trans Clear	54200	Slope Brick 31 1 x 1 x 0.667	4244362
2		Bright Light Orange	3040	Slope Brick 45 2 x 1	6023157
3		Trans Clear	3039	Slope Brick 45 2 x 2	622740
2		Black	11477	Slope Brick Curved 2 x 1	6047276
2		Bright Light Orange	11477	Slope Brick Curved 2 x 1	6099728
2		Bright Light Orange	15068	Slope Brick Curved 2 x 2 x 0.667	6099730
2		Black	50950	Slope Brick Curved 3 x 1	4251161
2		Bright Light Orange	50950	Slope Brick Curved 3 x 1	6022064
2		Bright Light Orange	93273	Slope Brick Curved 4 x 1 Double	6133826
2		Bright Light Orange	15672	Slope Plate 45 2 x 1	6020106
2		Black	3700	Technic Brick 1 x 2 with Hole	370026
1		Light Bluish Gray	4274	Technic Pin 1/2	4211483, 4274194
2		Trans Clear	98138	Tile 1 x 1 Round with Groove	4650498
2		Trans Red	98138	Tile 1 x 1 Round with Groove	4646864
2		Black	3070b	Tile 1 x 1 with Groove	307026
3		Bright Light Orange	3070b	Tile 1 x 1 with Groove	6065504
4		Black	3069b	Tile 1 x 2 with Groove	306926
6		Bright Light Orange	3068b	Tile 2 x 2 with Groove	4525871, 6020147
1		Bright Light Orange	87079	Tile 2 x 4 with Groove	4621543
4		Black	11209	Tyre 10/ 32 x 14	6029208
4		Light Bluish Gray	11208	Wheel Rim 10 x 14 with Fake Bolts and 6 Spokes	6029209

4x
3x
2x
2x
2x
1x
4x
2x
2x
2x
1x
1x
4x
4x
1x
2x

2x
2x
4x
2x
2x
6x
1x
3x
2x
4x
3x
5x
8x
4x
2x
4x
2x
1x
3x
2x
2x
1x
4x
1x
1x
5x
1x
2x
2x
3x

2x
2x
2x
2x
2x
2x
2x
2x
1x
2x
2x
2x
3x
4x
6x
1x
4x
4x

Süchtig nach Energon, sind die Insecticons immer hungrig und nichts kann sie aufhalten, haben sie einmal eine Energon-Quelle entdeckt. Selbst Megatron, Anführer der Decepticons, hat nicht mit ihrer Gier gerechnet. Shrapnel, Kickback und Bombshell sind ein eingespieltes Trio, wenn es darum geht, sich mal wieder durch einige Elektronikschaltkreise zu fressen.

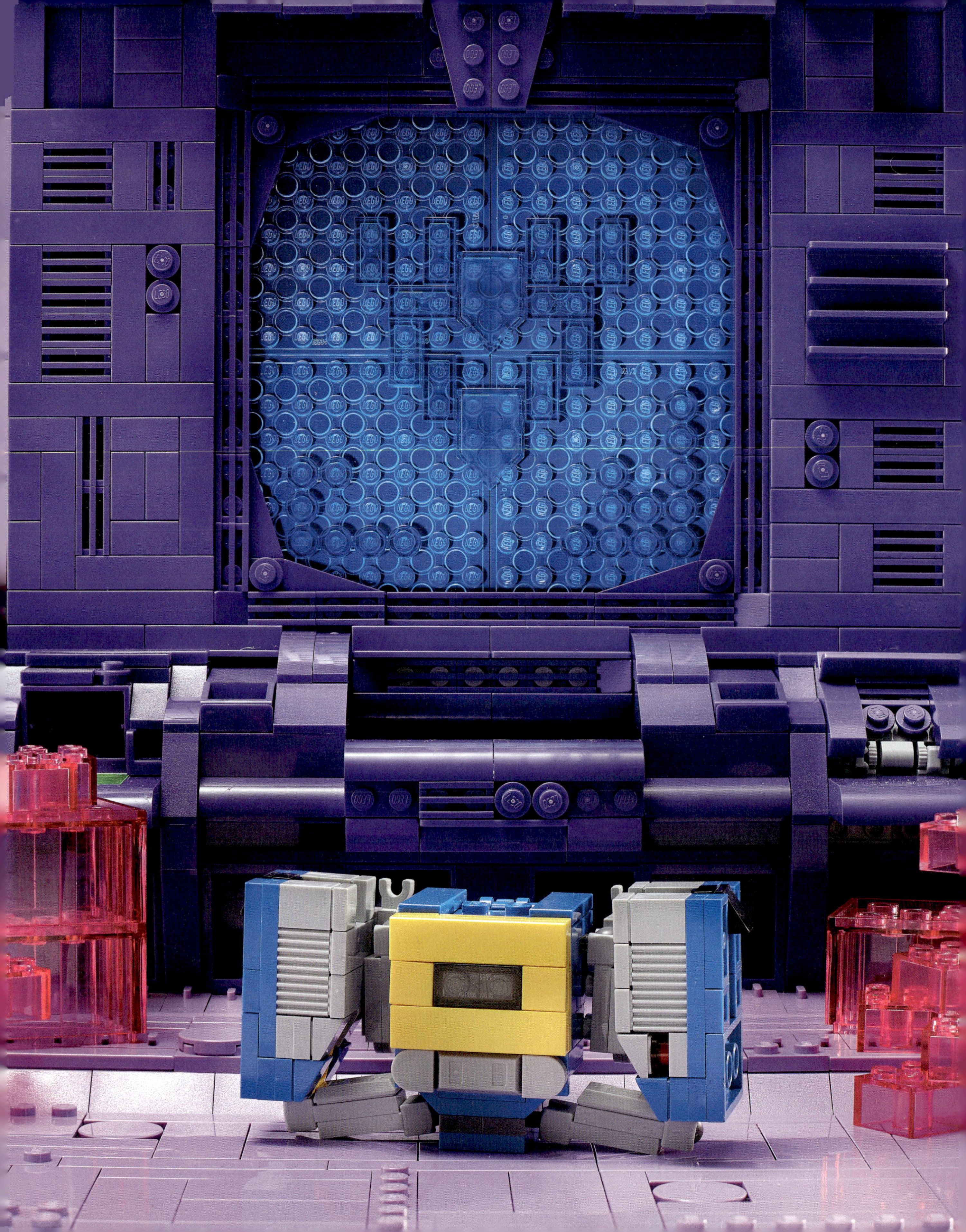

SOUNDWAVE

Soundwave ist der Kommunikationsoffizier der Decepticons. Er verwandelt sich in einen Walkman und hat ein großes Spionage-Talent. Im Bild seht ihr ihn im Decepticons-Hauptquartier mit einigen gesammelten Energonwürfeln. Wir haben ihn hier für euch als Bauanleitung eingefügt.

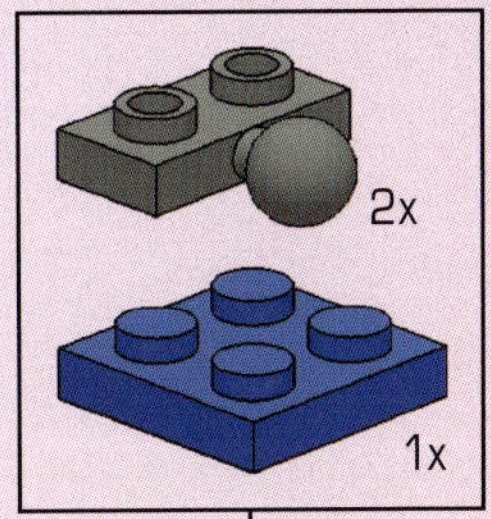

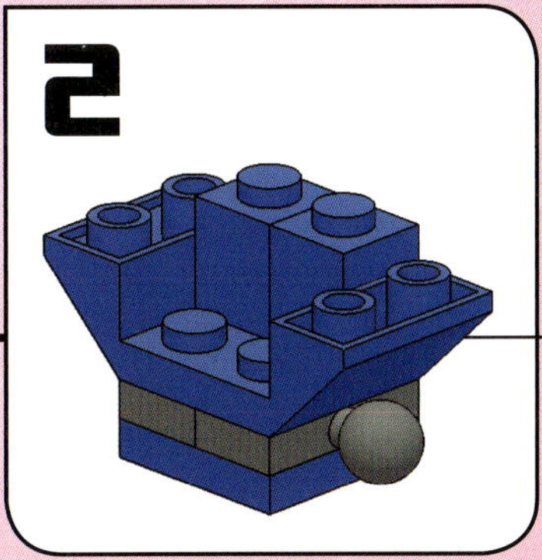

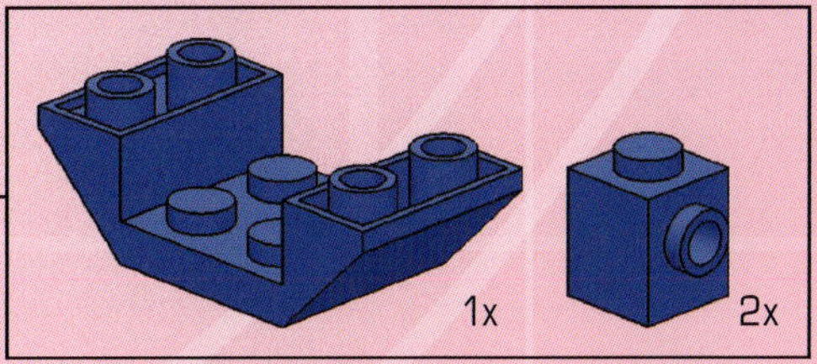

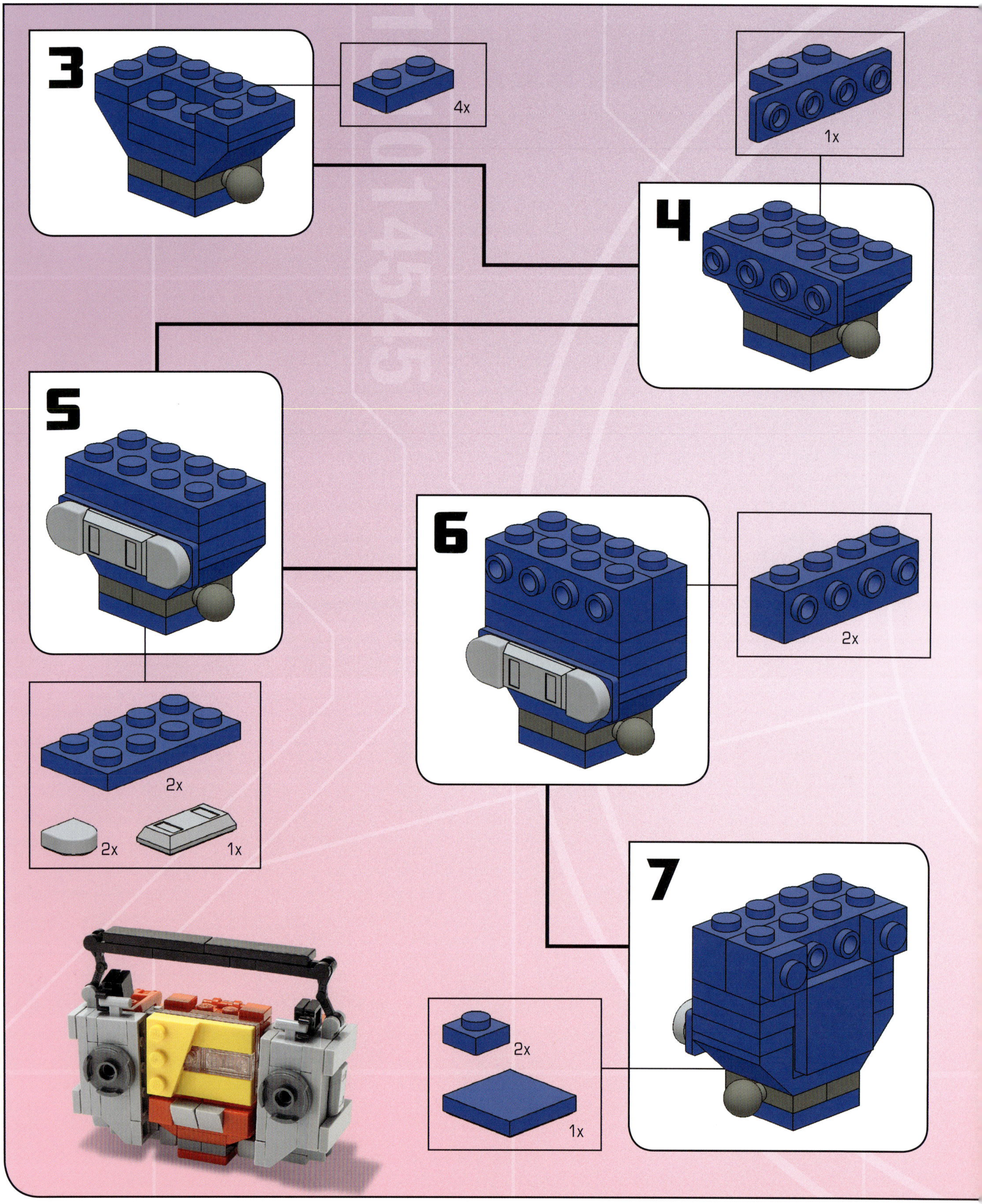
3
4x
1x
4
5
2x
2x
1x
6
2x
7
2x
1x

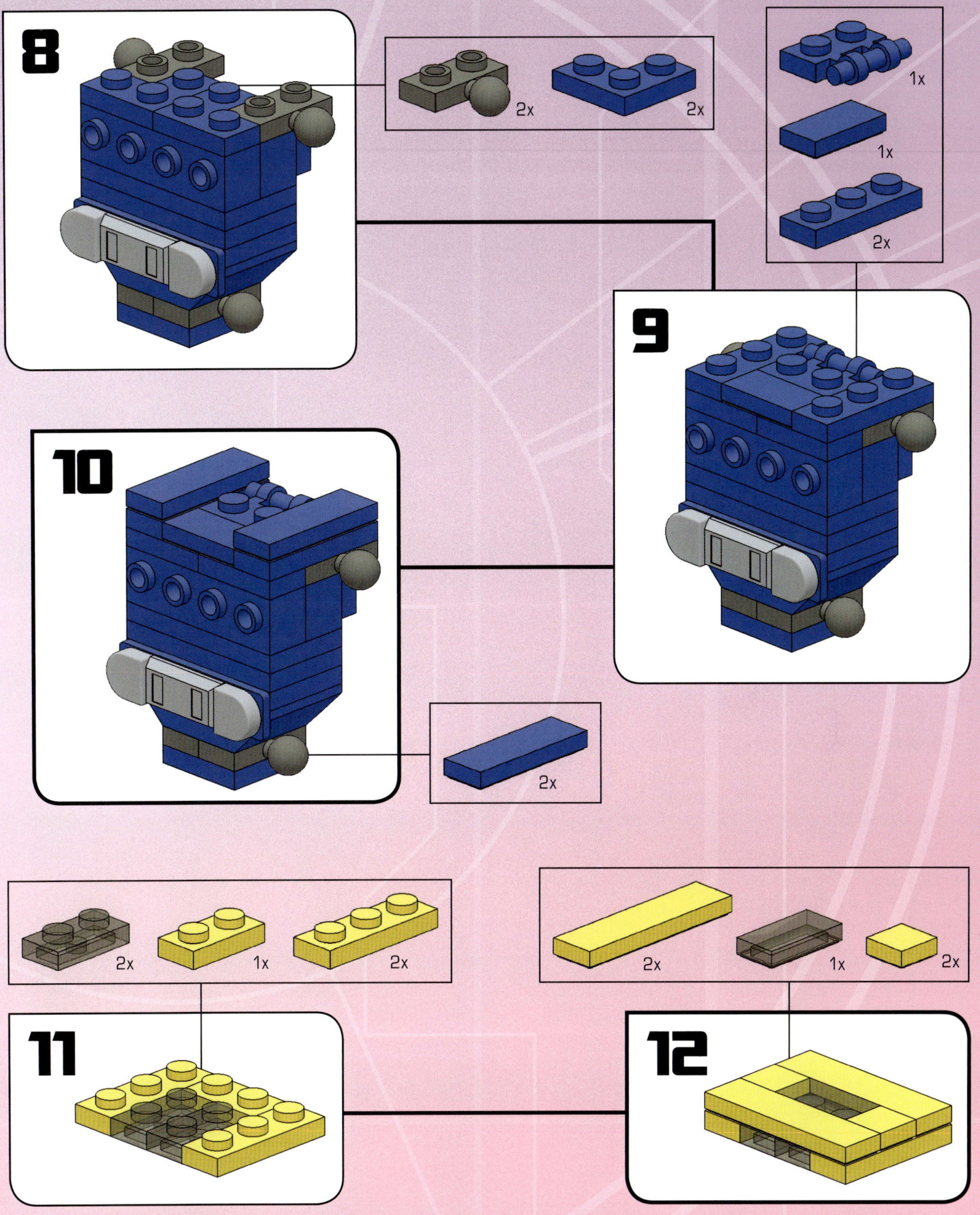
8
2x
2x
1x
1x
2x
9
10
2x
2x
1x
2x
2x
1x
2x
11
12

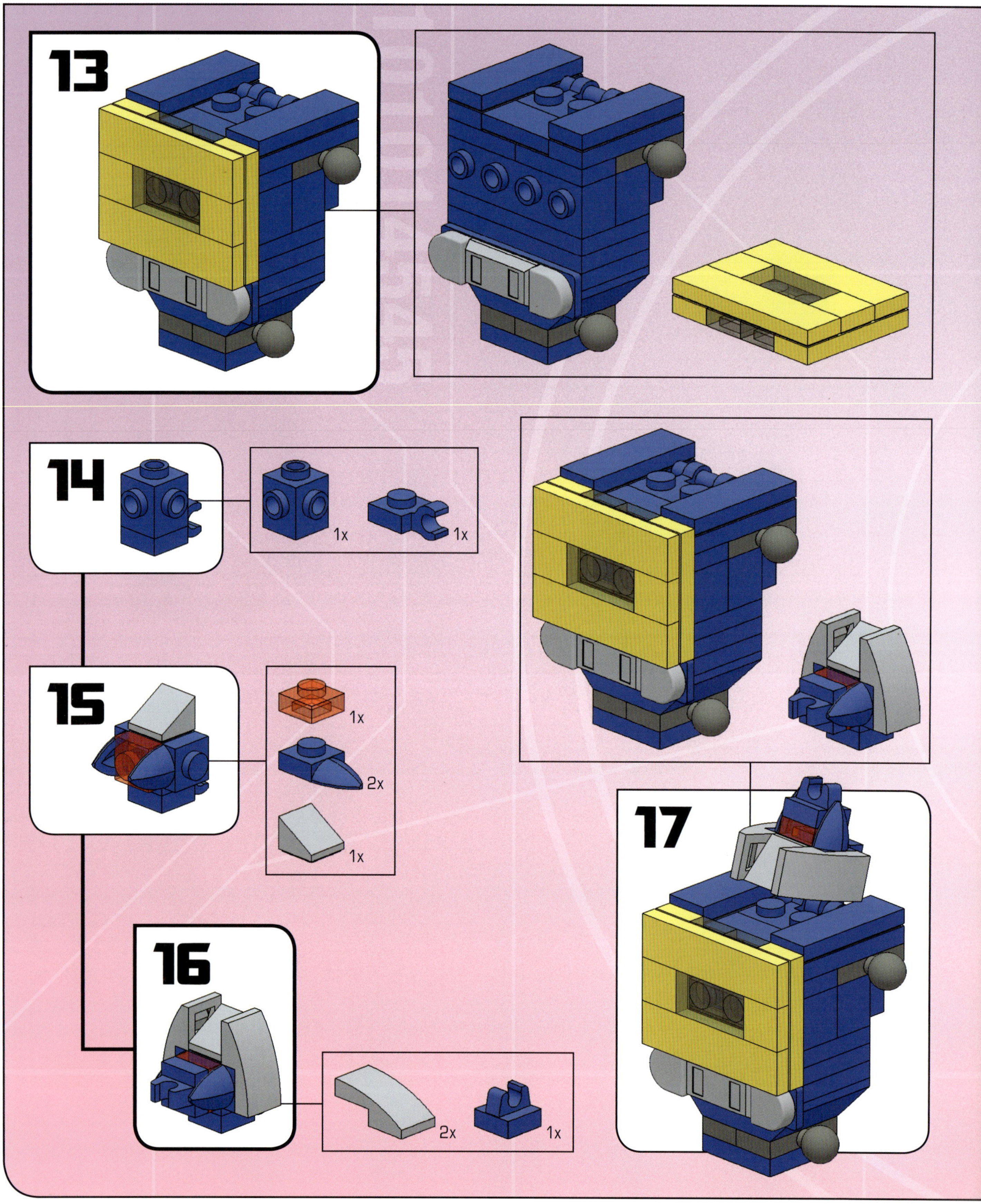
13
14
1x
1x
15
1x
2x
1x
16
2x
1x
17

18

19

20

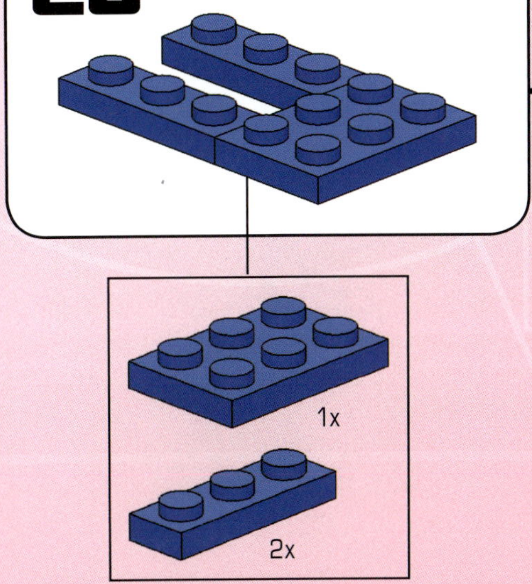

21

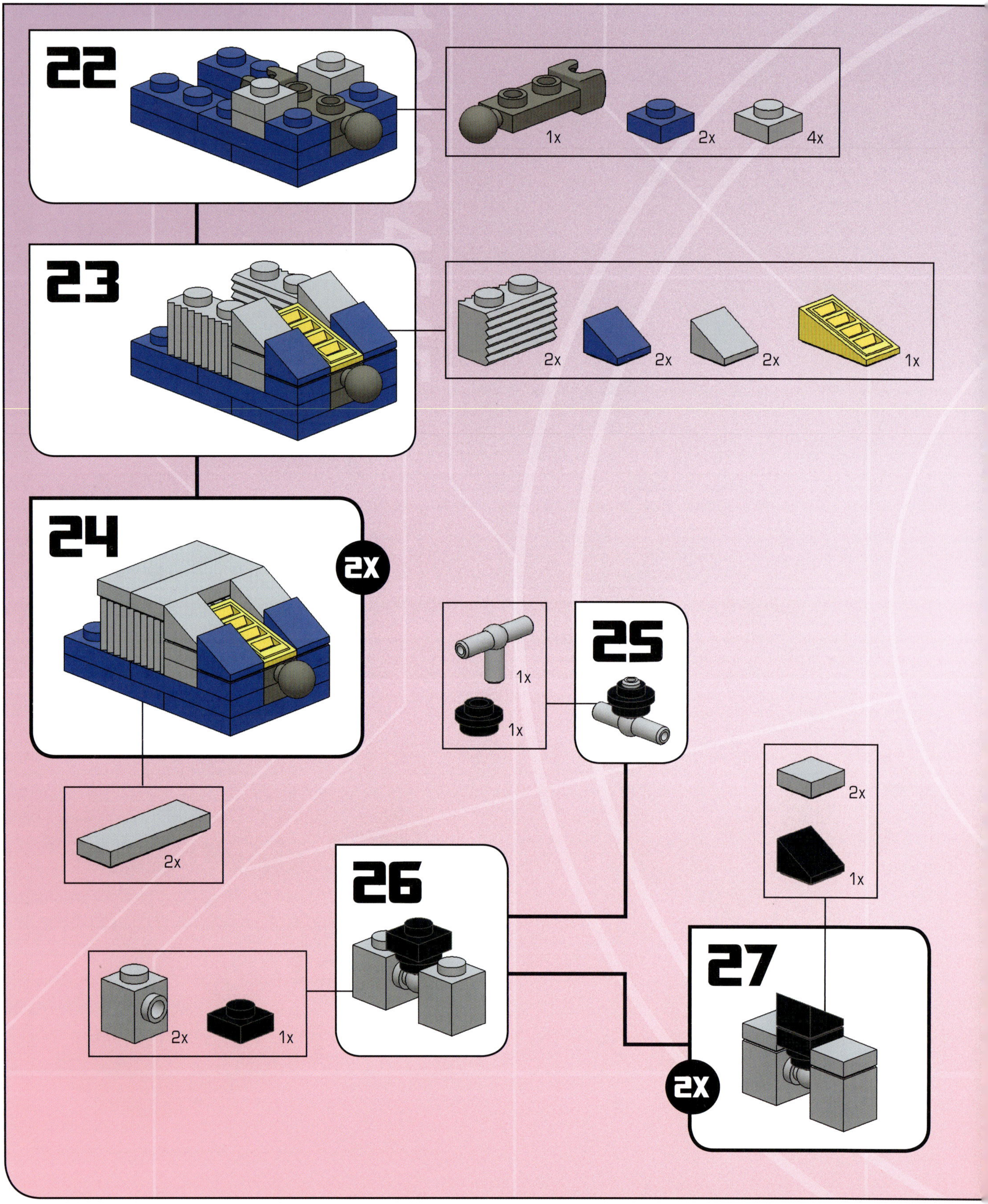
22
1x
2x
4x
23
2x
2x
2x
1x
24
2x
2x
1x
1x
25
2x
1x
26
2x
1x
27
2x

28

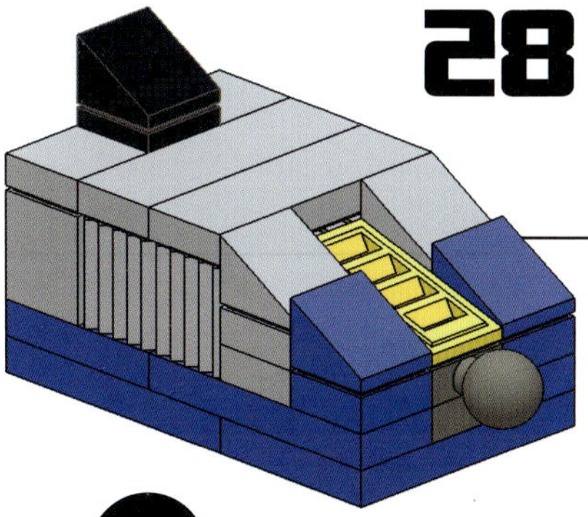

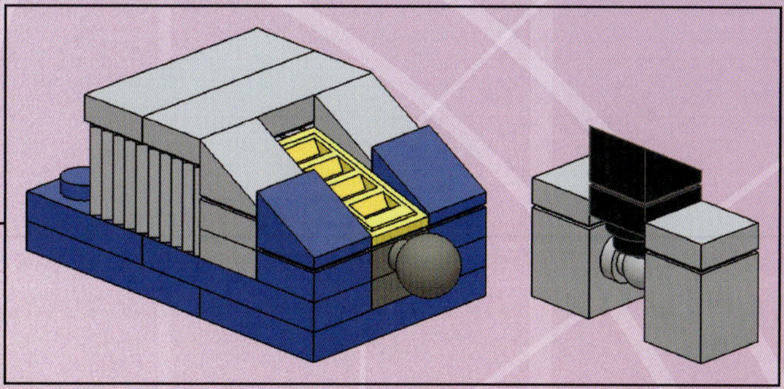

2X

29

30

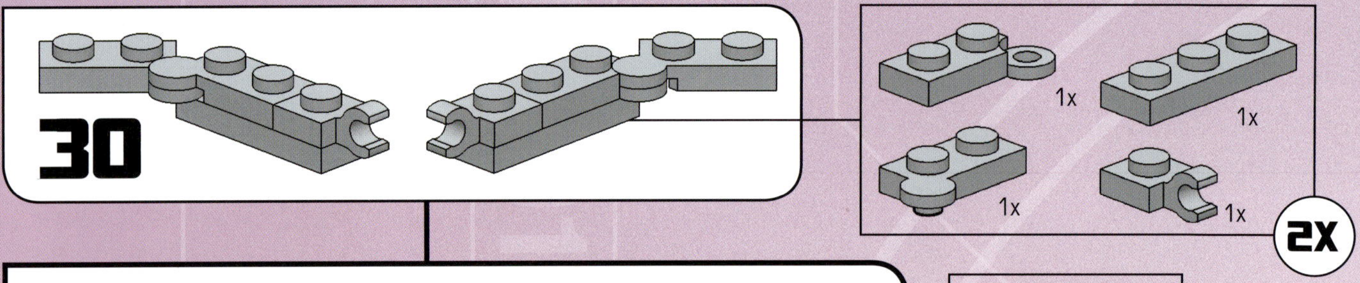

31

32

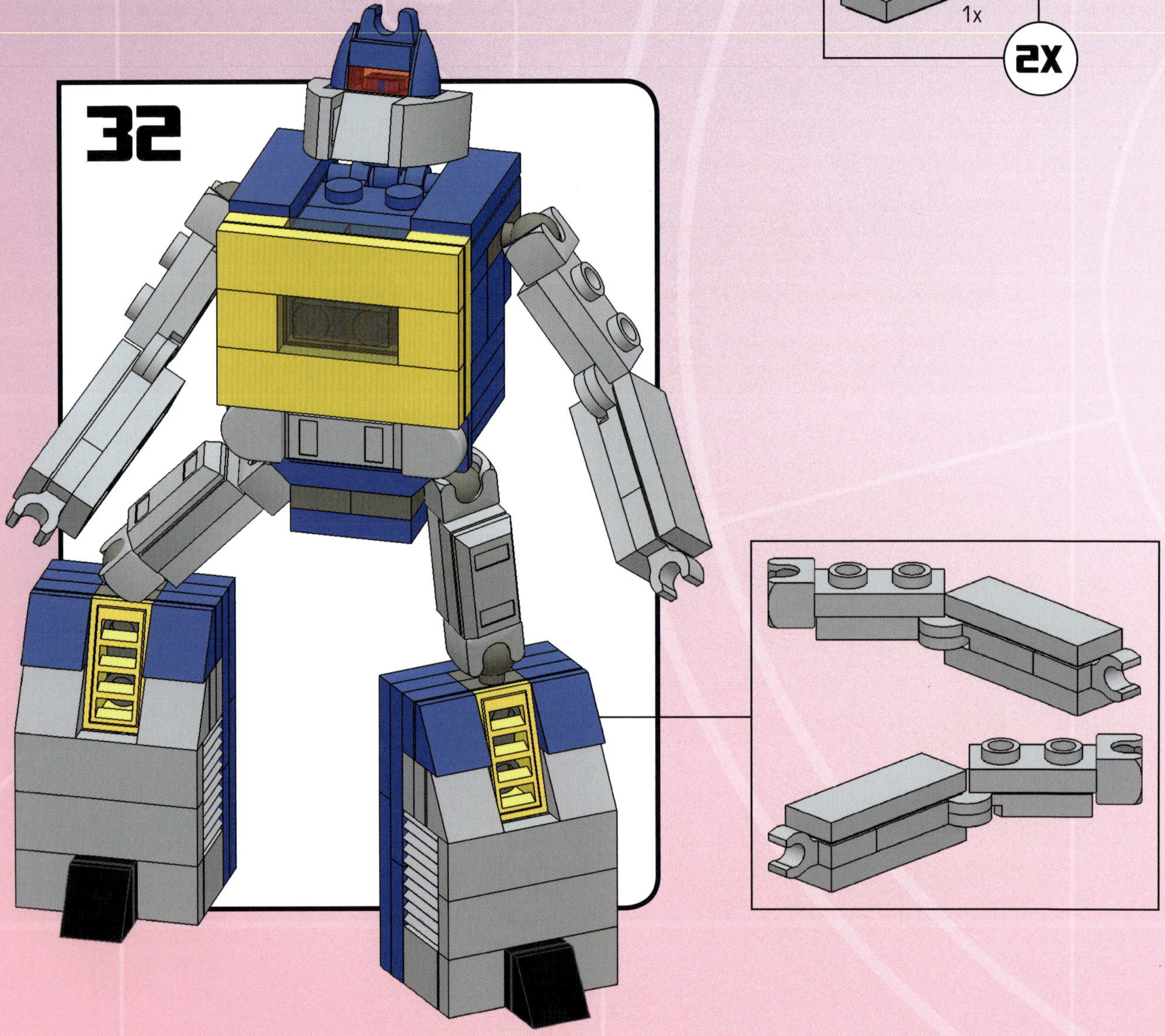

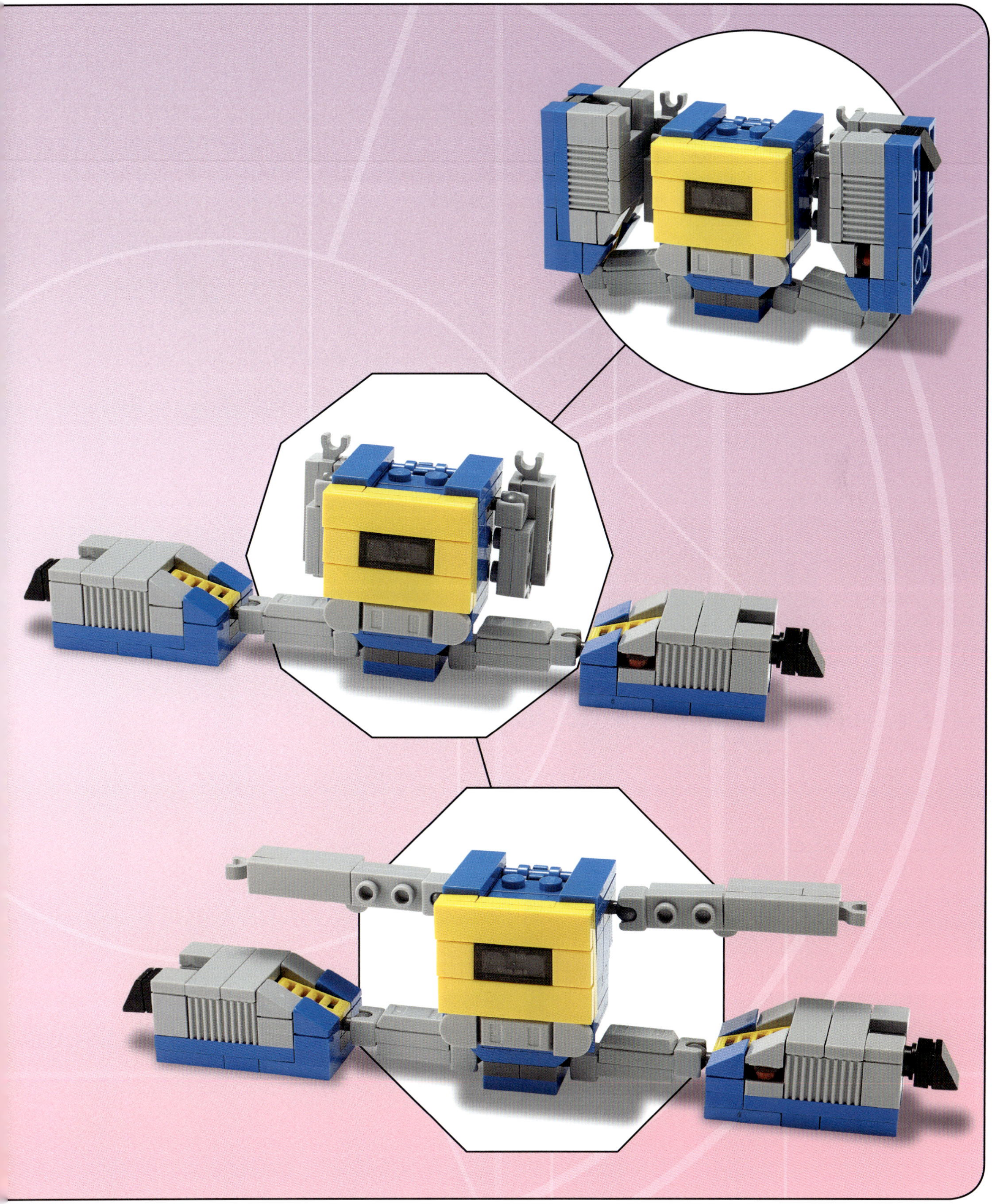

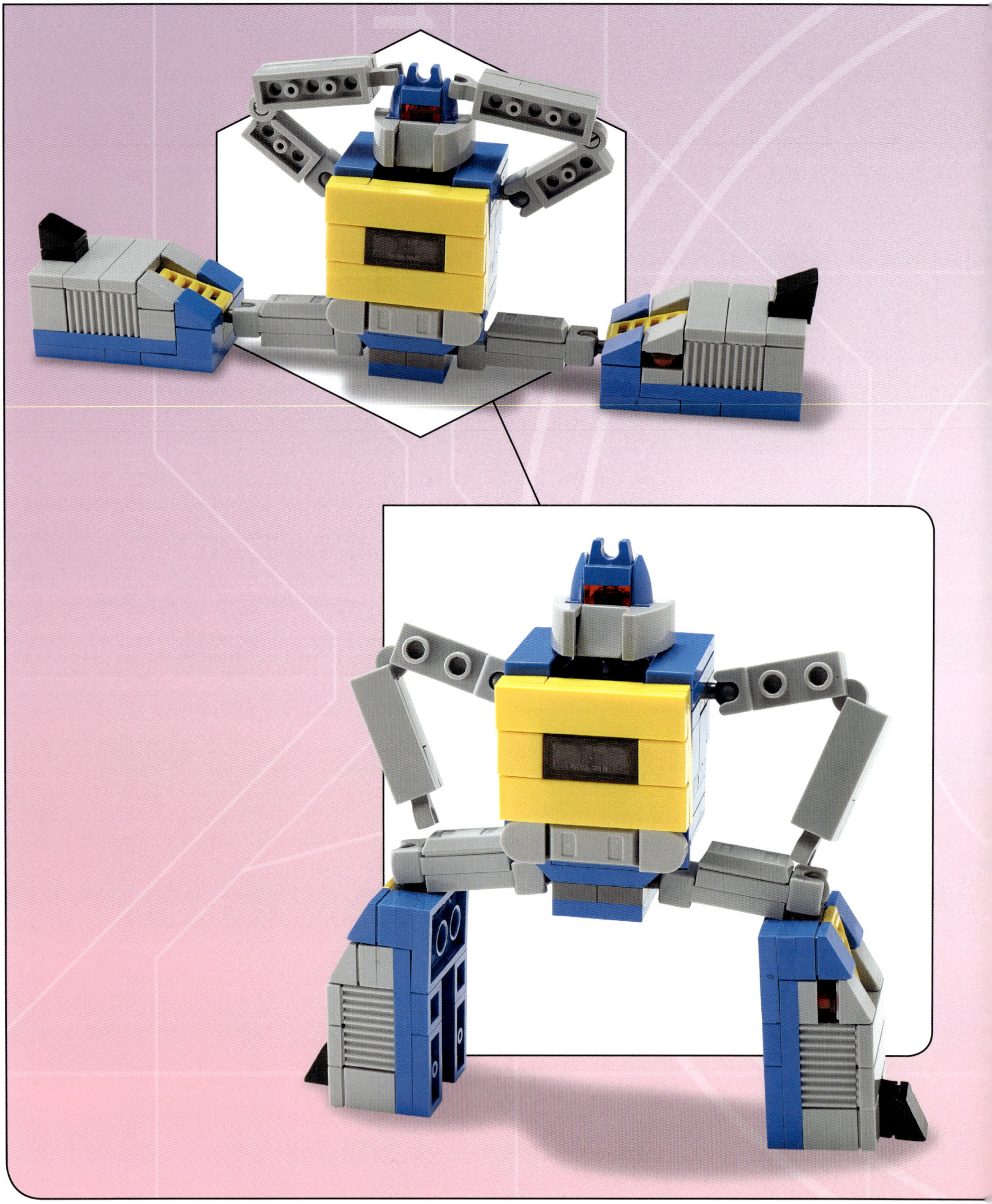

TEILELISTE

Menge		Farbe	Teilenummer	Name	LEGO® Teilenummer
1		Blue	2436b	Bracket 1 x 2 - 1 x 4 with Rounded Corners	4282744, 6119159
2		Blue	87087	Brick 1 x 1 with Stud on 1 Side	4583862
4		Light Bluish Gray	87087	Brick 1 x 1 with Stud on 1 Side	4558953
1		Blue	4733	Brick 1 x 1 with Studs on Four Sides	4296151
4		Light Bluish Gray	2877	Brick 1 x 2 with Grille	4211383
2		Blue	30414	Brick 1 x 4 with Studs on Side	4212411
3		Light Bluish Gray	99563	Gold Ingot	6134378
2		Light Bluish Gray	2429	Hinge Plate 1 x 4 Swivel Base	4219256
2		Light Bluish Gray	2430	Hinge Plate 1 x 4 Swivel Top	
2		Black	3024	Plate 1 x 1	302426
6		Blue	3024	Plate 1 x 1	302423
8		Light Bluish Gray	3024	Plate 1 x 1	4211399
1		Trans Red	3024	Plate 1 x 1	3000841
2		Black	85861	Plate 1 x 1 Round with Open Stud	6100627, 6168646
1		Blue	61252	Plate 1 x 1 with Clip Horizontal (Thick C-Clip)	4520946
2		Light Bluish Gray	61252	Plate 1 x 1 with Clip Horizontal (Thick C-Clip)	4541978
2		Blue	49668	Plate 1 x 1 with Tooth In-line	4247040, 6123860
8		Blue	3023	Plate 1 x 2	302323
2		Dark Bluish Gray	3023	Plate 1 x 2	4211063
2		Trans Black	3023	Plate 1 x 2	6001197
1		Yellow	3023	Plate 1 x 2	302324
4		Dark Bluish Gray	14417	Plate 1 x 2 with Ball Joint-8	6039479
1		Blue	2540	Plate 1 x 2 with Handle	254023, 4140586
6		Light Bluish Gray	14418	Plate 1 x 2 with Socket Joint-8 with Friction	6043639
2		Dark Bluish Gray	14419	Plate 1 x 2 with Socket Joint-8 with Friction and Ball Joint-8	6039482
10		Blue	3623	Plate 1 x 3	362323
2		Light Bluish Gray	3623	Plate 1 x 3	3623194, 4211429
2		Yellow	3623	Plate 1 x 3	362324
1		Blue	3022	Plate 2 x 2	302223, 4613973
2		Blue	2420	Plate 2 x 2 Corner	242023
2		Blue	3021	Plate 2 x 3	302123
2		Blue	3020	Plate 2 x 4	302023
2		Yellow	61409	Slope Brick 18 2 x 1 x 2/3 Grille	4521167, 4540384
2		Black	54200	Slope Brick 31 1 x 1 x 0.667	4287159, 4504382

Menge		Farbe	Teilenummer	Name	LEGO® Teilenummer
4		Blue	54200	Slope Brick 31 1 x 1 x 0.667	4296154, 4504380
5		Light Bluish Gray	54200	Slope Brick 31 1 x 1 x 0.667	4521921
1		Blue	4871	Slope Brick 45 4 x 2 Double Inverted with Open Centre	4189119, 4656767
2		Light Bluish Gray	11477	Slope Brick Curved 2 x 1	6028813
2		Light Bluish Gray	4697b	Technic Pneumatic T-Piece - Type 2	4211508
1		Blue	12825	Tile 1 x 1 with Clip with Rounded Tips	
4		Light Bluish Gray	3070b	Tile 1 x 1 with Groove	4211415
2		Yellow	3070b	Tile 1 x 1 with Groove	307024
2		Light Bluish Gray	24246	Tile 1 x 1 with Rounded End	6151688
1		Blue	3069b	Tile 1 x 2 with Groove	306923
1		Trans Black	3069b	Tile 1 x 2 with Groove	4250471, 4529685
2		Blue	63864	Tile 1 x 3 with Groove	4587840
6		Light Bluish Gray	63864	Tile 1 x 3 with Groove	4558169
2		Yellow	2431	Tile 1 x 4 with Groove	243124
1		Blue	3068b	Tile 2 x 2 with Groove	306823

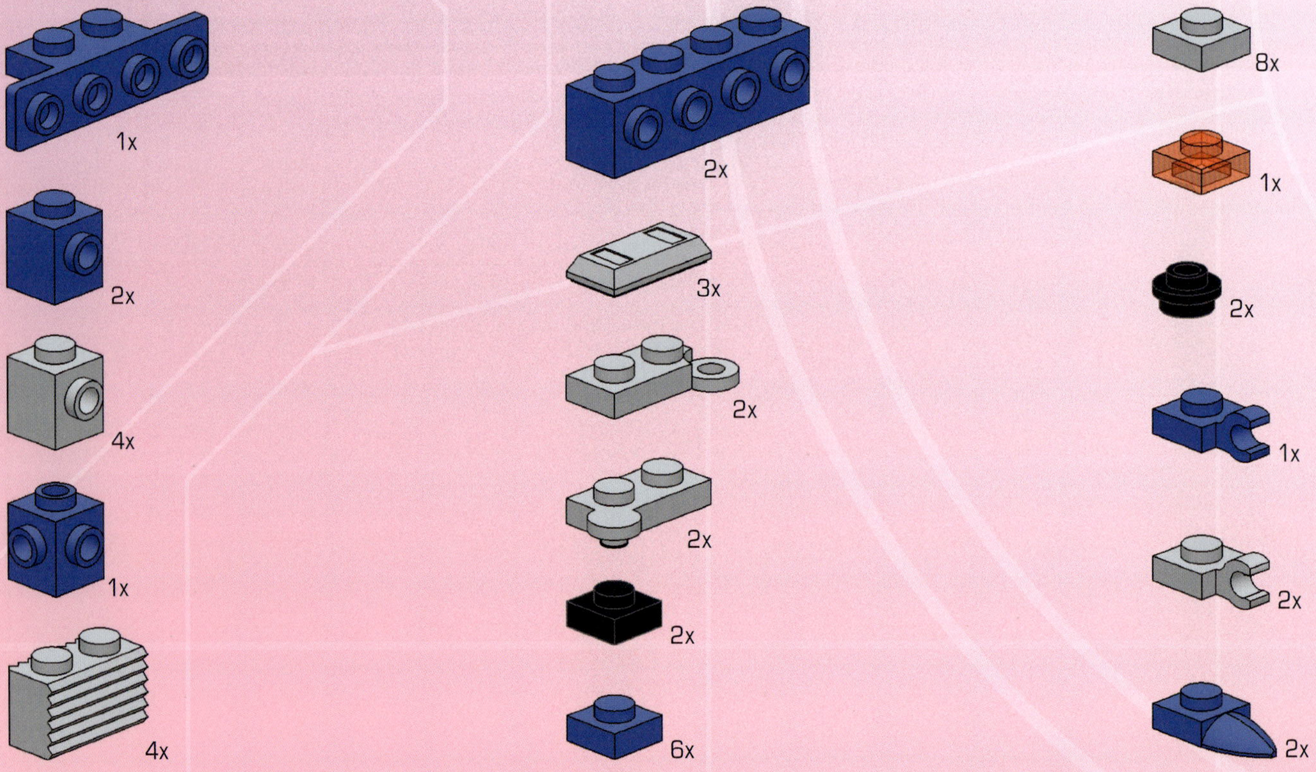

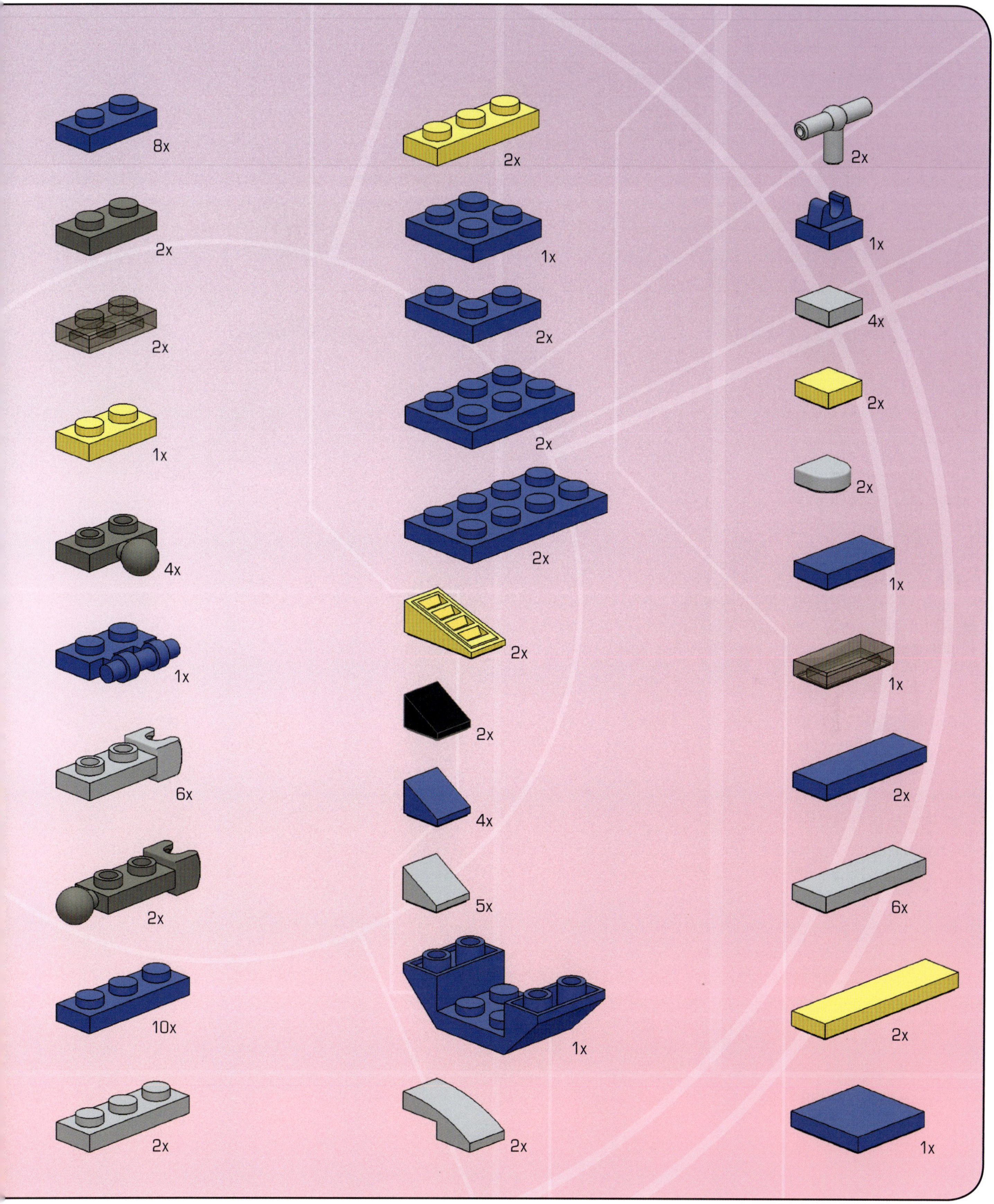
8x
2x
2x
1x
4x
1x
6x
2x
10x
2x
2x
1x
2x
2x
2x
2x
2x
4x
5x
1x
2x
2x
1x
4x
2x
2x
1x
1x
2x
6x
2x
1x

CONSTRUCTICONS

Die Constructicons sind urspünglich die Designer, Ingenieure und Bauer der Transformers. Sie sind außerdem die erste Gruppe, die sich gemeinsam zu einem großen Roboter zusammenschließen, zu **Devastator**, einem der gefährlichsten und stärksten Roboter unter den Decepticons. Wir zeigen euch die Bauanleitungen aller sechs Baufahrzeuge und natürlich auch der zusätzlich benötigten Verbindungteile. Die in dark purple gebauten Elemente werden durch Mixel Balljoints gekoppelt und sorgen für die optimale Ausrichtung des Roboters, der sich sehr gut in verschiedene Posen bringen lässt.

BONECRUSHER

Der Bulldozer erhebt Zerstörung zu einer wilden Kunst. Megatron schätzt vor allem die Furcht und die Verwüstung, die er hinterlässt – wenn er nur aufhören könnte, Dinge zu zerstören, die die Decepticons dringend benötigen ...

1

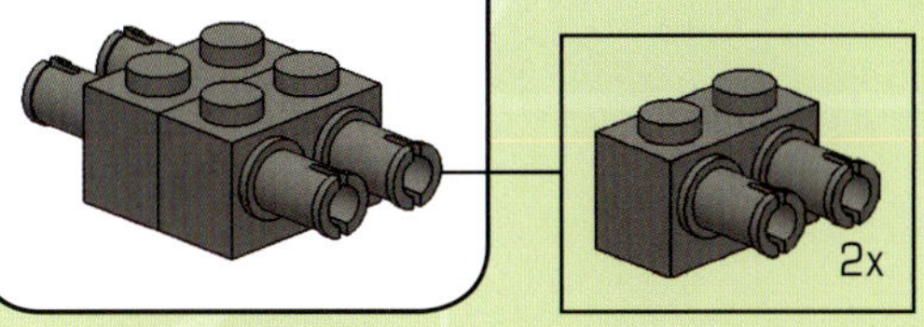

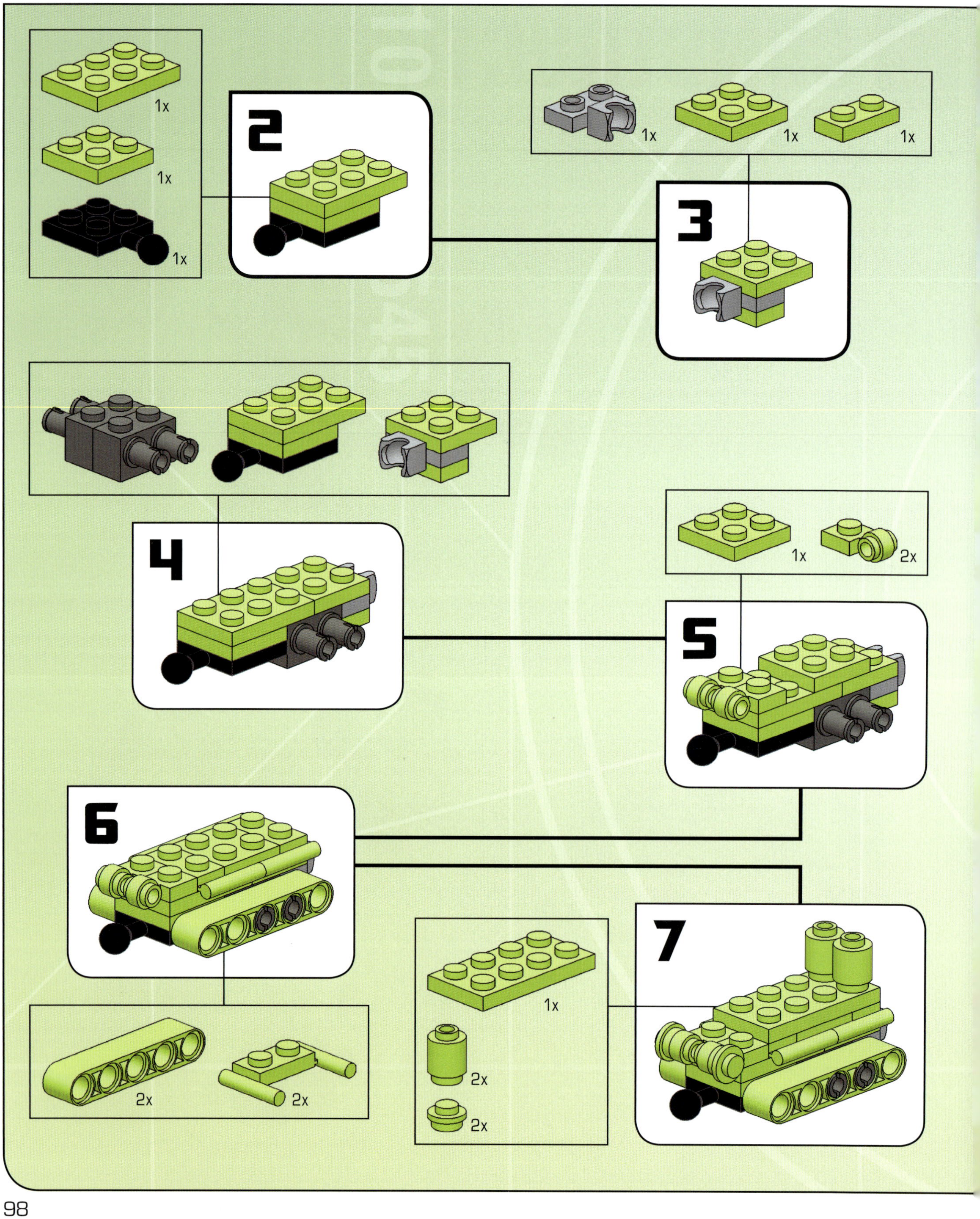
1x
1x
1x
2
1x
1x
1x
3
4
1x
2x
5
6
2x
2x
7
1x
2x
2x

LONG HAUL

Der Constructicon Long Haul würde lieber an vorderster Front mit den Decepticons kämpfen, statt als Kipplaster Material zu transportieren. Er ist aber schlau genug, Megatrons Befehle nicht in Frage zu stellen.

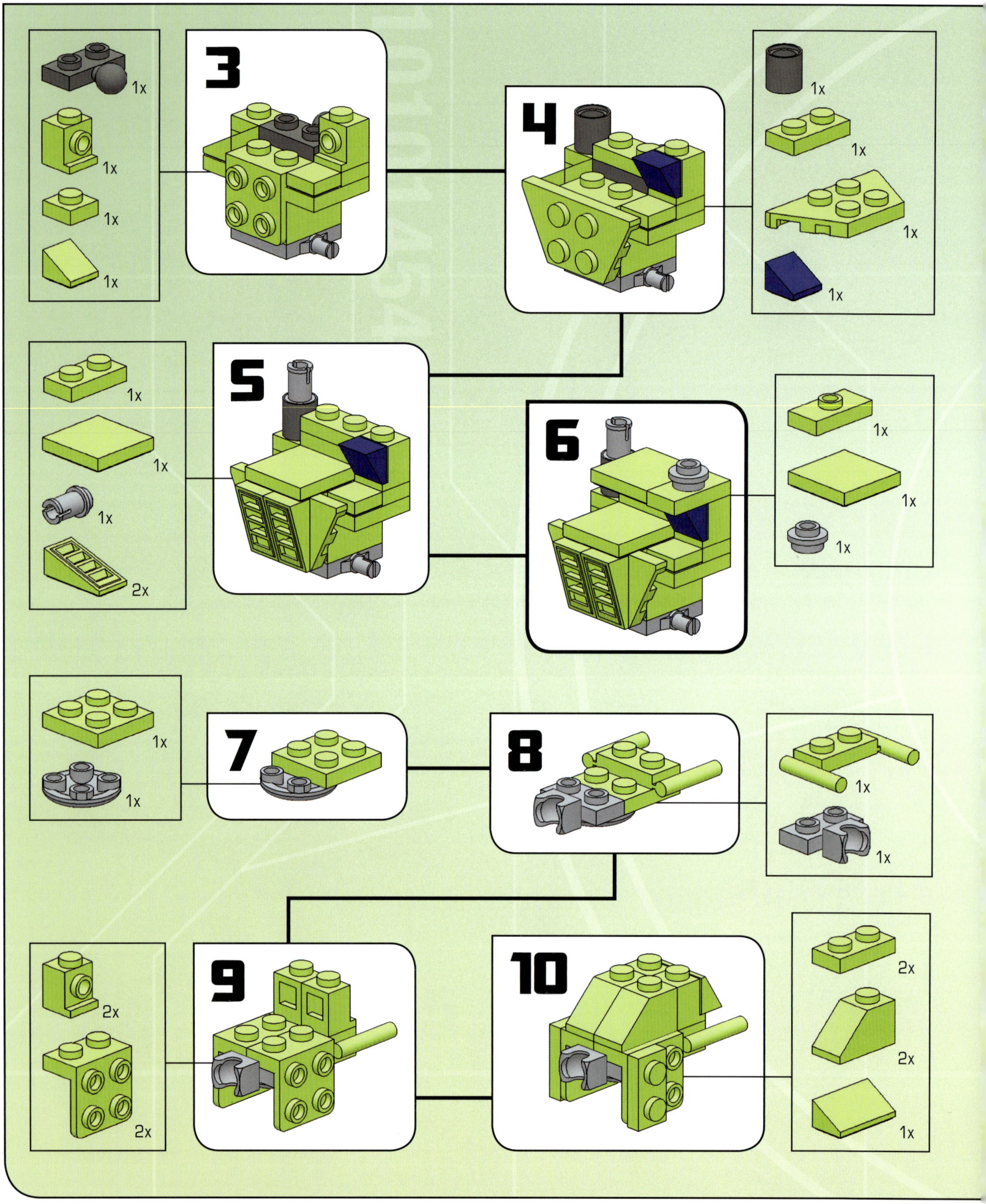
1x
1x
1x
1x
3
4
1x
1x
1x
1x
1x
1x
1x
2x
5
6
1x
1x
1x
1x
1x
7
8
1x
1x
2x
2x
9
10
2x
2x
1x

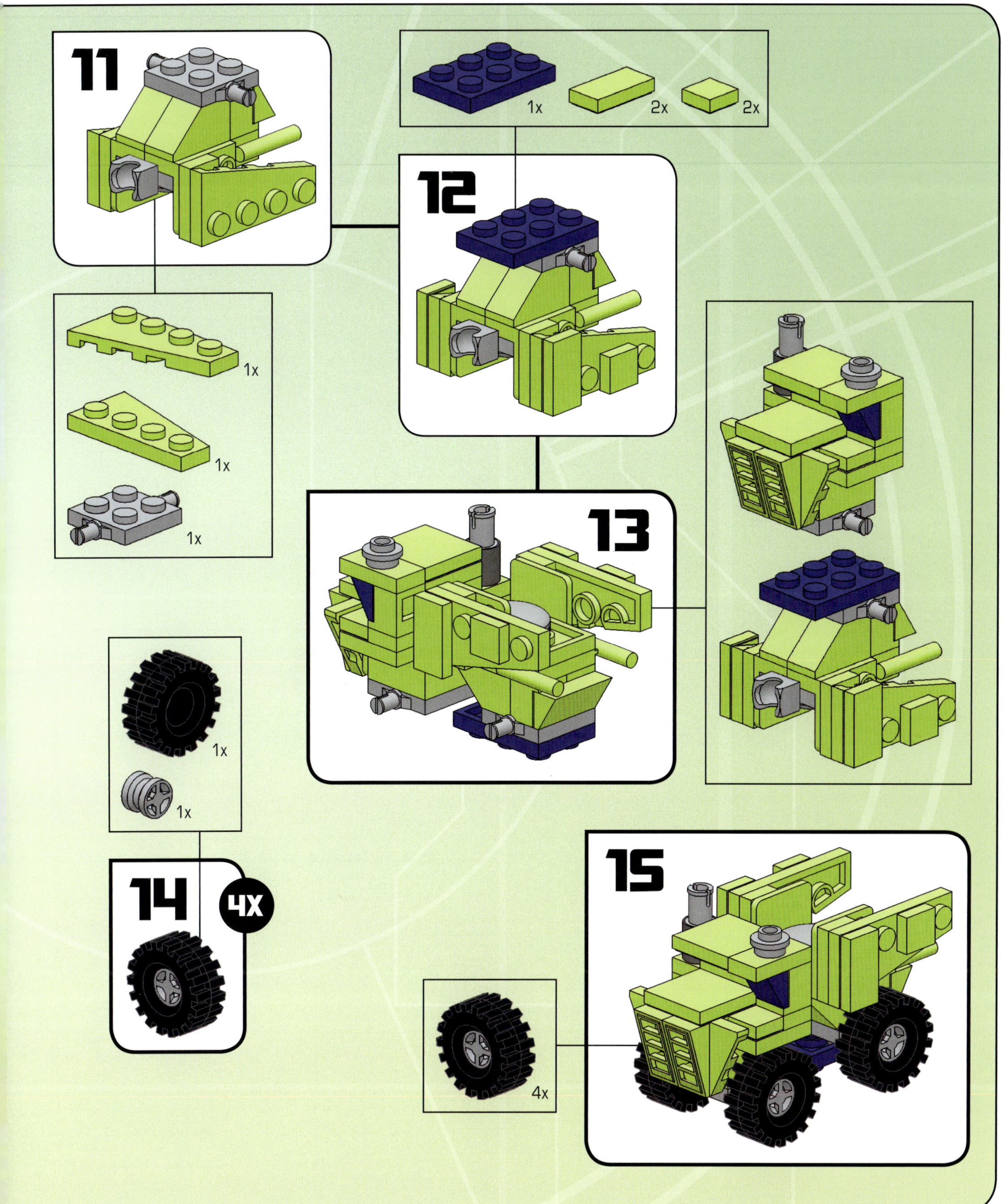
11
1x
1x
1x
1x
2x
2x
12
13
1x
1x
14
4X
15
4x

SCAVENGER

Sein Selbstwertgefühl ist so niedrig, dass er für die Anerkennung seines Teams beinahe alles tun würde. Doch gerade auch deshalb halten sie ihn für einen wertlosen Loser.

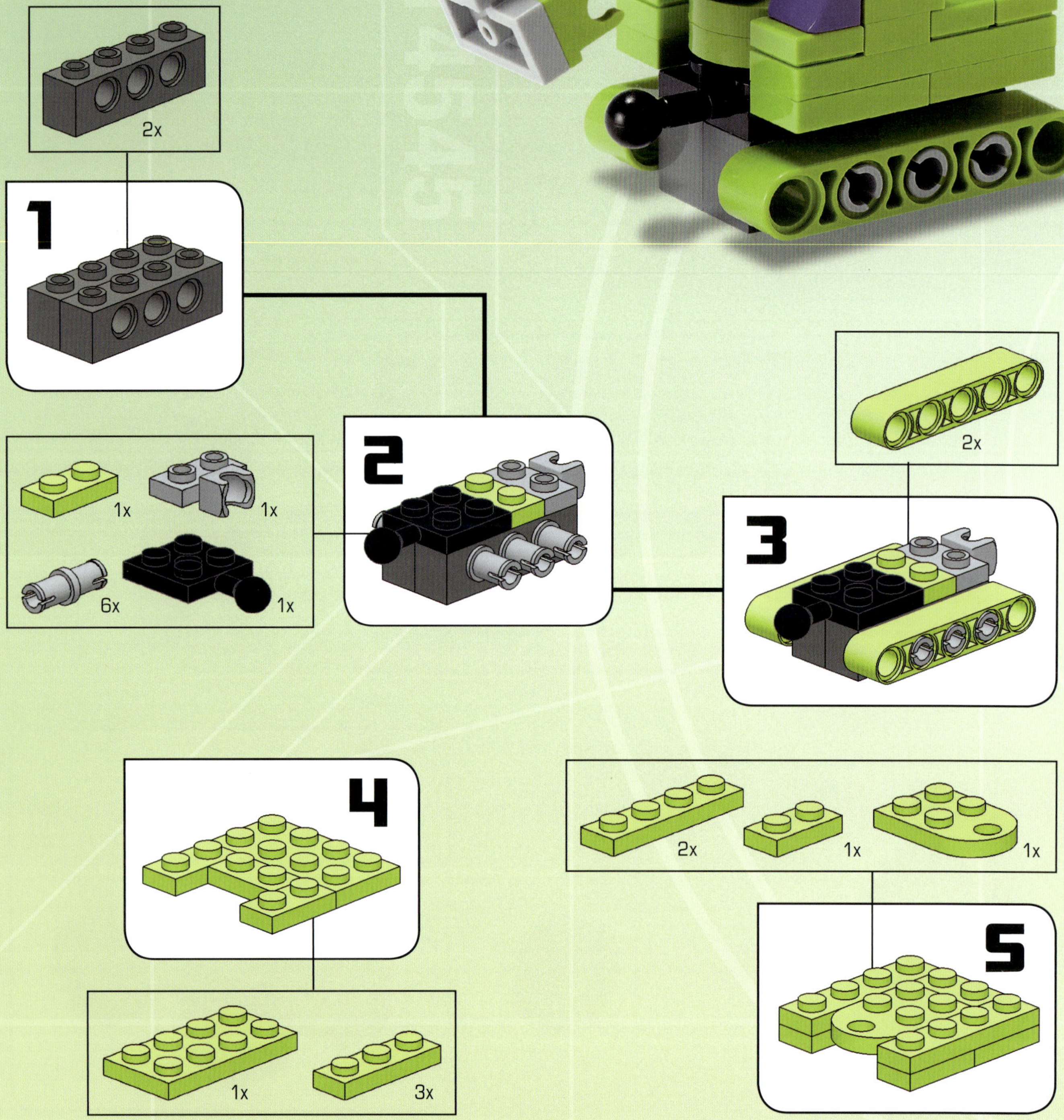

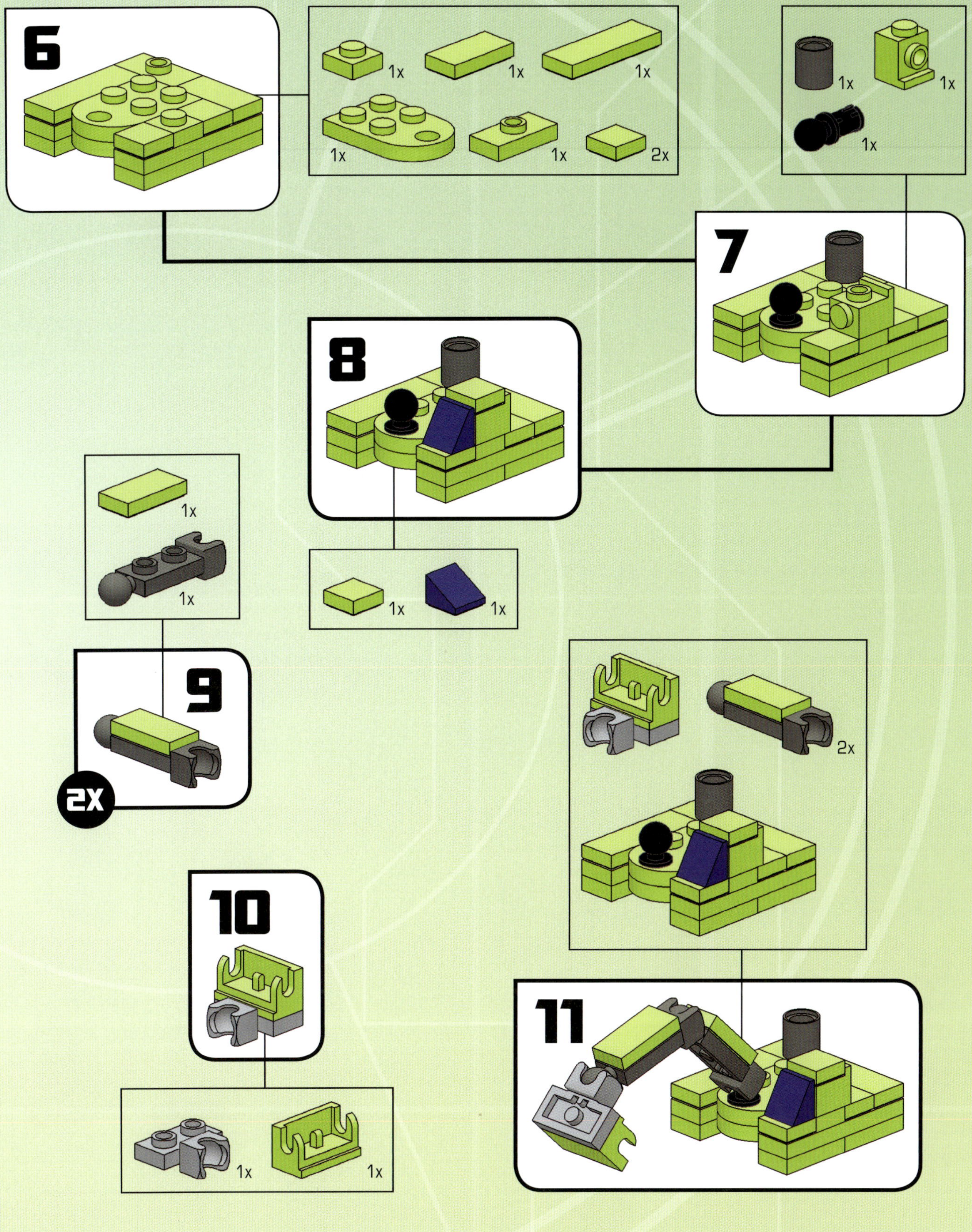
6
1x
1x
1x
1x
1x
2x
1x
1x
1x
7
8
1x
1x
1x
1x
9
2X
10
1x
1x
2x
11

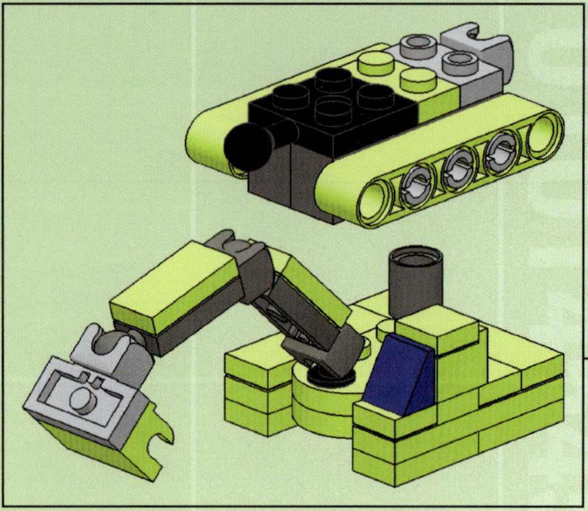

SCRAPPER

Scrapper ist der Ingenieur der Constructicons. Der bescheidene Anführer der Gruppe verwendet allerdings gern lebendige Autobots als Rohstoff für seine Kreationen.

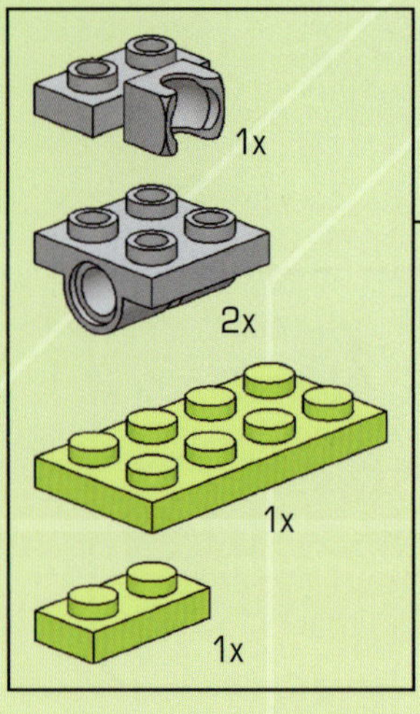

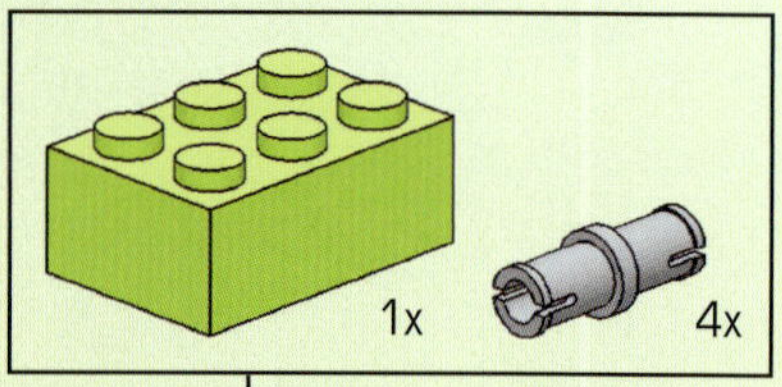

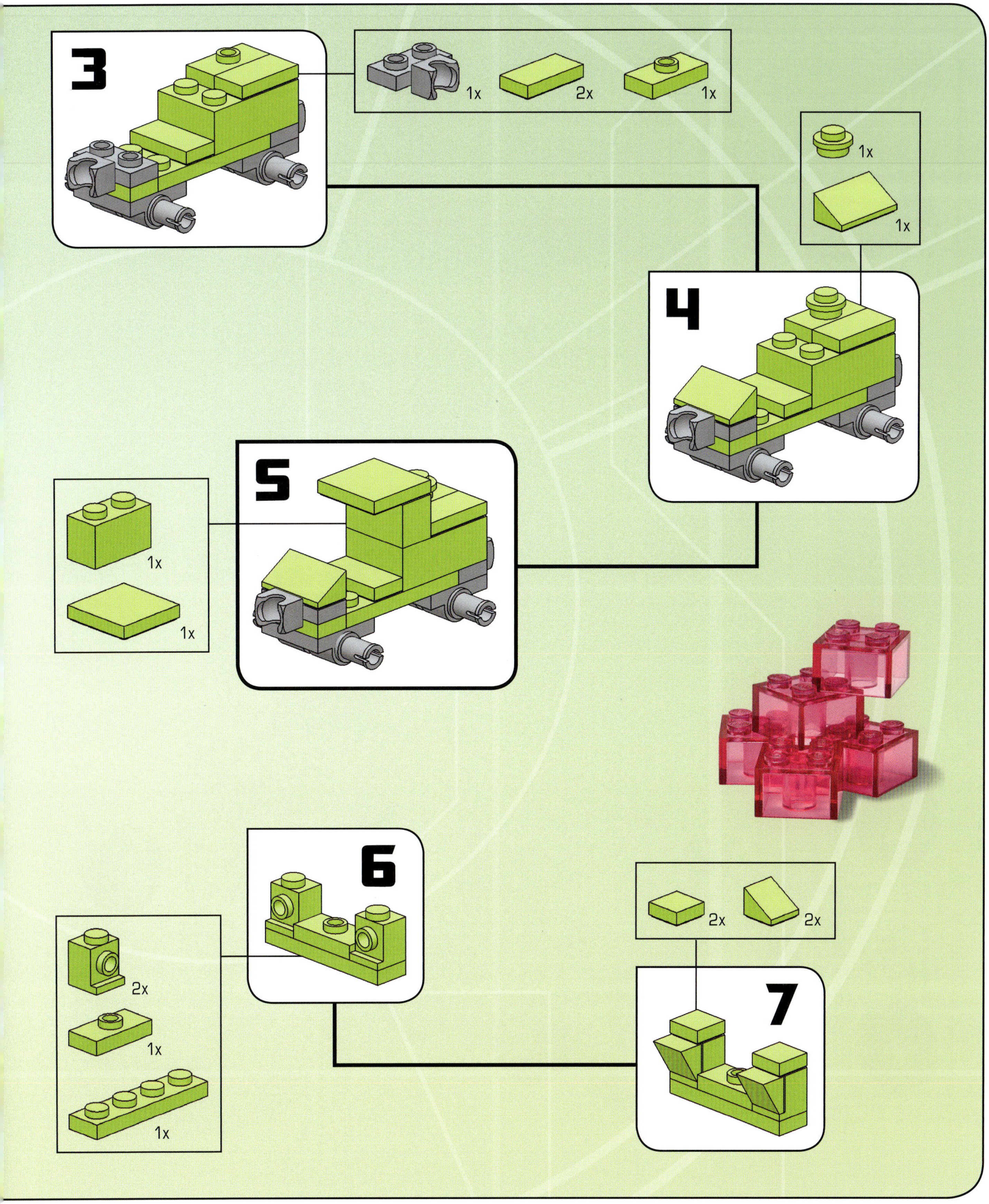
3
1x
2x
1x
1x
1x
4
5
1x
1x
6
2x
1x
1x
2x
2x
7

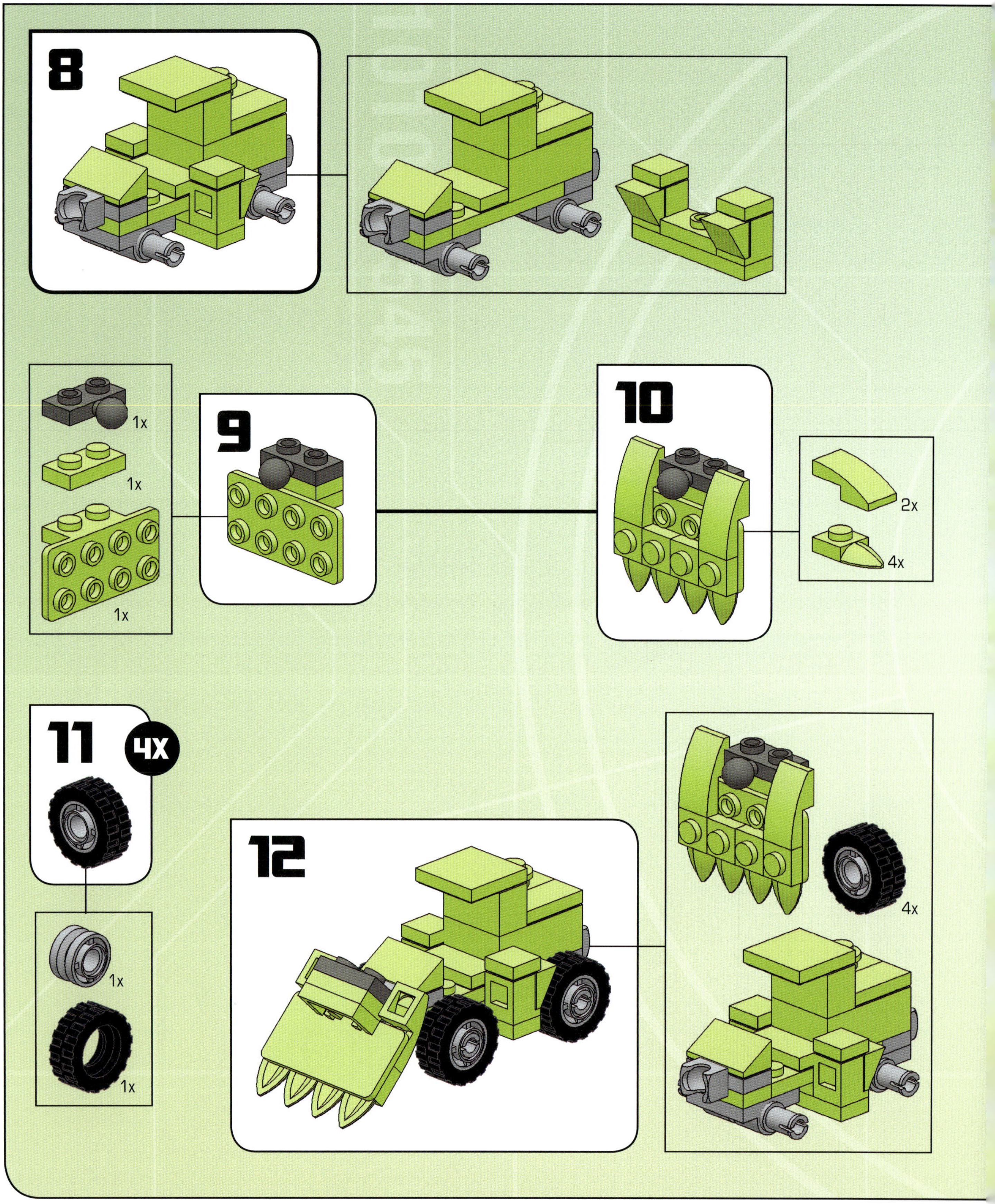
8
9
1x
1x
1x
10
2x
4x
11
4X
1x
1x
12
4x

MIXMASTER

Nichts ist vor ihm sicher: Ob Werkstoffe oder lebendige Roboter, in Mixmasters Mischtrommel wird alles auseinandergenommen, aufbereitet und in nahezu jeden Rohstoff verwandelt, den die Decepticons benötigen.

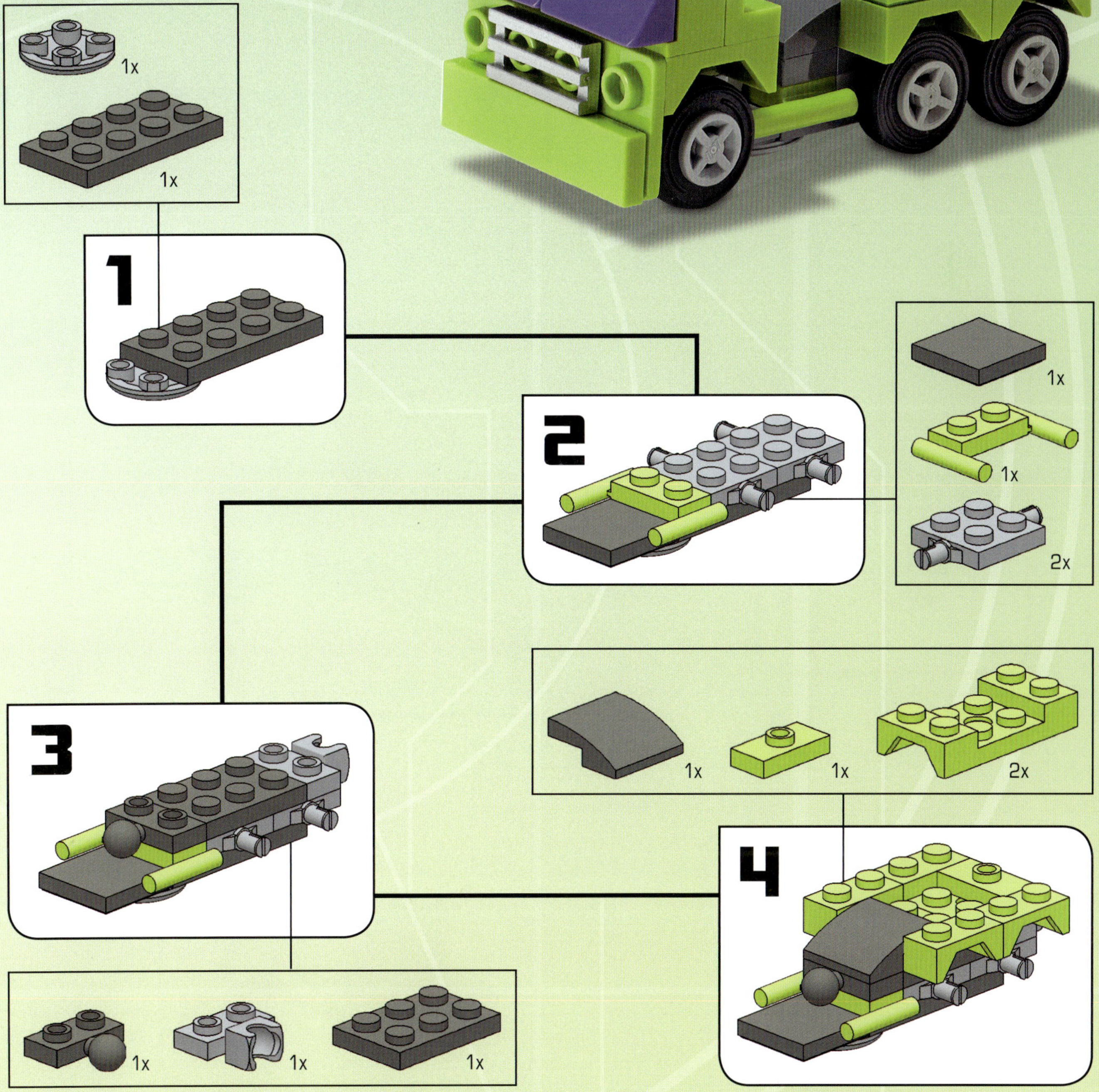

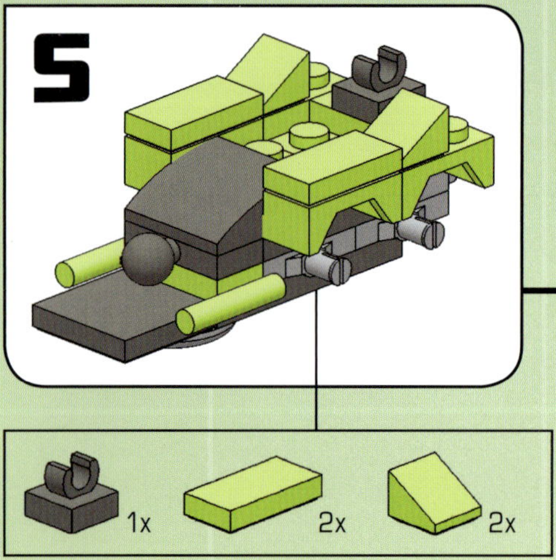
5
1x
2x
2x

1x
2x
6

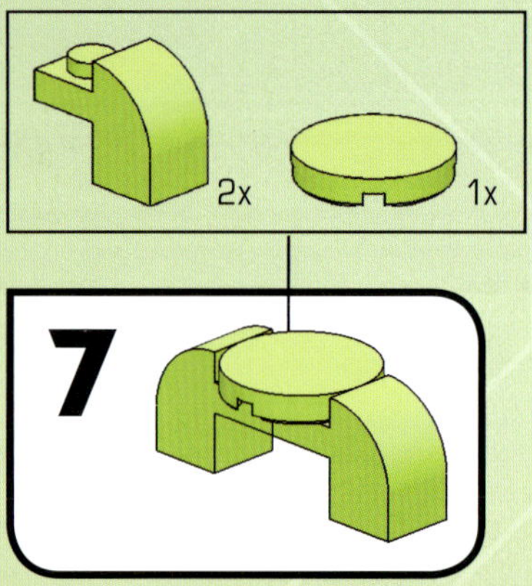
2x
1x
7

8

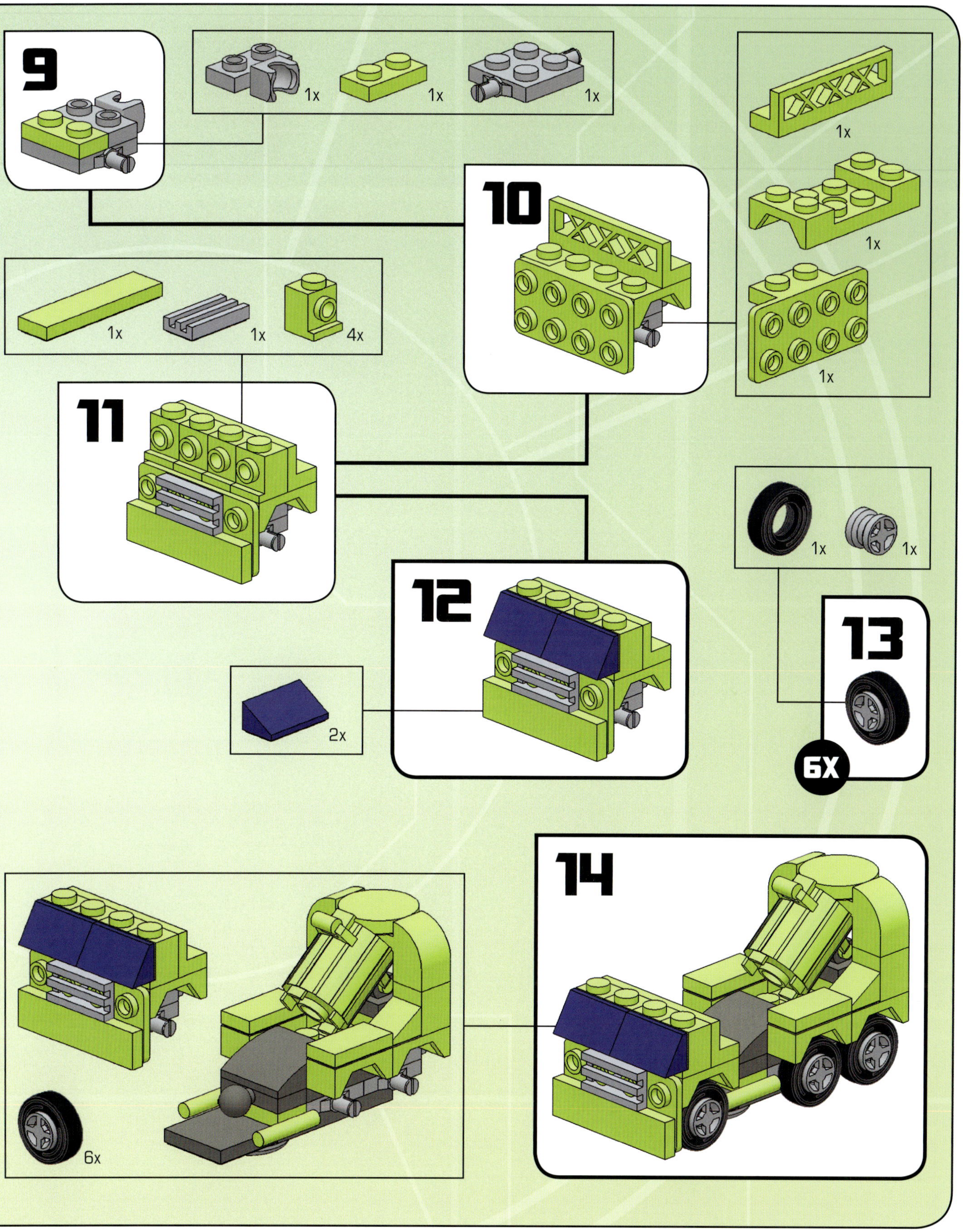
9
1x
1x
1x
1x
1x
1x
10
1x
1x
4x
11
12
2x
1x
1x
13
6X
6x
14

HOOK

Scrappers Stellvertreter ist ein wichtigtuerischer Perfektionist, der auch kleinste Jobs in Perfektion erfüllt. In der Form des Devastators bildet er die Schultern und den Kopf – was er für absolut gerechtfertigt hält.

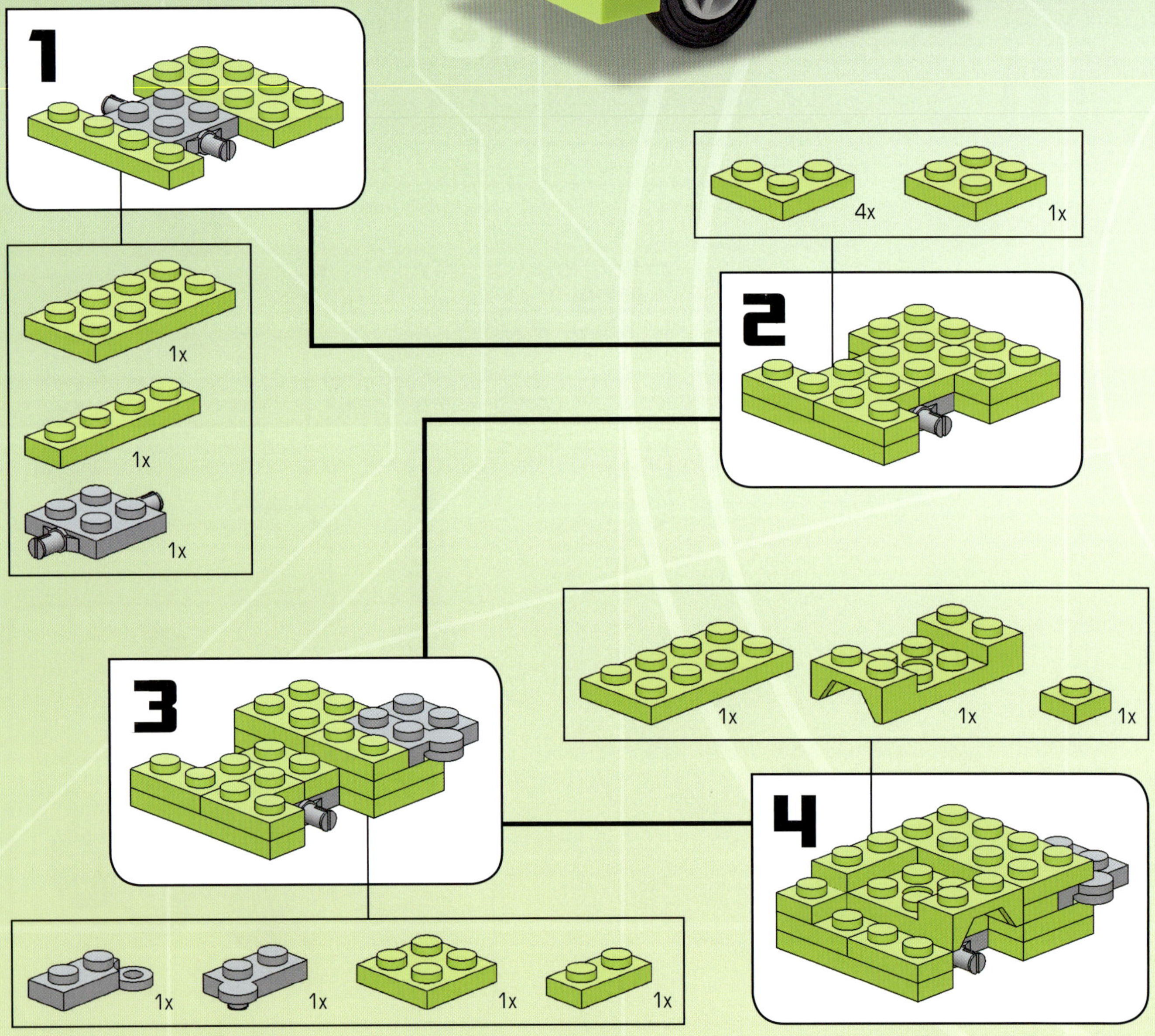

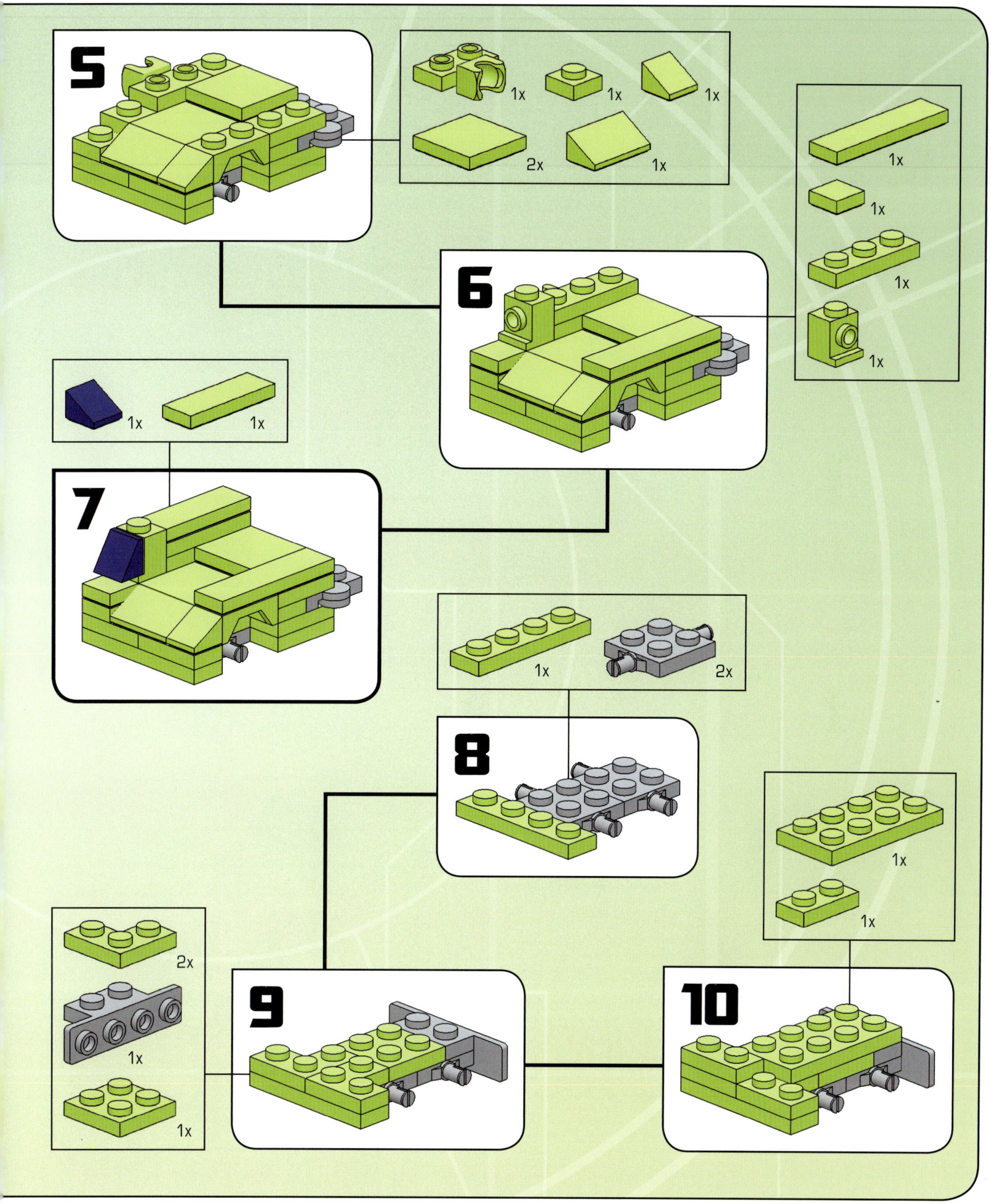
5
1x
1x
1x
2x
1x
1x
1x
1x
1x
6
1x
1x
7
1x
1x
8
2x
8
1x
1x
9
2x
1x
1x
10

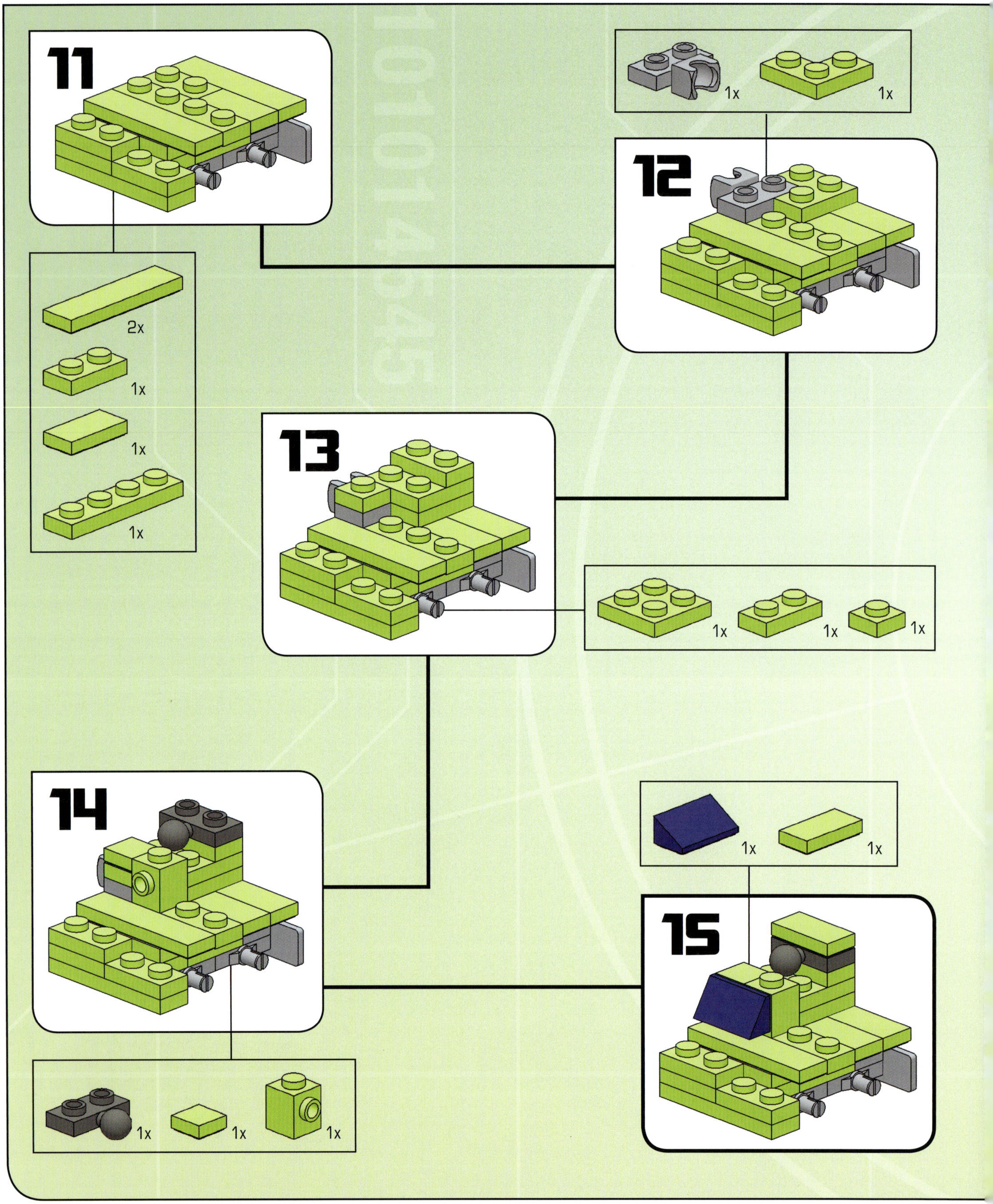
11
2x
1x
1x
1x
1x
1x
12
13
1x
1x
1x
14
1x
1x
1x
1x
1x
15

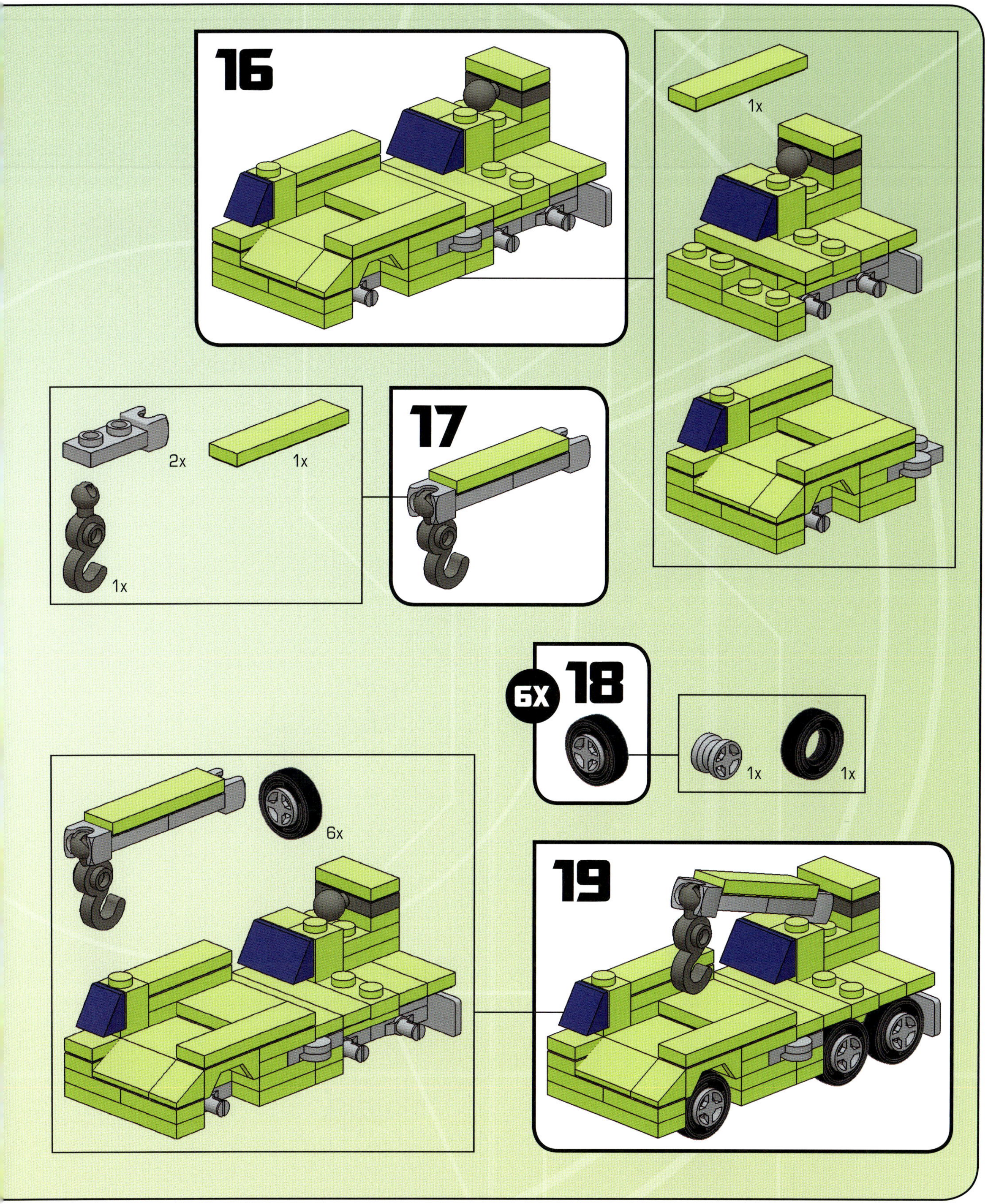
16
1x
2x
1x
1x
17
6X
18
1x
1x
6x
19

BEINE

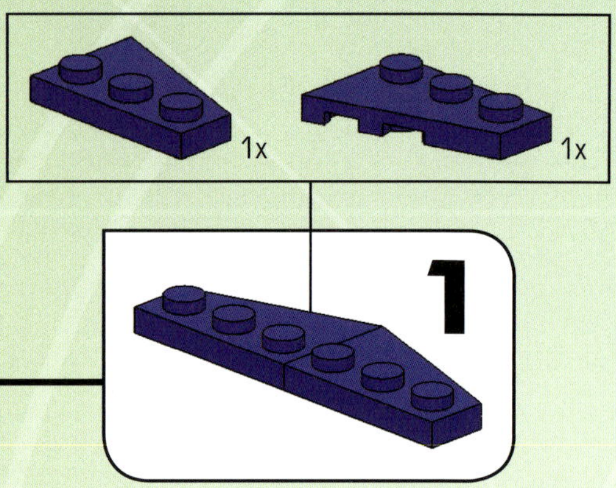

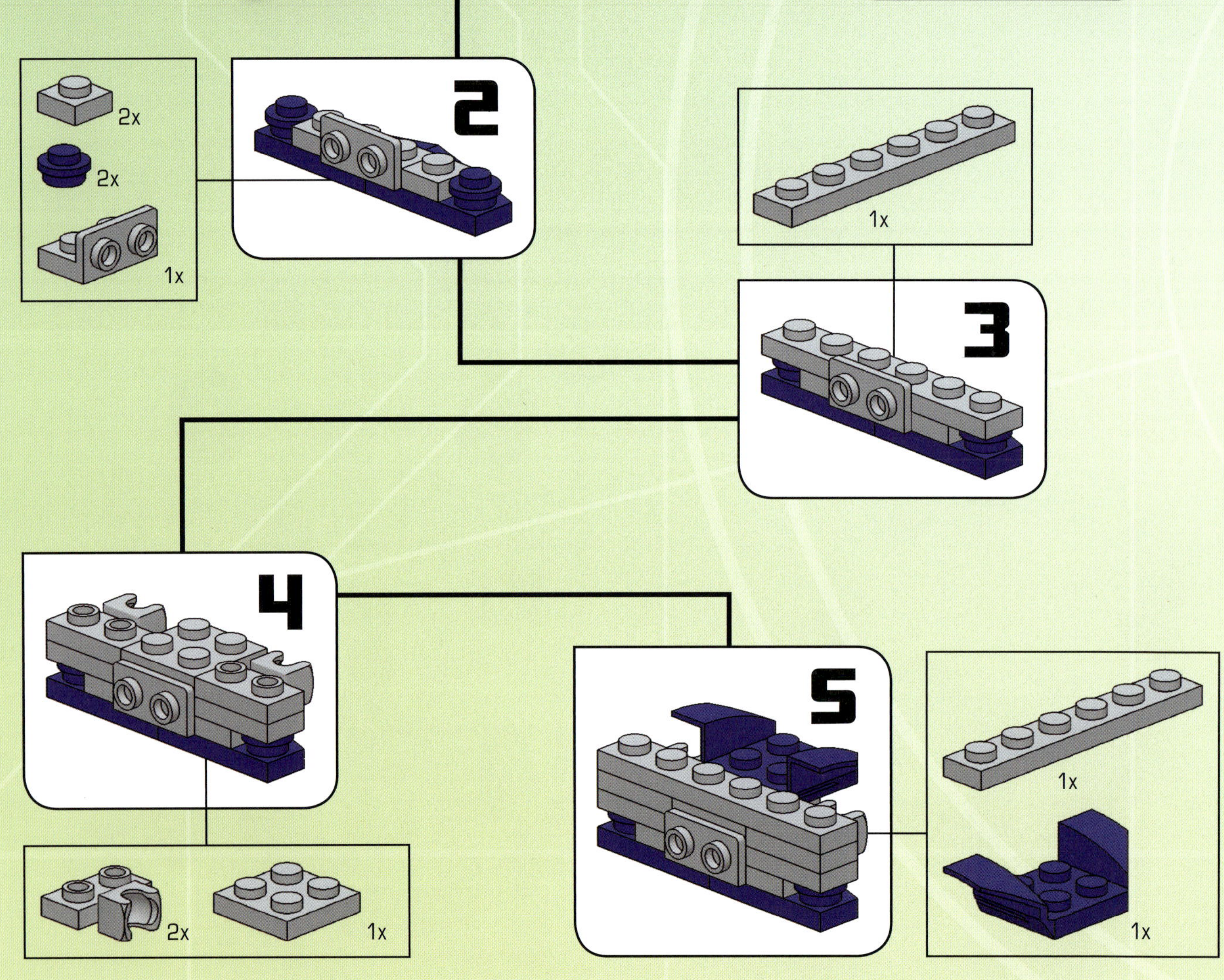

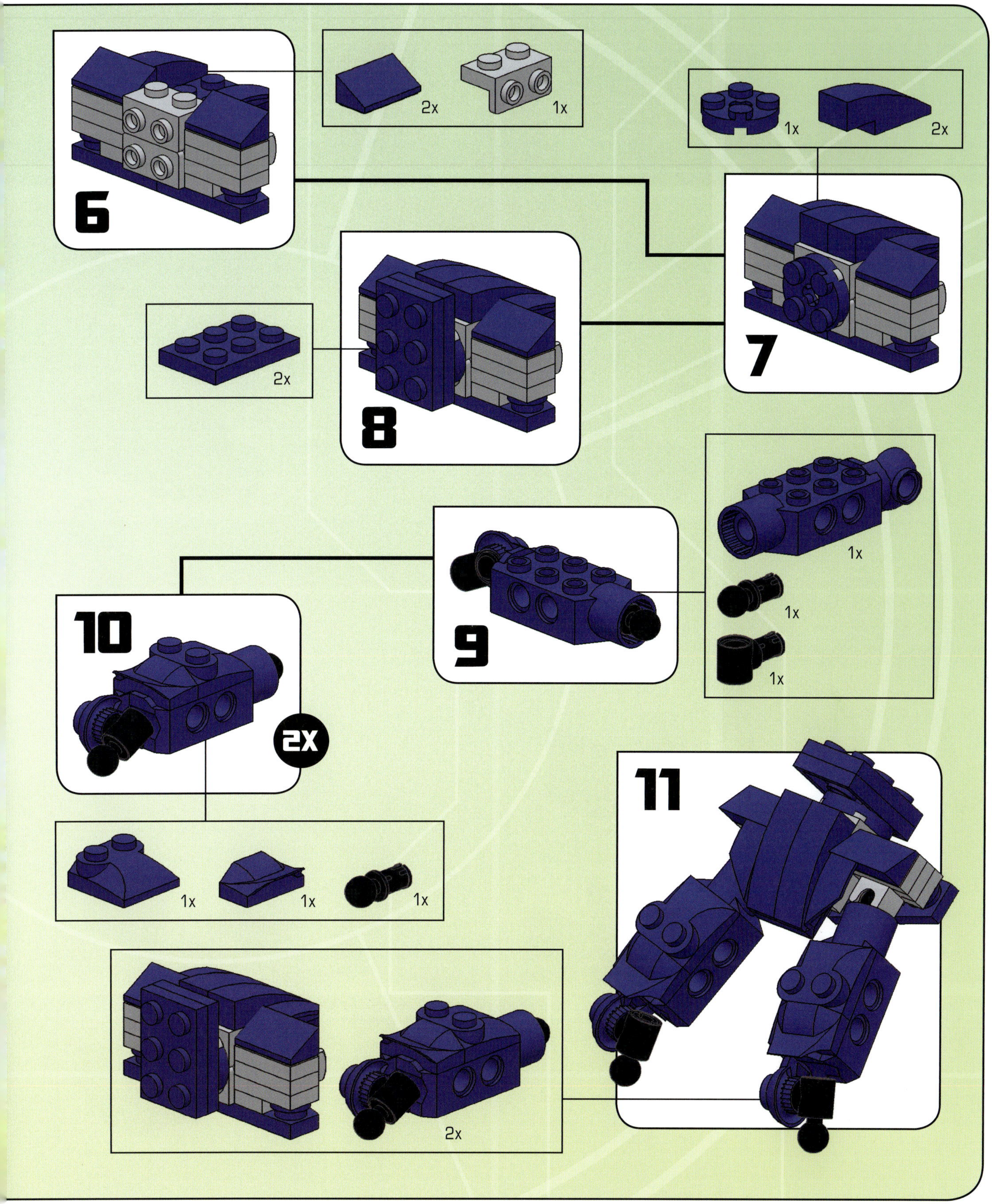
6
2x
1x
1x
2x
7
2x
8
1x
1x
1x
9
10
2X
1x
1x
1x
2x
11

ARME

KOPF

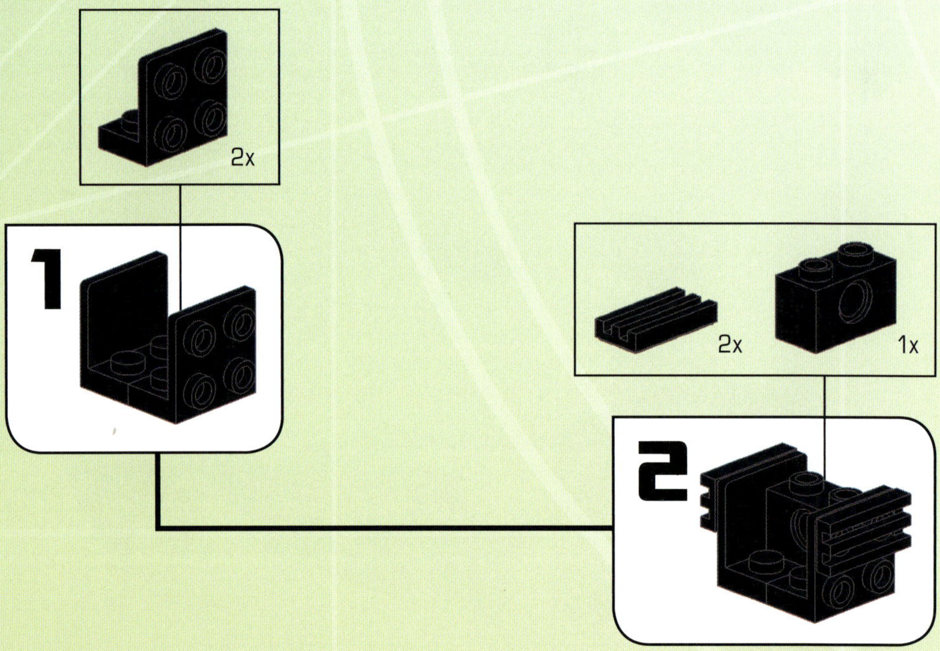

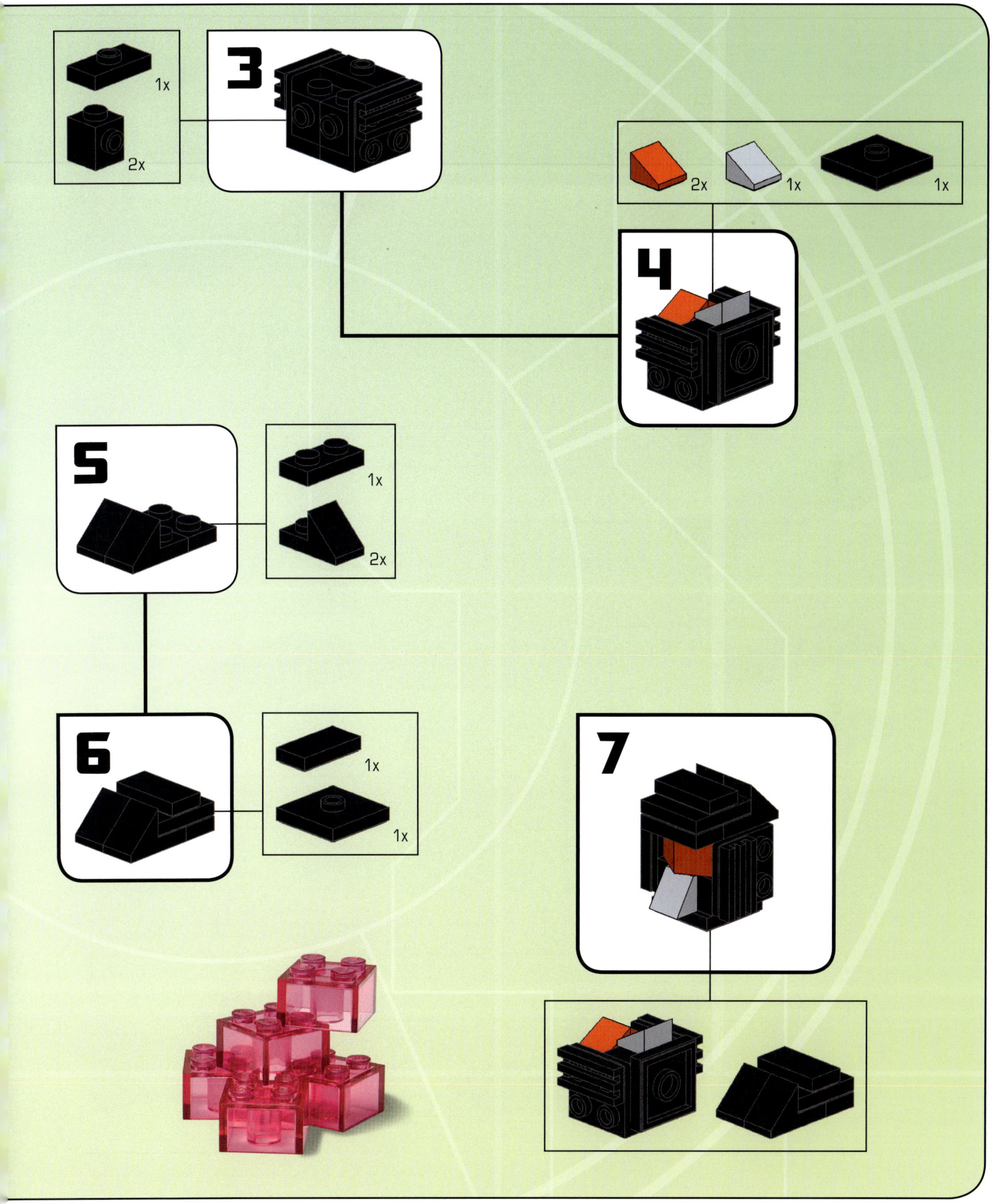
1x
2x
3
2x
1x
1x
4
5
1x
2x
6
1x
1x
7

BRUST

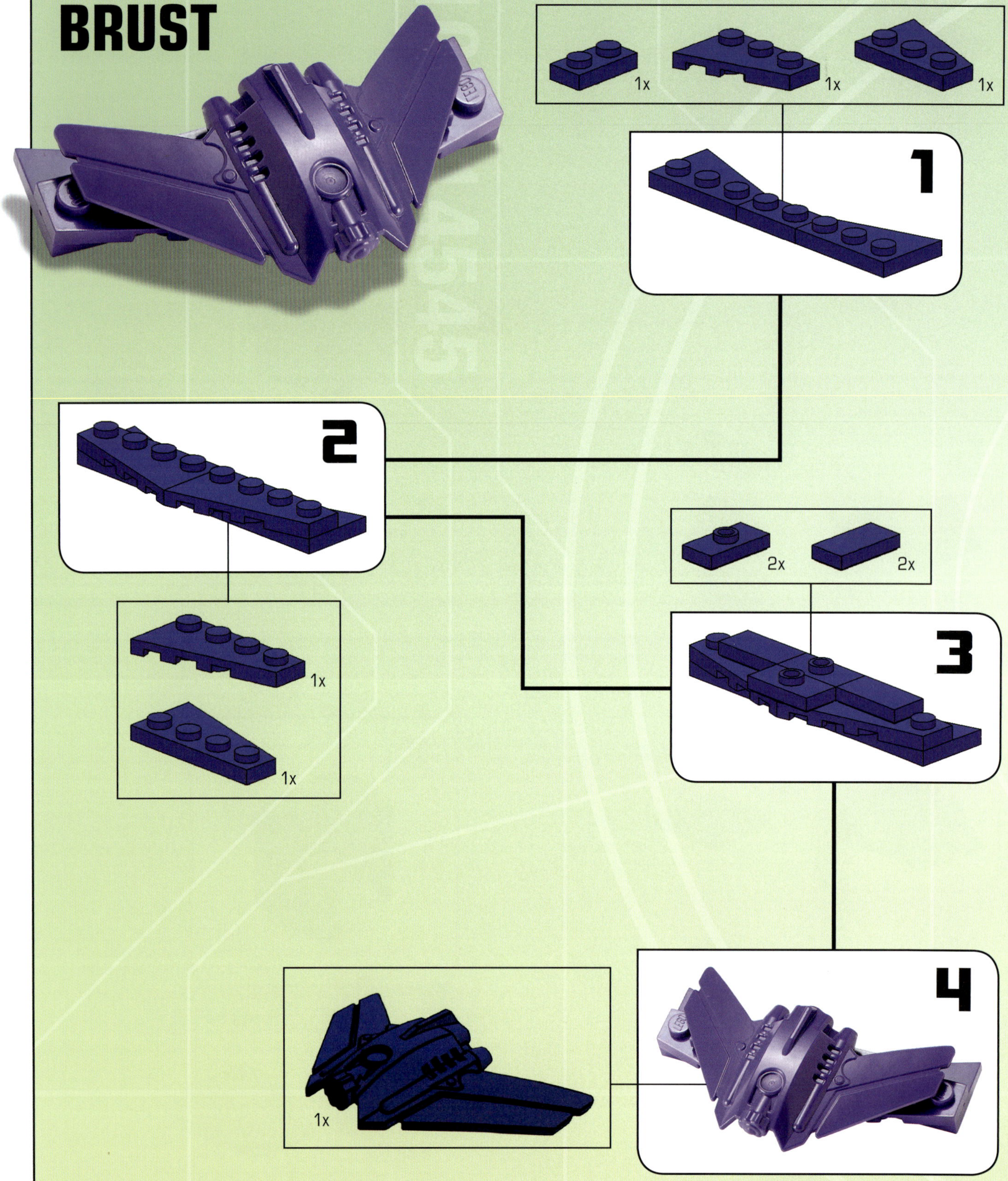

TEILELISTE

Menge	Farbe	Teilenummer	Name	LEGO® Teilenummer
1	Light Bluish Gray	99781	Bracket 1 x 2 - 1 x 2 Down	4654582
1	Light Bluish Gray	99780	Bracket 1 x 2 - 1 x 2 Up	6004990
1	Light Bluish Gray	2436b	Bracket 1 x 2 - 1 x 4 with Rounded Corners	6014615
3	Lime	44728	Bracket 1 x 2 - 2 x 2	4569452, 6037415, 6120340
2	Black	99207	Bracket 1 x 2 - 2 x 2 Up	6000650
2	Lime	93274	Bracket 1 x 2 - 2 x 4	4617067
2	Lime	3005	Brick 1 x 1	4220634
2	Lime	3062b	Brick 1 x 1 Round with Hollow Stud	4212454
11	Lime	4070	Brick 1 x 1 with Headlight	4183879, 4540460
2	Black	87087	Brick 1 x 1 with Stud on 1 Side	4558954
1	Lime	87087	Brick 1 x 1 with Stud on 1 Side	4566860, 6073026
1	Lime	3004	Brick 1 x 2	4164022, 4613965
2	Dark Bluish Gray	30526	Brick 1 x 2 with 2 Pins	4210697
2	Lime	6091	Brick 2 x 1 x 1 & 1/3 with Curved Top	4212446
1	Lime	3003	Brick 2 x 2	4220632
1	Lime	3002	Brick 2 x 3	4220631
1	Dark Purple	41854	Car Mudguard 2 x 4 Swept Back	4566804, 6167896
4	Lime	60212	Car Mudguard 2 x 4 with Central Hole	4600186, 6121903
1	Lime	2439	Container 2 x 2 Rubbish Bin	4273737
2	Light Bluish Gray	2654	Dish 2 x 2	4211372, 4278273
1	Lime	3633	Fence Lattice 1 x 4 x 1	4618590
1	Lime	3937	Hinge 1 x 2 Base	
1	Light Bluish Gray	2429	Hinge Plate 1 x 4 Swivel Base	4219256
1	Light Bluish Gray	2430	Hinge Plate 1 x 4 Swivel Top	4219256
1	Dark Bluish Gray	30395	Hook with Towball	30395199, 4212529
2	Light Bluish Gray	3024	Plate 1 x 1	4211399
5	Lime	3024	Plate 1 x 1	4261450, 4621557
2	Dark Purple	4073	Plate 1 x 1 Round	4566522
4	Lime	4073	Plate 1 x 1 Round	4183133
1	Light Bluish Gray	85861	Plate 1 x 1 Round with Open Stud	6124825, 6168647
2	Lime	4081b	Plate 1 x 1 with Clip Light Type 2	4558600, 4632576
4	Lime	49668	Plate 1 x 1 with Tooth In-line	4611784
1	Black	3023	Plate 1 x 2	302326
1	Dark Purple	3023	Plate 1 x 2	4224858, 4655695

Menge		Farbe	Teilenummer	Name	LEGO® Teilenummer
18		Lime	3023	Plate 1 x 2	4164037
5		Dark Bluish Gray	14417	Plate 1 x 2 with Ball Joint-8	6039479
2		Dark Purple	15573	Plate 1 x 2 with Groove with 1 Centre Stud, without Understud	6092604
4		Lime	3839b	Plate 1 x 2 with Handles Type 2	4168244
2		Light Bluish Gray	14418	Plate 1 x 2 with Socket Joint-8 with Friction	6043639
2		Dark Bluish Gray	14419	Plate 1 x 2 with Socket Joint-8 with Friction and Ball Joint-8	6039482
11		Light Bluish Gray	14704	Plate 1 x 2 with Socket Joint-8 with Friction Centre	6043656
1		Lime	14704	Plate 1 x 2 with Socket Joint-8 with Friction Centre	
1		Black	3794a	Plate 1 x 2 without Groove with 1 Centre Stud	
6		Lime	3794a	Plate 1 x 2 without Groove with 1 Centre Stud	
1		Lime	3623	Plate 1 x 3	4210210
7		Lime	3710	Plate 1 x 4	4187743
2		Light Bluish Gray	3666	Plate 1 x 6	4211438
1		Light Bluish Gray	3022	Plate 2 x 2	4211397
8		Lime	3022	Plate 2 x 2	4203892, 4537937, 4613977
7		Lime	2420	Plate 2 x 2 Corner	4210207, 4633822
1		Dark Purple	4032b	Plate 2 x 2 Round with Axlehole Type 2	
2		Black	87580	Plate 2 x 2 with Groove with 1 Center Stud	4565323
2		Light Bluish Gray	2817	Plate 2 x 2 with Holes	4211376
2		Black	15456	Plate 2 x 2 with Towball and Centre Hole	6051038
8		Light Bluish Gray	4600	Plate 2 x 2 with Wheel Holders	4211504
1		Dark Bluish Gray	3021	Plate 2 x 3	4211043
3		Dark Purple	3021	Plate 2 x 3	4225142
1		Lime	3021	Plate 2 x 3	4210215, 4534666, 6013530
1		Dark Bluish Gray	3020	Plate 2 x 4	4211065
7		Lime	3020	Plate 2 x 4	4164023, 4534667, 4537936
2		Lime	3176	Plate 3 x 2 with Hole	6175325
2		Lime	61409	Slope Brick 18 2 x 1 x 2/3 Grille	4521216, 4540385
3		Dark Purple	54200	Slope Brick 31 1 x 1 x 0.667	4255409, 4567509
6		Lime	54200	Slope Brick 31 1 x 1 x 0.667	4298015, 4504372

Menge	Farbe		Teilenummer	Name	LEGO® Teilenummer
1		Metallic Silver	54200	Slope Brick 31 1 x 1 x 0.667	4528609, 6092109
2		Red	54200	Slope Brick 31 1 x 1 x 0.667	4244371, 4504379, 5074621
5		Dark Purple	85984	Slope Brick 31 1 x 2 x 0.667	4566607
4		Lime	85984	Slope Brick 31 1 x 2 x 0.667	6025026
2		Lime	3040	Slope Brick 45 2 x 1	4537925
6		Dark Purple	47458	Slope Brick Curved 1 x 2 x 2/3 with Fin without Studs	
2		Lime	11477	Slope Brick Curved 2 x 1	6069006
2		Dark Purple	47457	Slope Brick Curved 2 x 2 x 2/3 Triple with Two Top Studs	4218700, 4579024, 6109766
1		Dark Bluish Gray	15068	Slope Brick Curved 2 x 2 x 0.667	6071261
2		Dark Purple	50950	Slope Brick Curved 3 x 1	4578772, 6103449
2		Black	92946	Slope Plate 45 2 x 1	4653087, 6069000
2		Dark Bluish Gray	18654	Technic Beam 1	6100030
4		Lime	32316	Technic Beam 5	4265700, 4571220, 4661486
1		Black	3700	Technic Brick 1 x 2 with Hole	370026
2		Dark Bluish Gray	3701	Technic Brick 1 x 4 with Holes	4213607
2		Dark Purple	47431	Technic Brick 2 x 2 w/ Axlehole, Click Rot. Hinge (V) and Fist	4218235
2		Dark Purple	47432	Technic Brick 2 x 3 w/ Holes, Click Rot. Hinge (V) and Socket	4218091
10		Light Bluish Gray	3673	Technic Pin	3673194, 4211807
1		Light Bluish Gray	4274	Technic Pin 1/2	4211483, 4274194
7		Black	6628	Technic Pin Towball with Friction	4184169, 662826
4		Black	15100	Technic Pin with Friction with Perpendicular Pin Hole	6073231
1		Dark Bluish Gray	15712	Tile 1 x 1 with Clip (Thick C-Clip)	6071226
10		Lime	3070b	Tile 1 x 1 with Groove	4537251
2		Black	2412b	Tile 1 x 2 Grille with Groove	241226
1		Metallic Silver	2412b	Tile 1 x 2 Grille with Groove	4249040, 51815301, 6051422
1		Black	3069b	Tile 1 x 2 with Groove	306926
2		Dark Purple	3069b	Tile 1 x 2 with Groove	4613192
12		Lime	3069b	Tile 1 x 2 with Groove	4164025, 4500125
2		Lime	63864	Tile 1 x 3 with Groove	4565993

Menge	Farbe	Teilenummer	Name	LEGO® Teilenummer
6	Lime	2431	Tile 1 x 4 with Groove	4164021
1	Lime	4150	Tile 2 x 2 Round with Cross Underside Stud	4541957
1	Dark Bluish Gray	3068b	Tile 2 x 2 with Groove	4211055
6	Lime	3068b	Tile 2 x 2 with Groove	4518611
12	Black	59895	Tyre 4/ 80 x 8 Single Smooth Type 2	4516843
4	Black	92409	Tyre 6.4/ 75 x 8 Shallow Offset Tread with Centre Band	4617848
4	Black	4084	Tyre 8/ 75 x 8 Offset Tread	
16	Light Bluish Gray	4624	Wheel Rim 6.4 x 8	4211506
4	Light Bluish Gray	42610	Wheel Rim 8 x 11.2 with Centre Groove	4211758
2	Dark Purple	43723	Wing 2 x 3 Left	4616558
1	Lime	43723	Wing 2 x 3 Left	4183168, 4539907
2	Dark Purple	43722	Wing 2 x 3 Right	4616557
1	Lime	43722	Wing 2 x 3 Right	4183167, 4539908
1	Lime	51739	Wing 2 x 4	6025027
1	Dark Purple	41770	Wing 2 x 4 Left	4225170
1	Lime	41770	Wing 2 x 4 Left	4164034
1	Dark Purple	41769	Wing 2 x 4 Right	4225145
1	Lime	41769	Wing 2 x 4 Right	4164033
1	Dark Purple	89589	Hero Factory Shoulder Armor with Wing	6001498

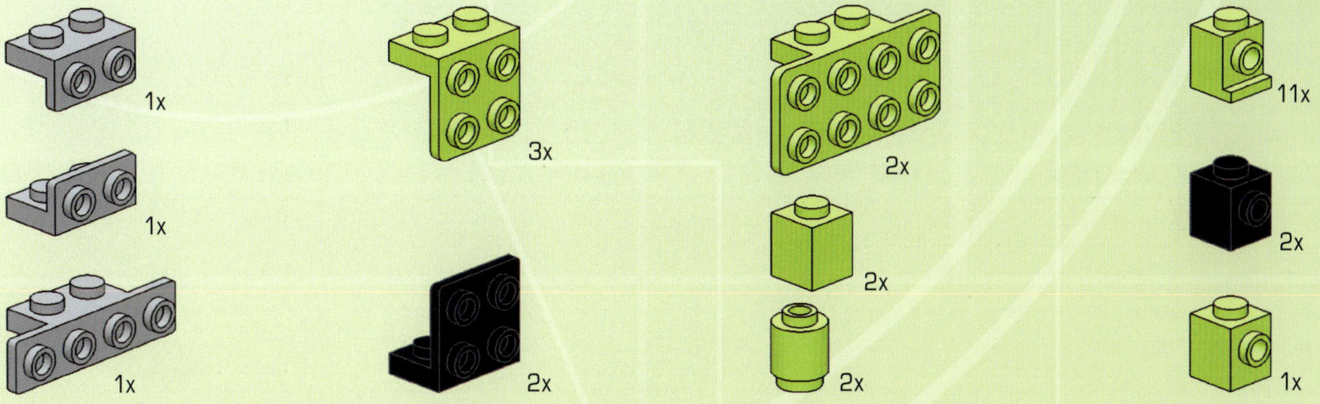

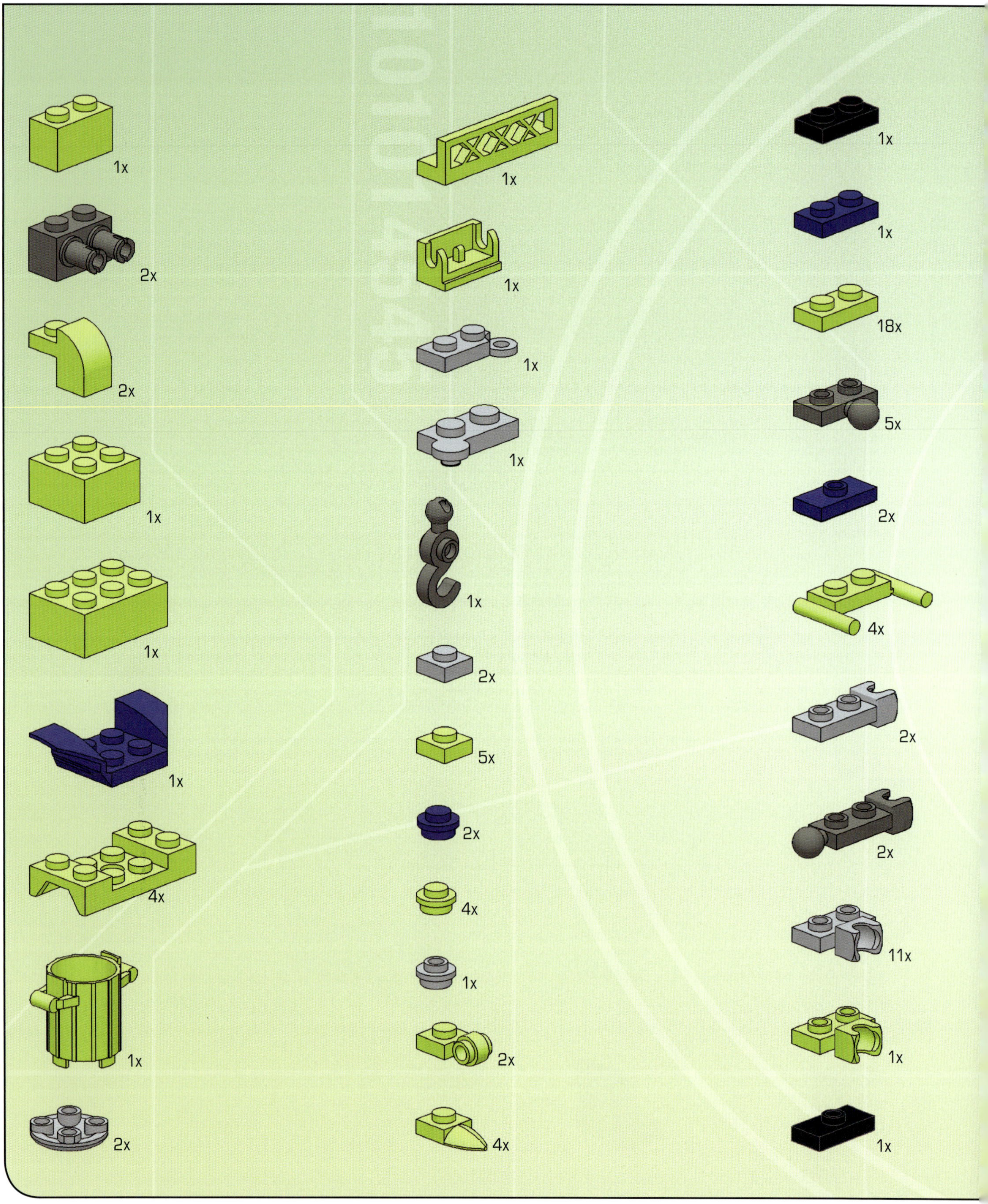
1x
2x
2x
1x
1x
1x
4x
1x
2x
1x
1x
1x
1x
1x
2x
5x
2x
4x
1x
2x
4x
1x
1x
18x
5x
2x
4x
2x
2x
11x
1x
1x

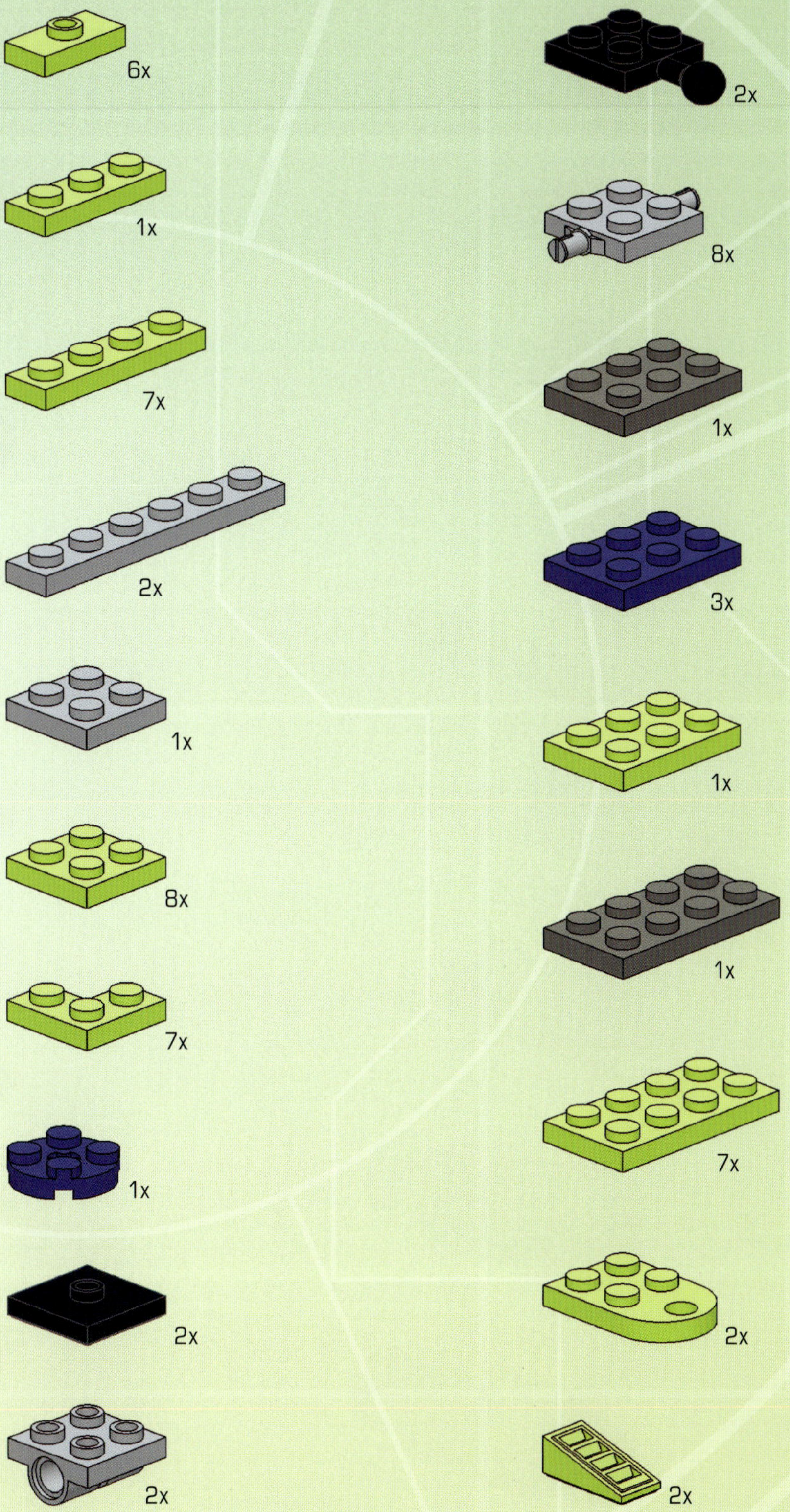
6x
1x
7x
2x
1x
8x
7x
1x
2x
2x
2x
8x
1x
3x
1x
1x
7x
2x
2x

3x
6x
1x
2x
5x
4x
2x
6x
2x
2x
1x
2x
2x
2x
4x
1x
2x
2x
2x
10x
1x
7x
4x
1x
10x
2x
1x
1x
2x
12x
2x

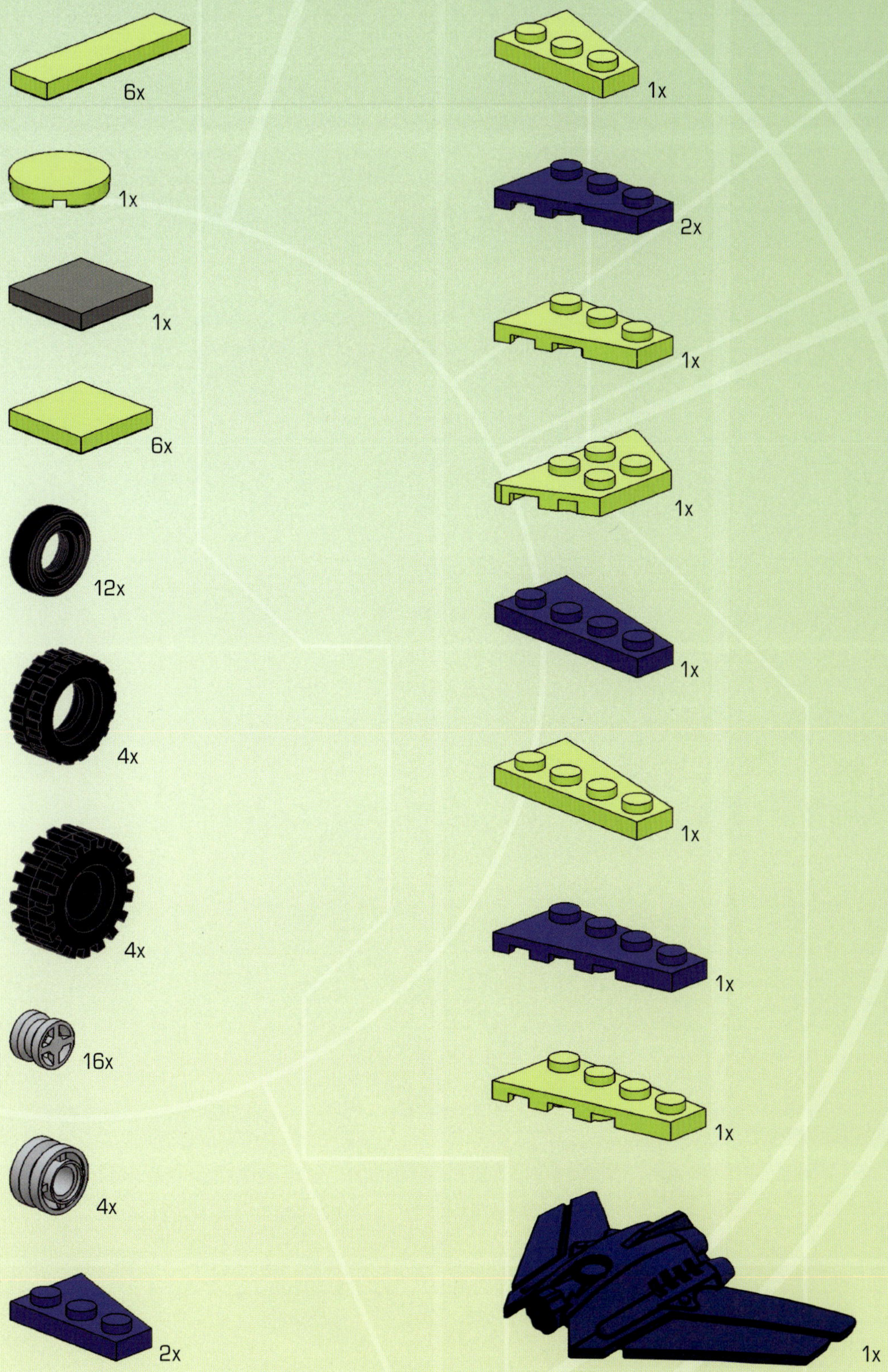
6x
1x
1x
6x
12x
4x
4x
16x
4x
2x
1x
2x
1x
1x
1x
1x
1x
1x
1x

6

OPTIMUS PRIME

Als Anführer der Autobots ist er einer der Stärksten im Team. Er trägt die Matrix in seiner Brust, die ihm zusätzliche Energie gibt. Ihr habt hier die Option, ihn in grau zu bauen oder euch einige der seltenen alten verchromten Teile zu besorgen, um das Modell noch authentischer aussehen zu lassen.

Das Modell, bestehend aus ca. 800 Teilen, ist als Truck maximal 10 Noppen breit. Es ist mir sehr wichtig, dass die Proportionen im Altmode und im Botmode harmonisch sind. Die Transformation ist einfach gehalten, wobei man aber beachten muss, das extra gebaute Element zur Hüftstabilisierung in der Roboterform einzusetzen. Der Torso könnte sonst nach hinten kippen.

Zu der Ausrüstung Optimus Primes gehören eine Laserpistole und eine Energieaxt, für die ihr auf den folgenden Seiten Explosionsfotos als Bauanleitungen findet.

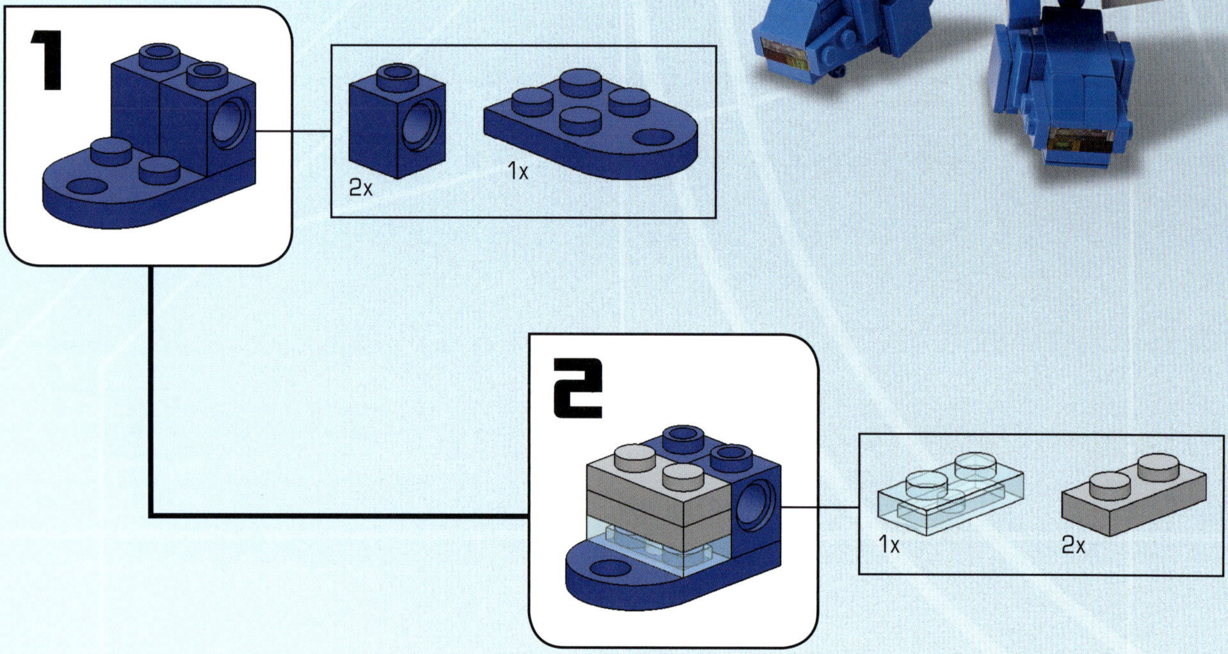

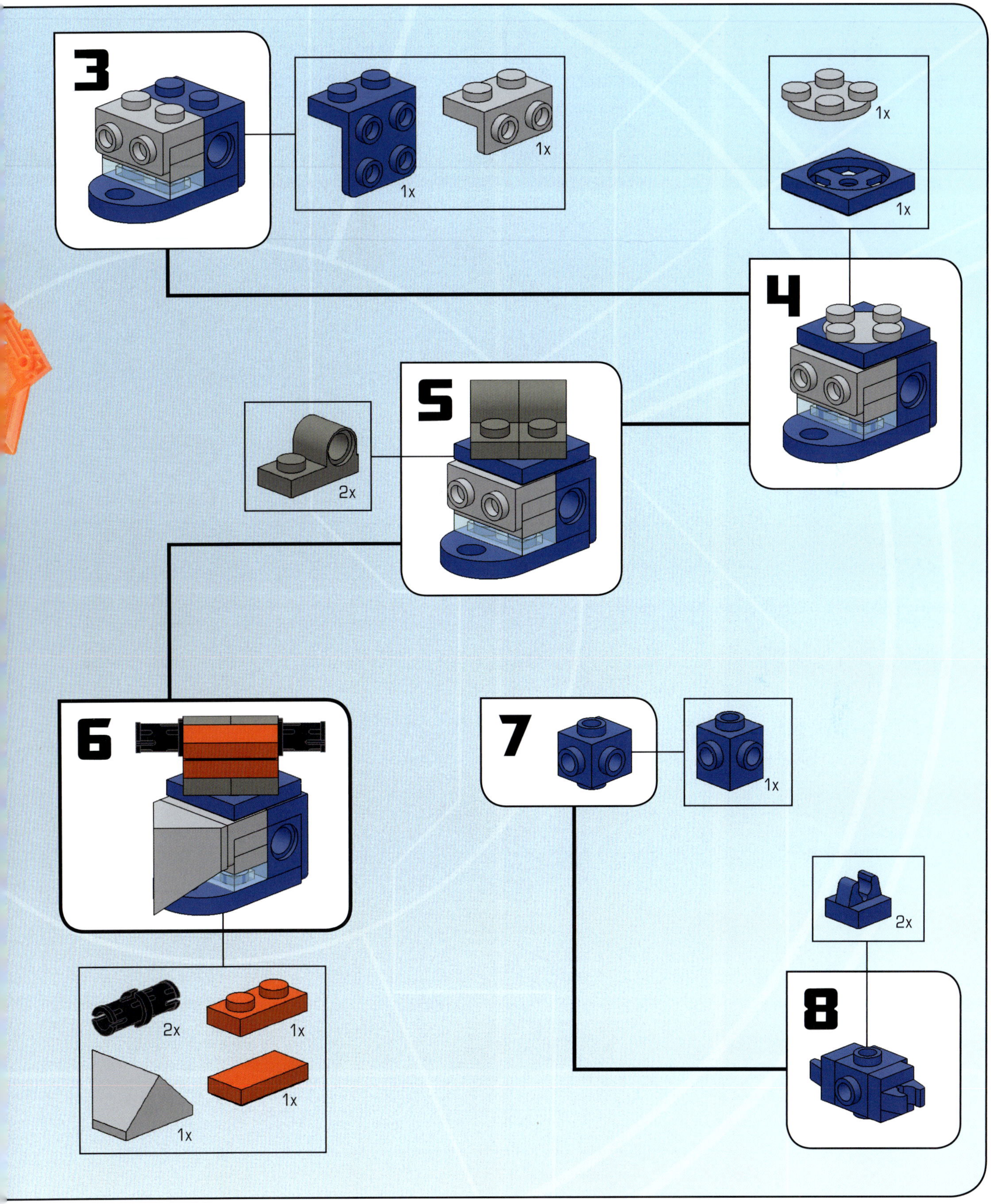
3
1x
1x
1x
1x
4
5
2x
6
2x
1x
1x
1x
7
1x
2x
8

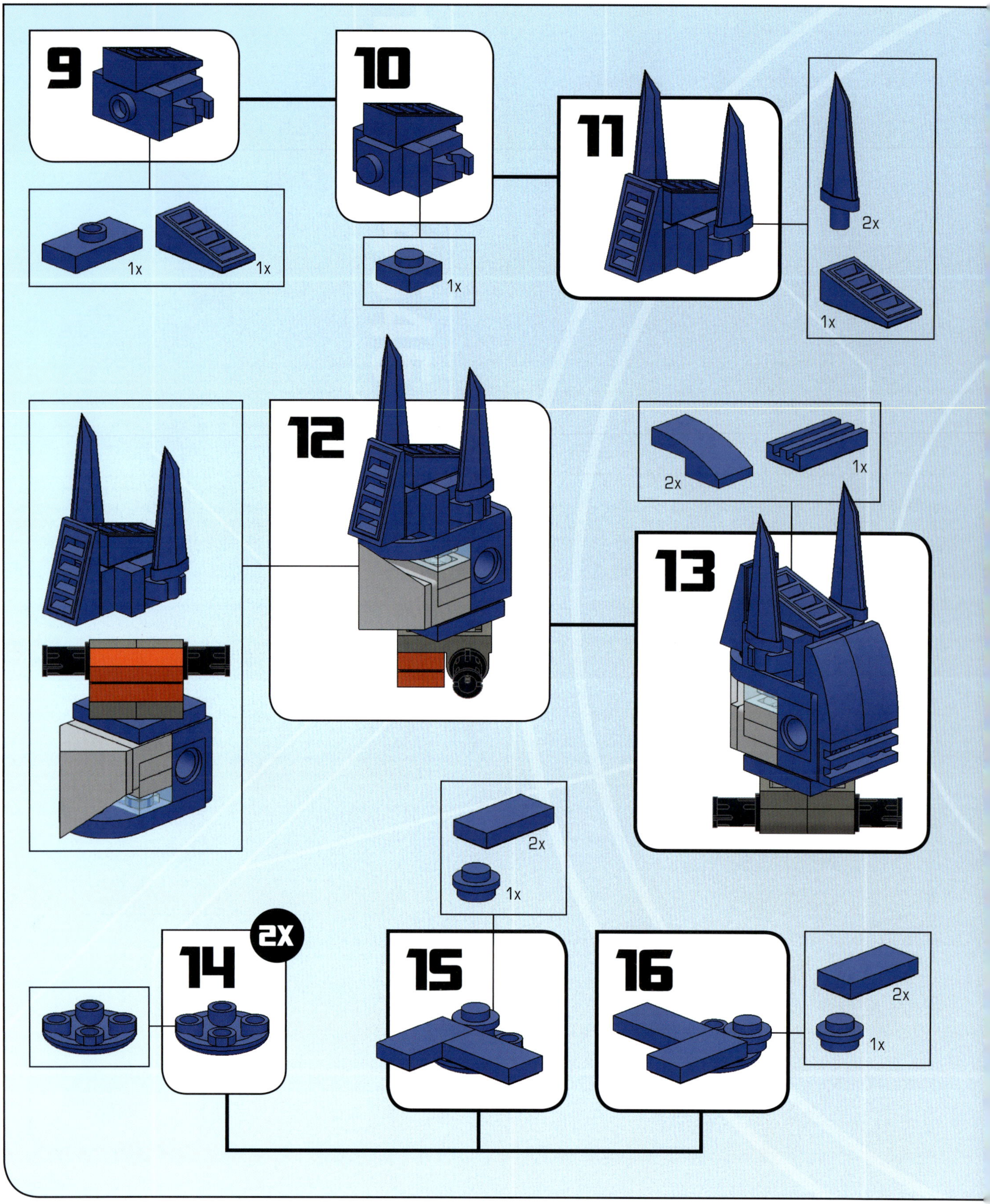
9
1x
1x
10
1x
11
2x
1x
12
2x
1x
13
2x
1x
14
2X
15
16
2x
1x

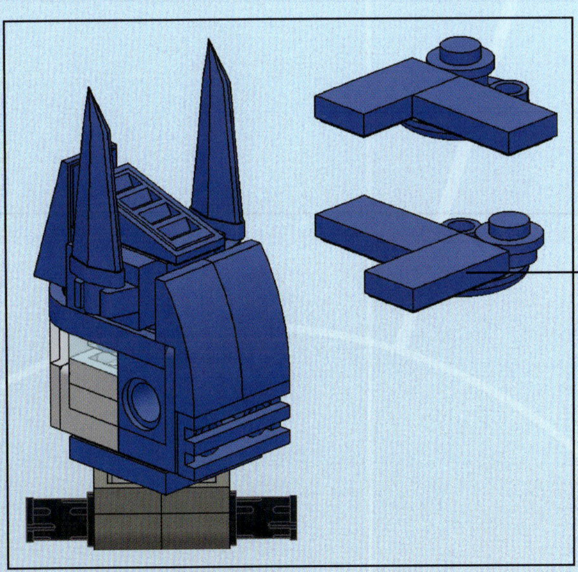

17

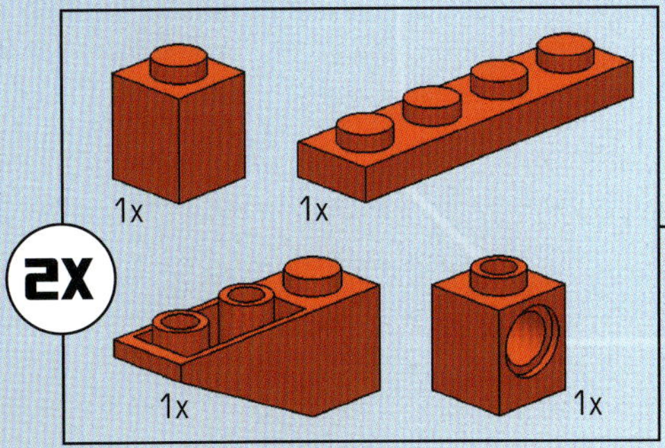
2X
1x
1x
1x
1x

18

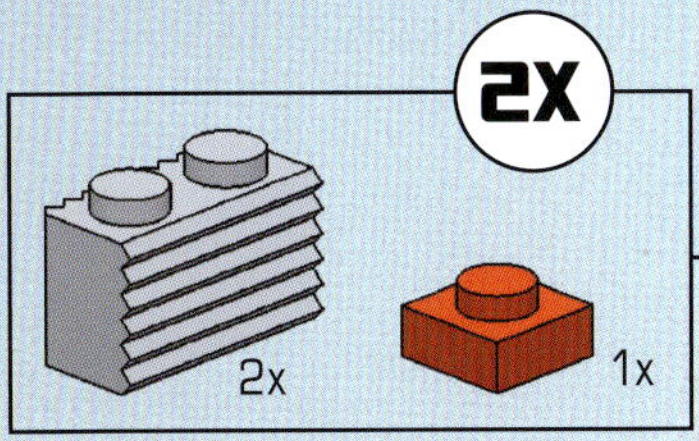
2X
2x
1x

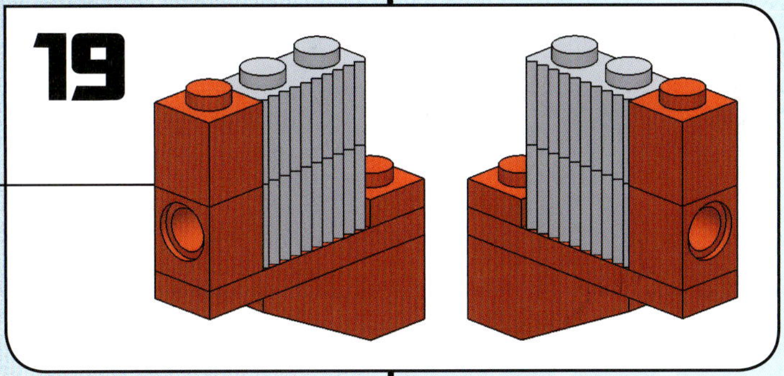
19

2X
1x
1x
1x

20

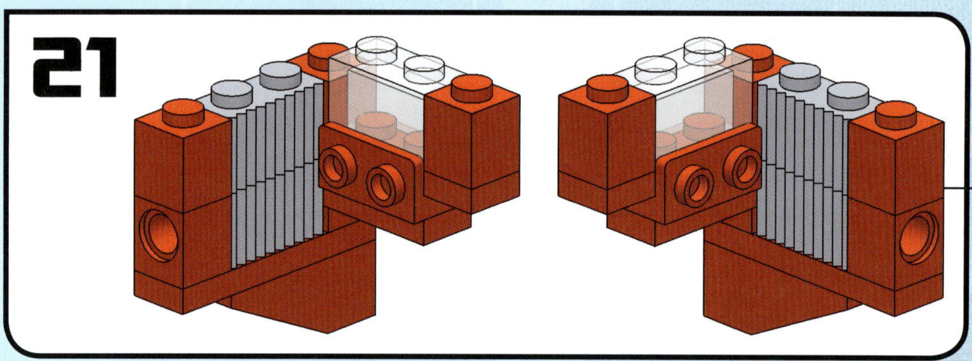
21

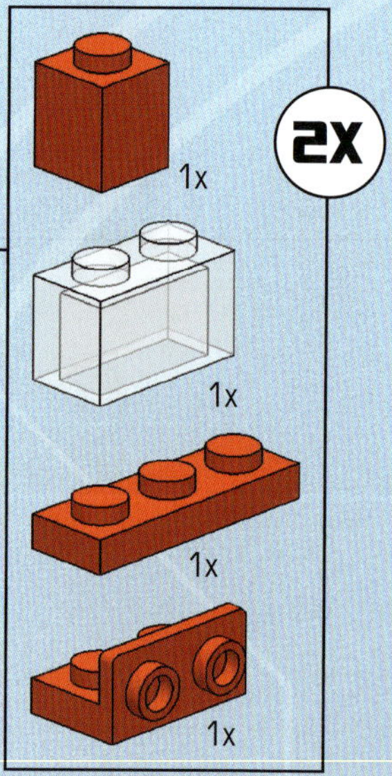
2X
1x
1x
1x
1x

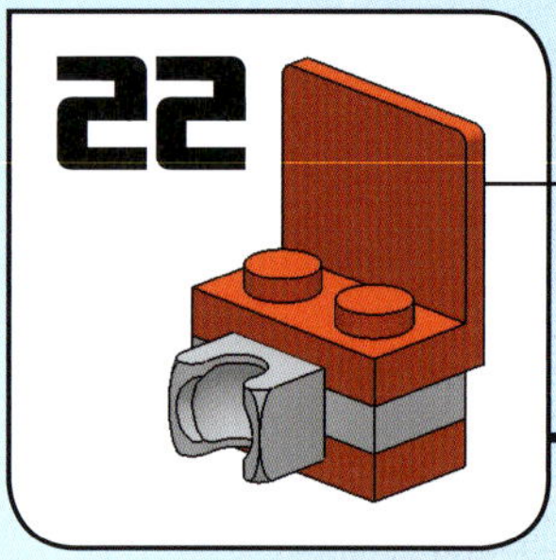
22

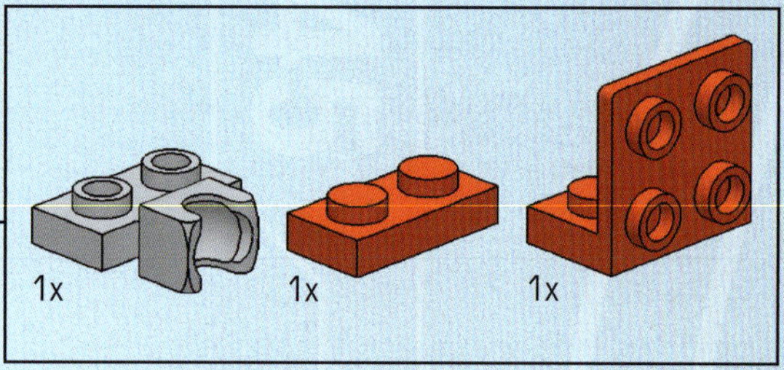
1x
1x
1x

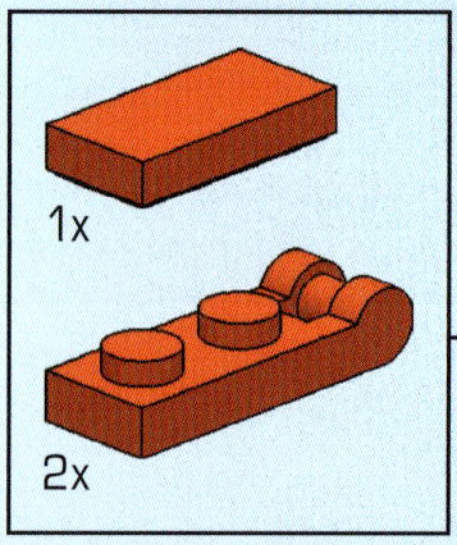
1x
2x

23
2X

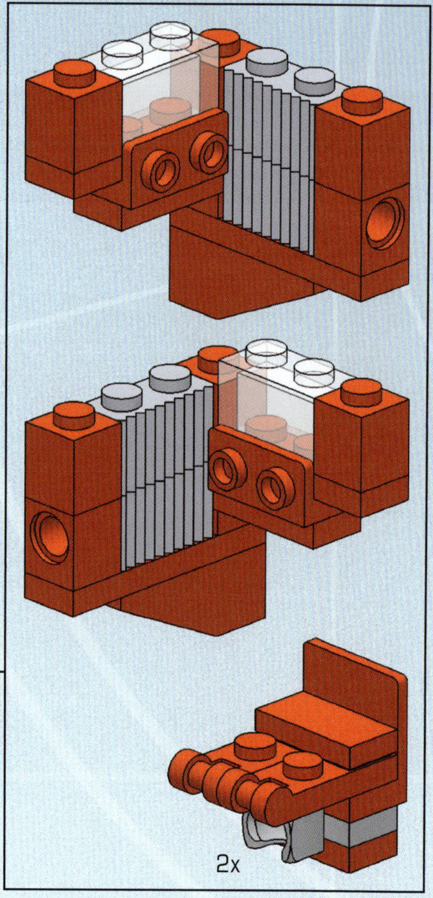
2x

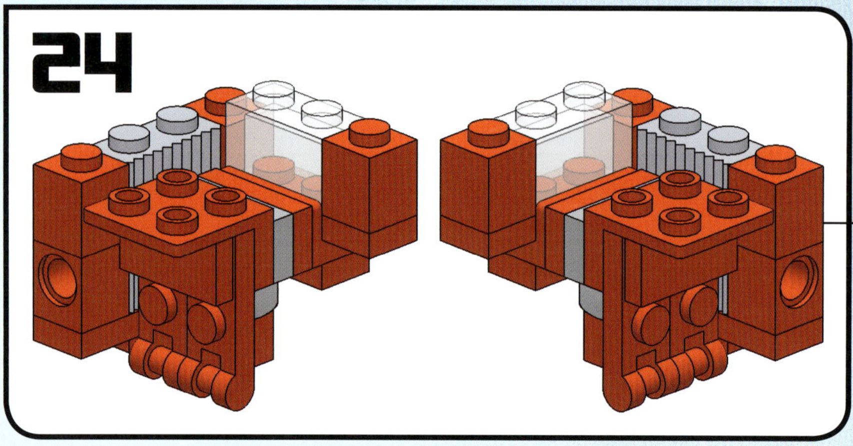
24

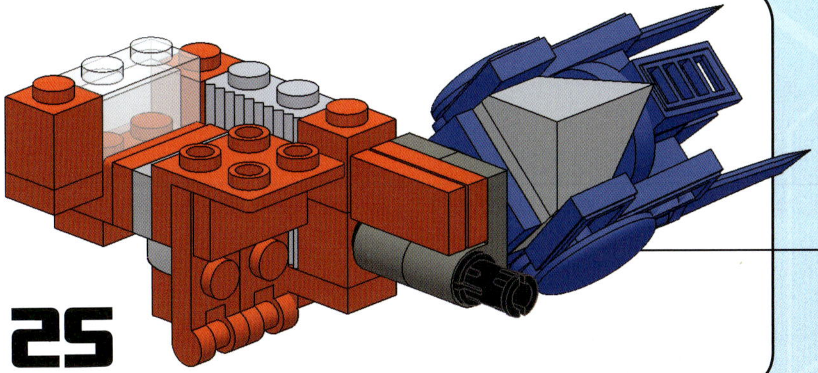

25

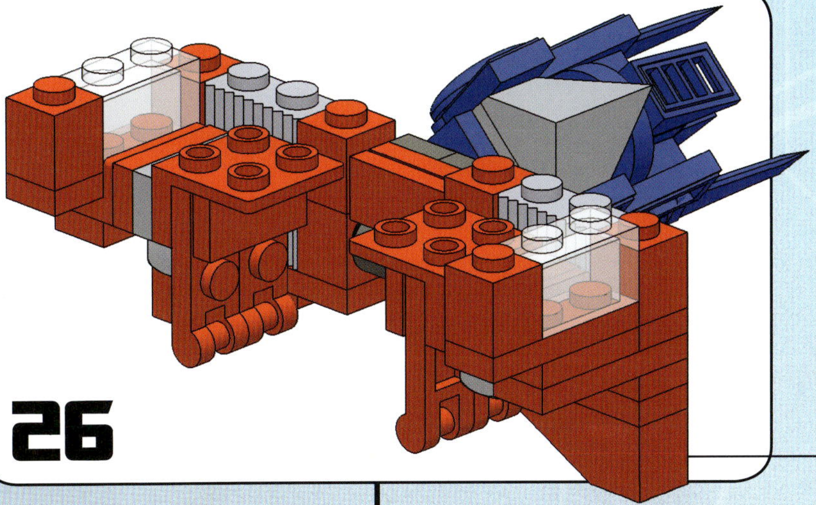

26

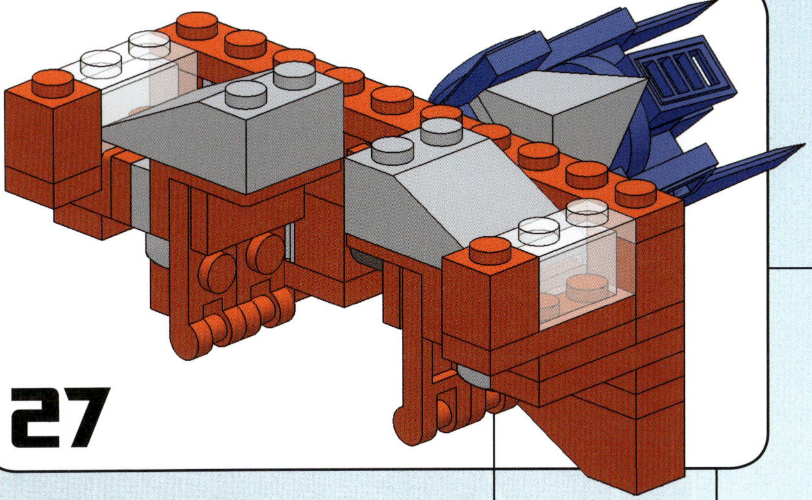

27

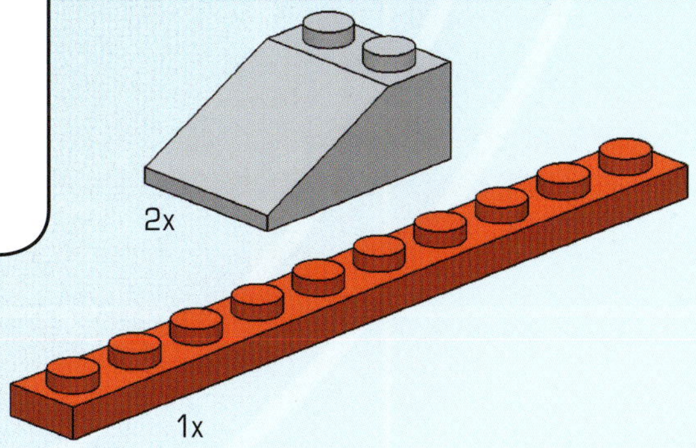

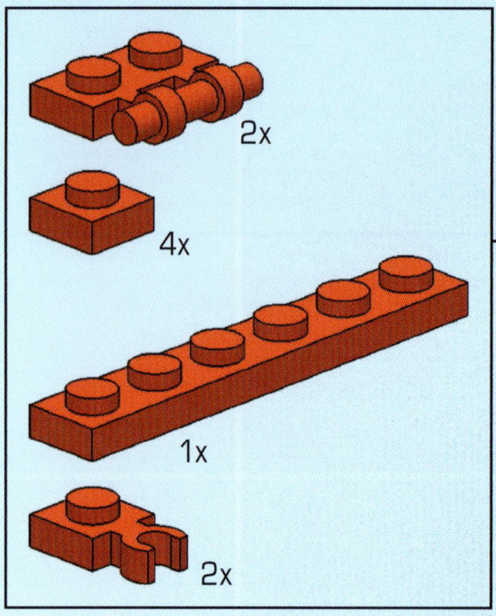
2x
4x
1x
2x

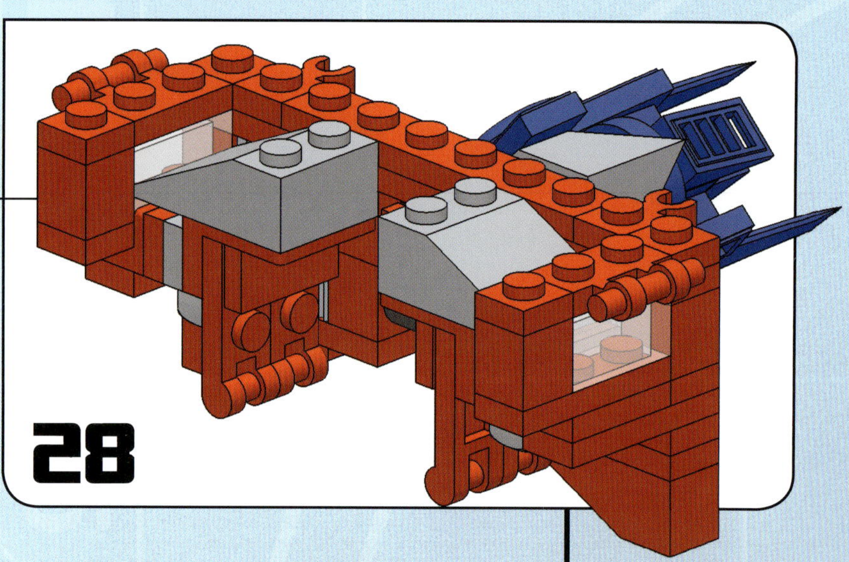
28

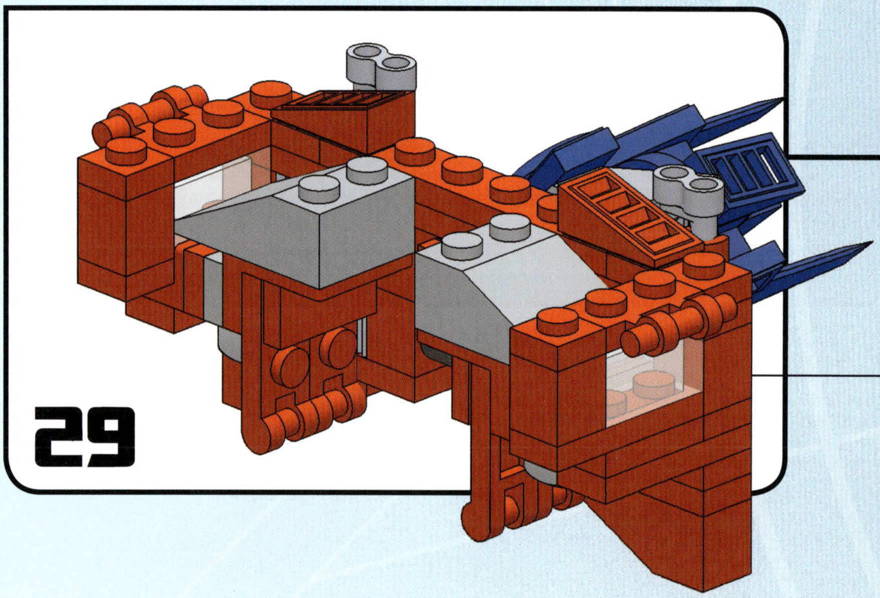
29

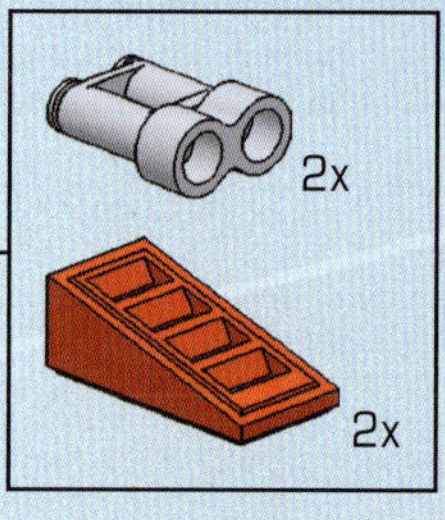
2x
2x

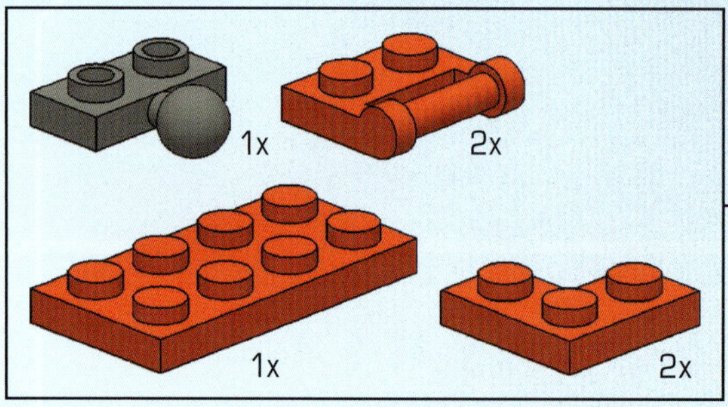
1x
2x
1x
2x

30

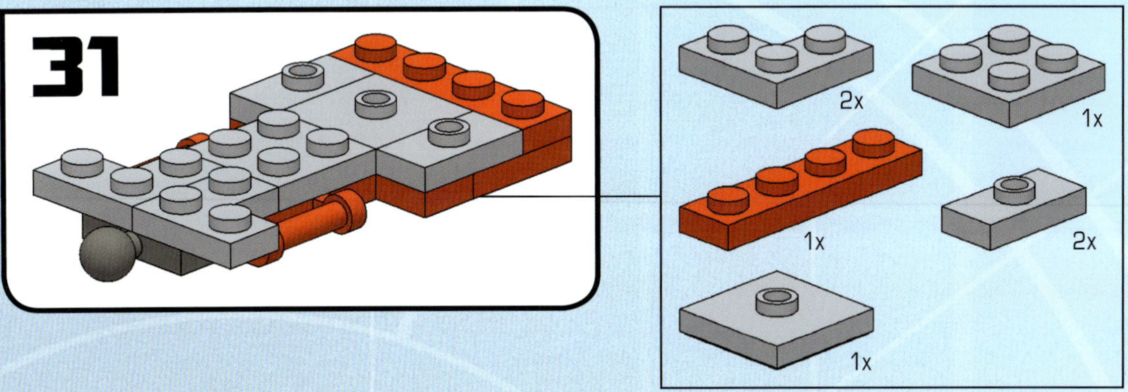
31
2x
1x
1x
2x
1x

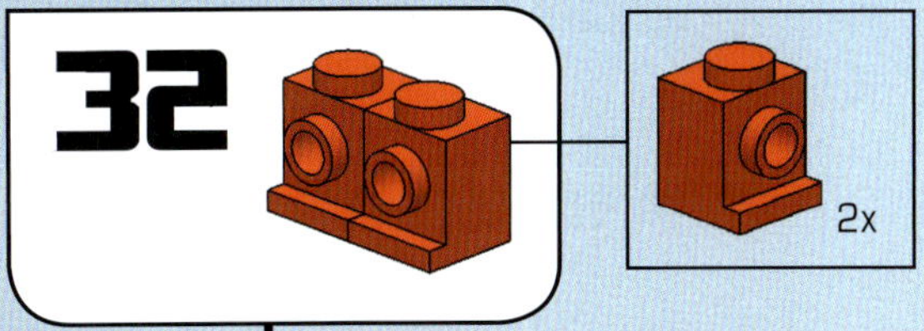
32
2x

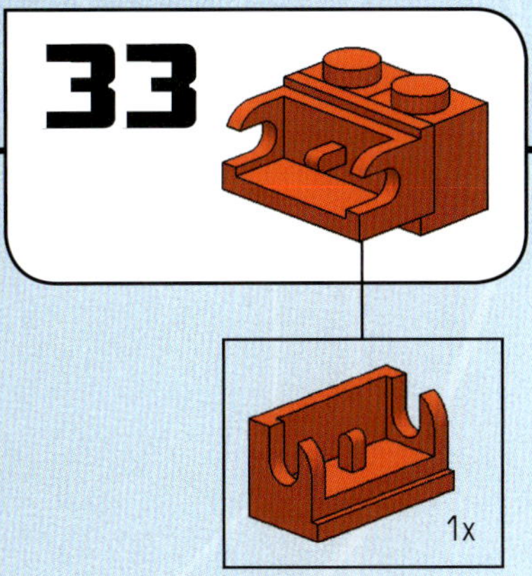
33
1x

34
1x

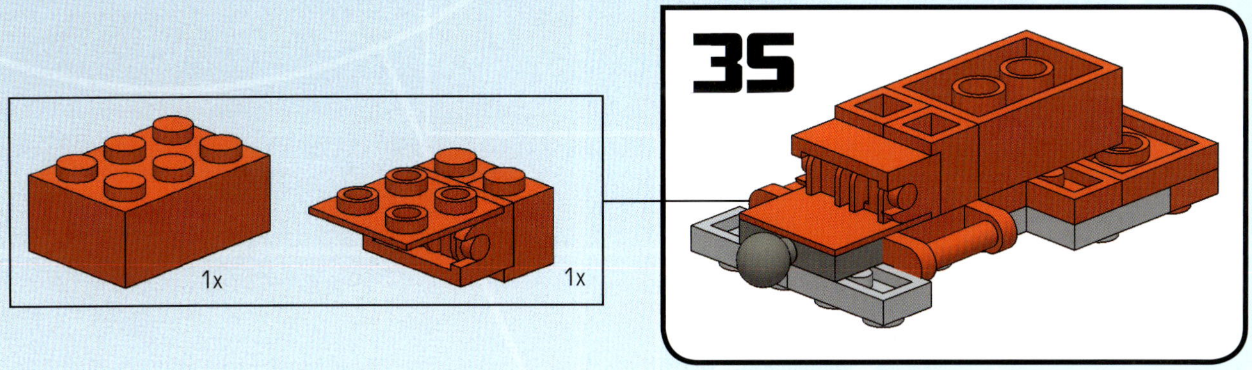
35
1x
1x

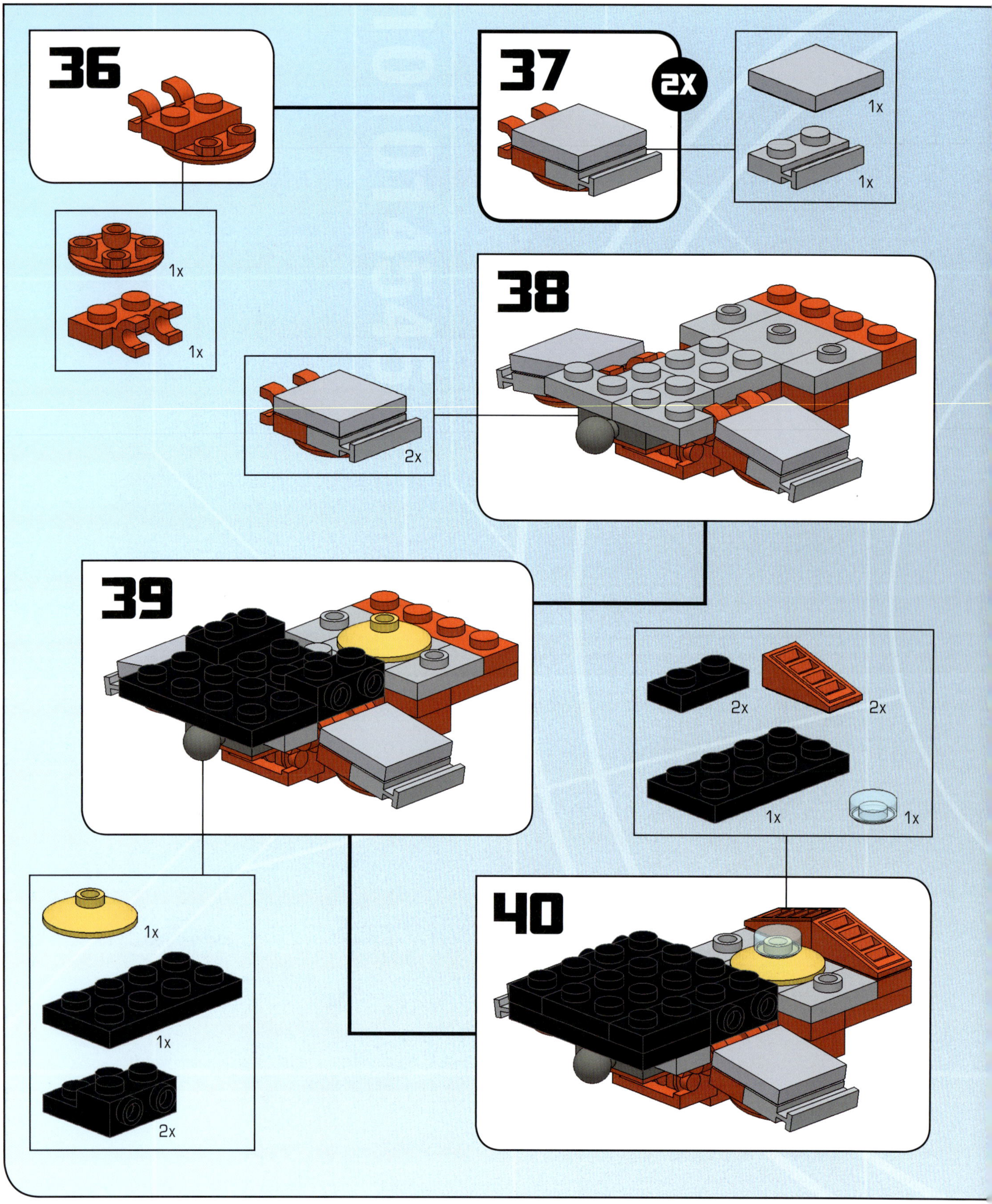
36
1x
1x
37
2X
1x
1x
38
2x
39
1x
1x
2x
2x
2x
1x
1x
40

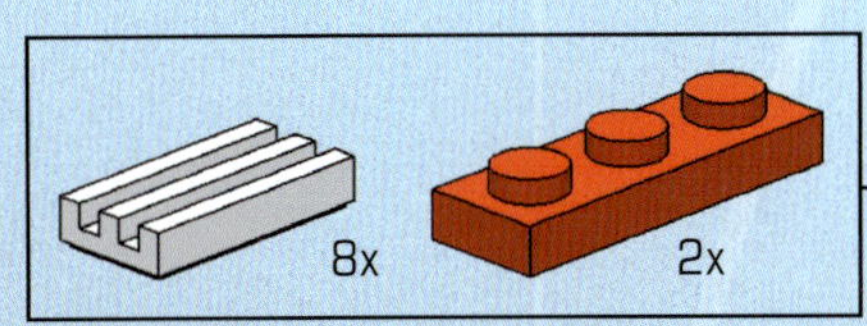

41

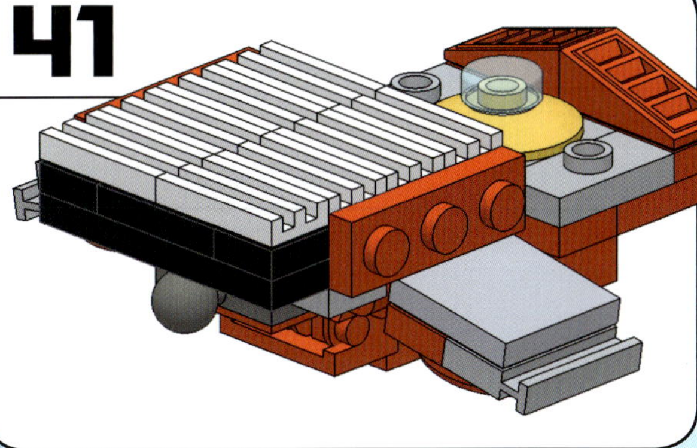

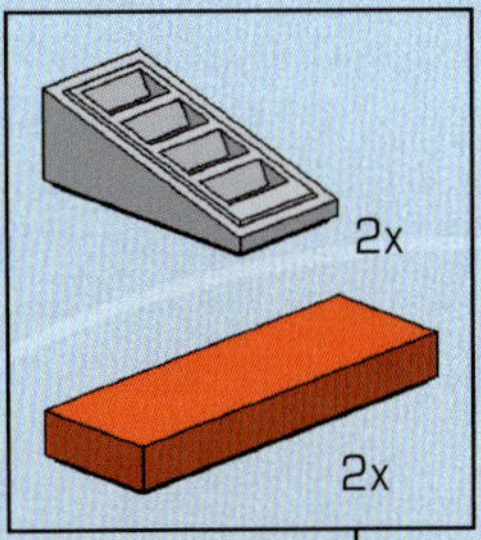

42

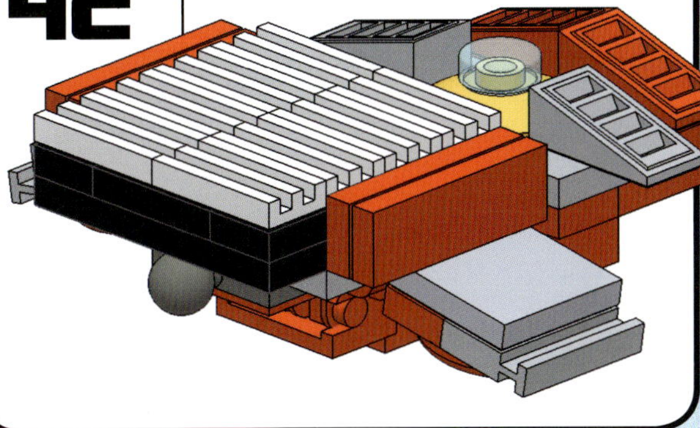

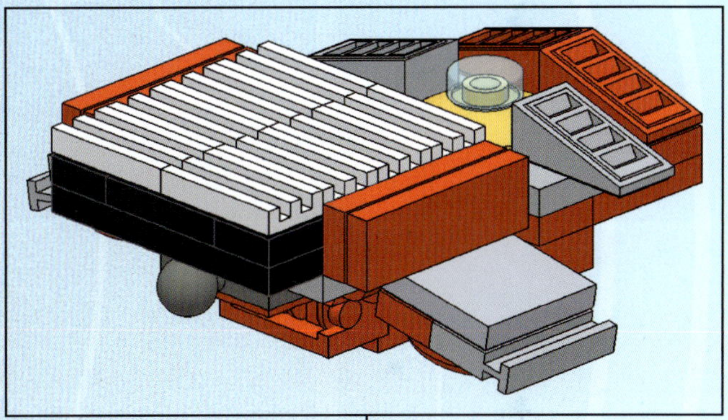

Wir zeigen bei der Bauanleitung die am leichtesten zu besorgenden Steine. Auf den Fotos seht ihr teilweise silberne Elemente, die besser passen, aber teurer sind.

43

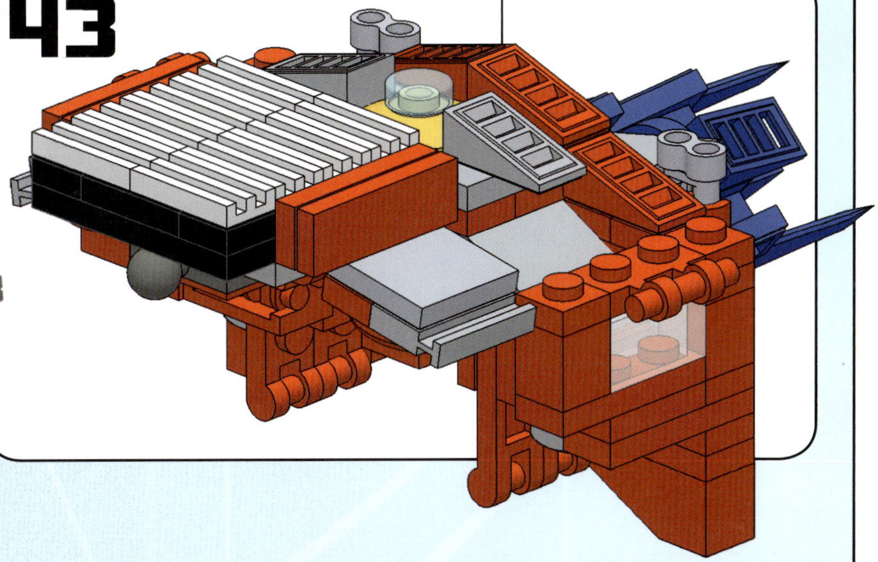

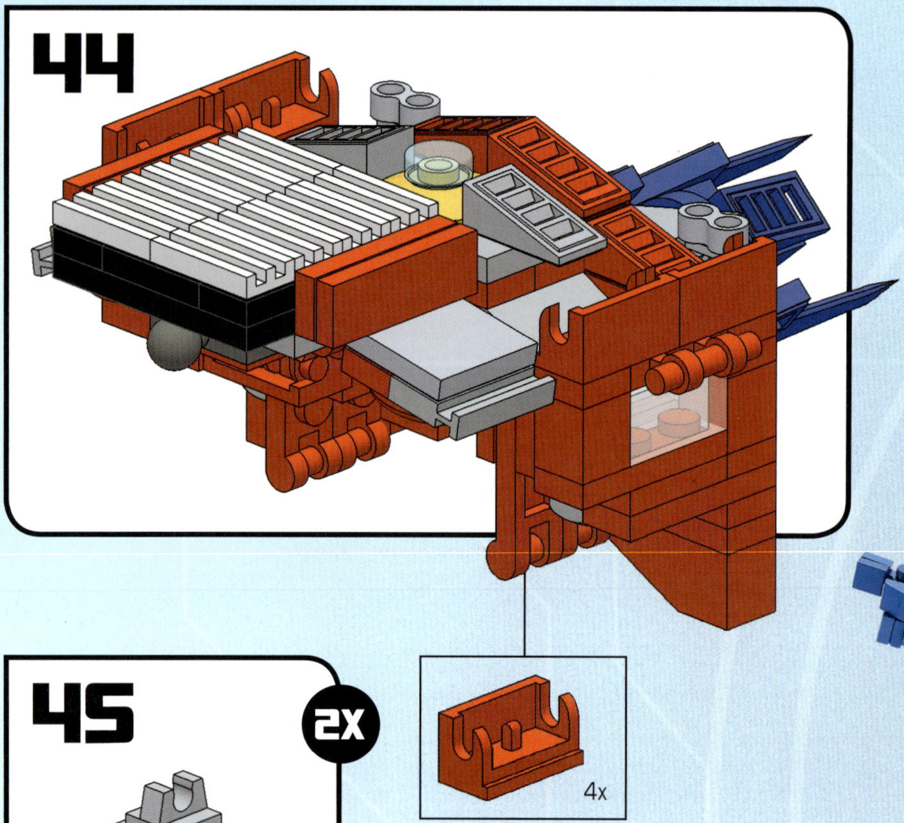
44
4x

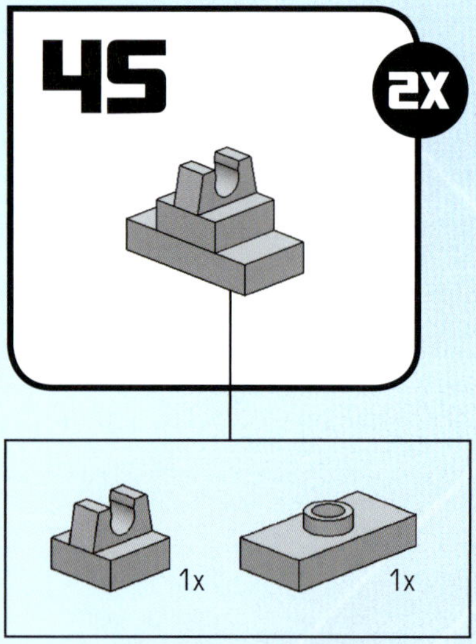
45
2X
1x
1x

Ja, leider hat LEGO® die Produktion von Teilen in chrome silber eingestellt. Da die Farbe abblättern kann, ist sie nicht geeignet für die Sicherheitsstandards bei LEGO®. Wir Fans benutzen sie aber dennoch gerne, um unsere Modelle, meistens Fahrzeuge, realistischer aussehen zu lassen.

46
2x

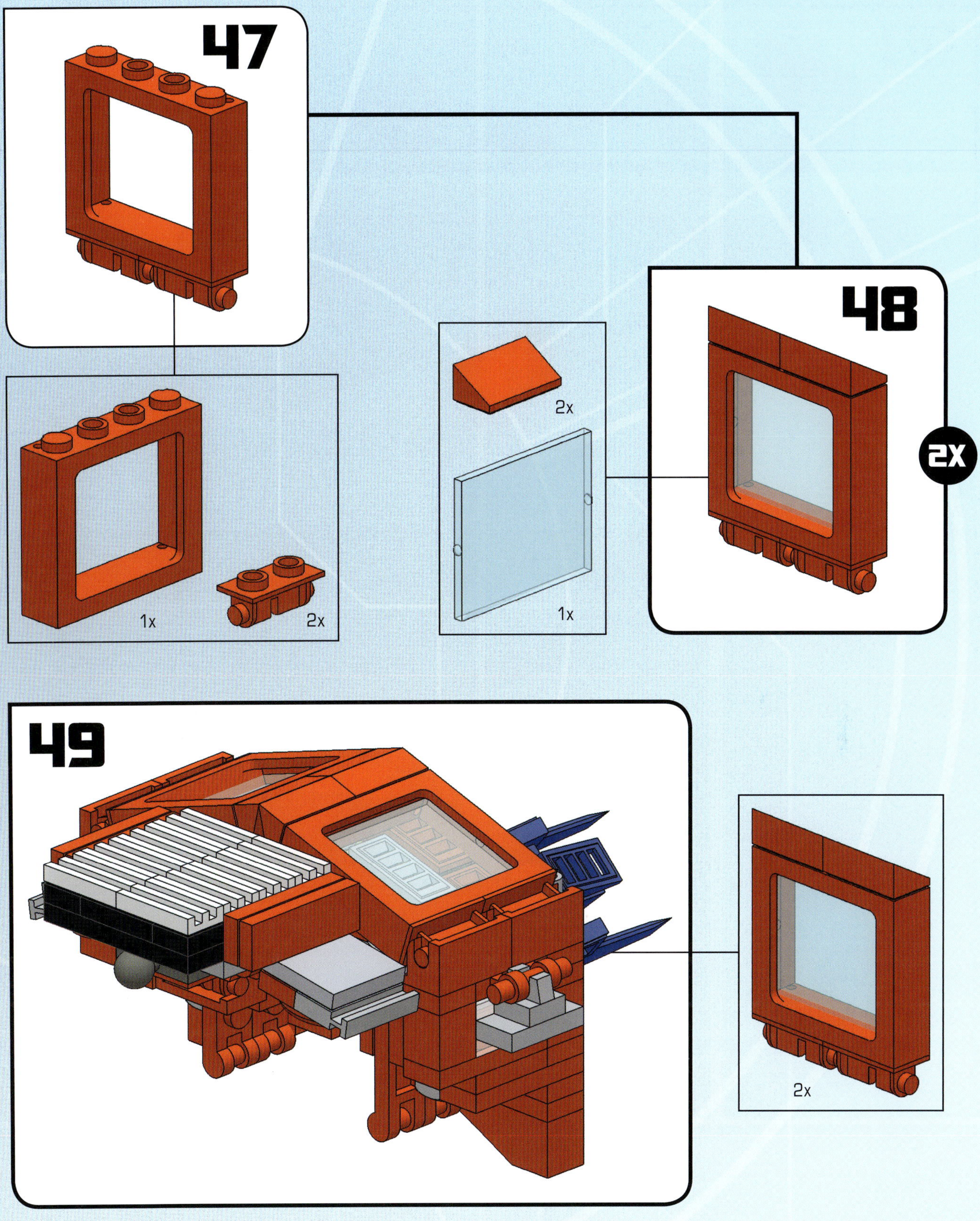
47
1x
2x
48
2x
1x
2X
49
2x

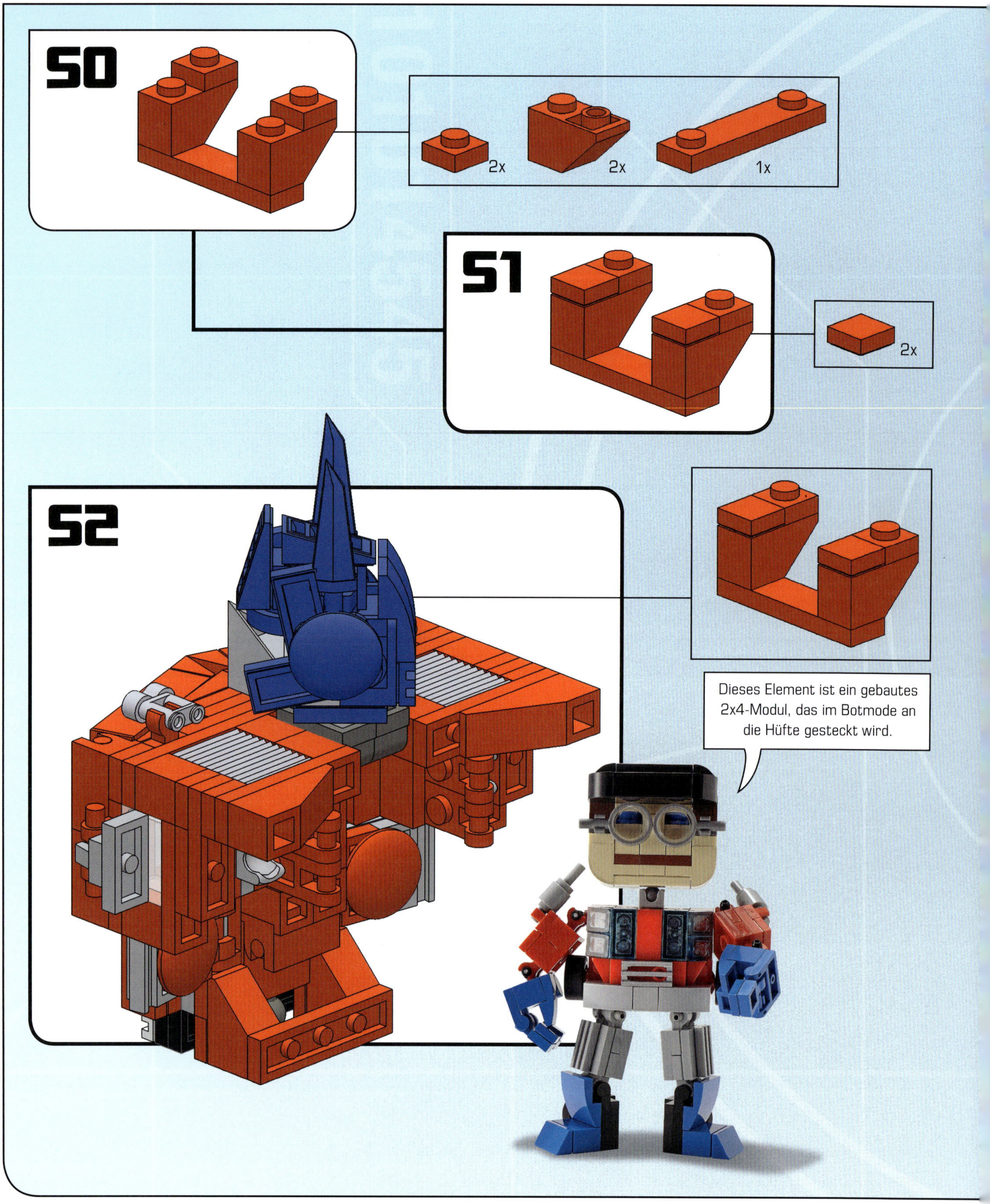
50
2x
2x
1x
51
2x
52
Dieses Element ist ein gebautes 2x4-Modul, das im Botmode an die Hüfte gesteckt wird.

53

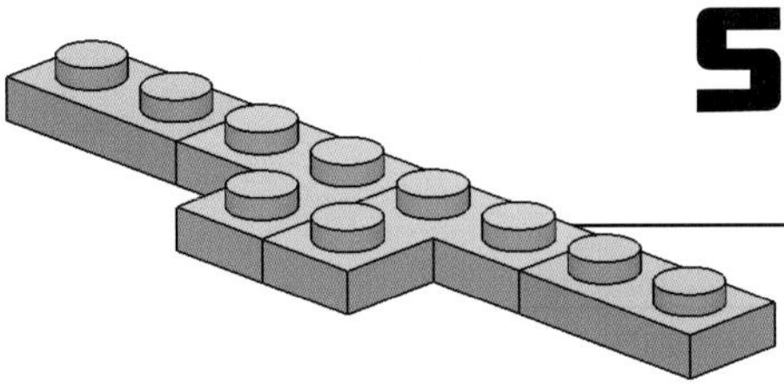

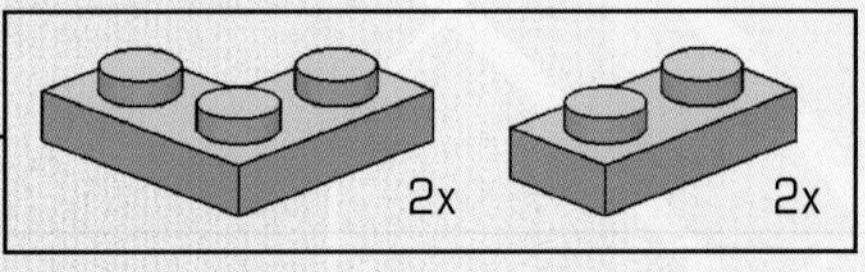

54

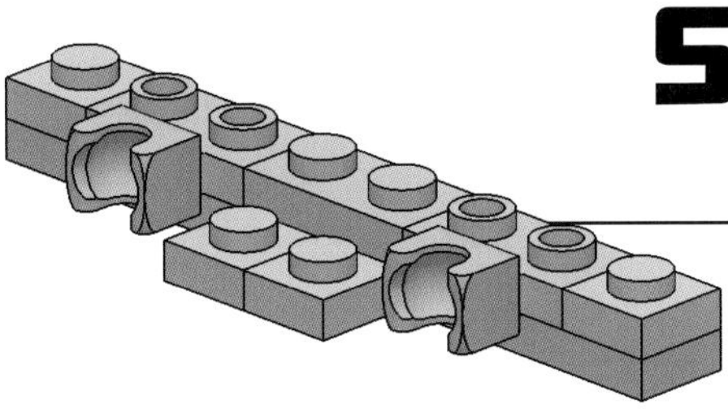

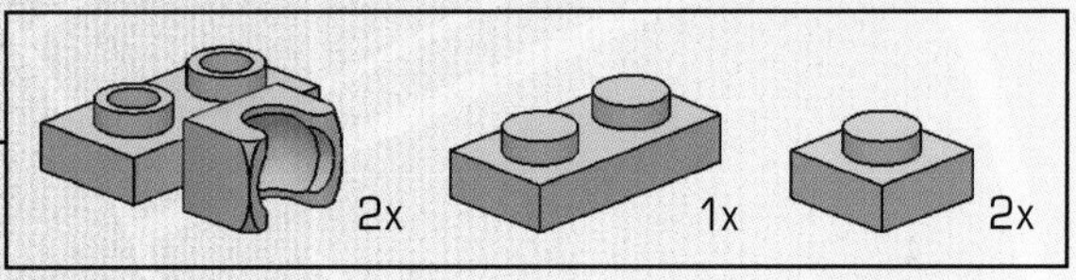

55

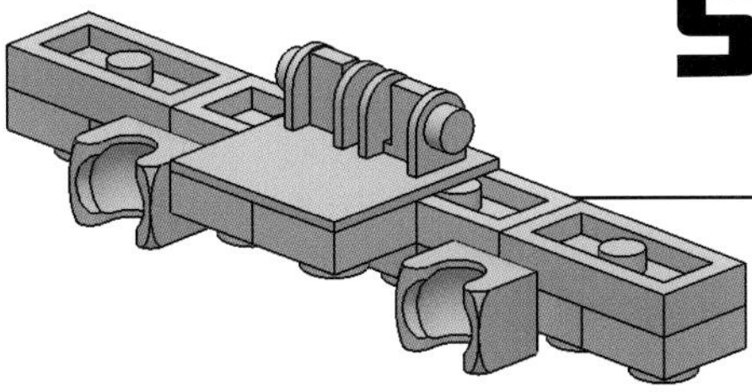

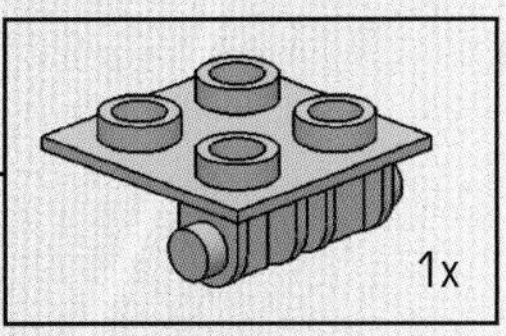

56

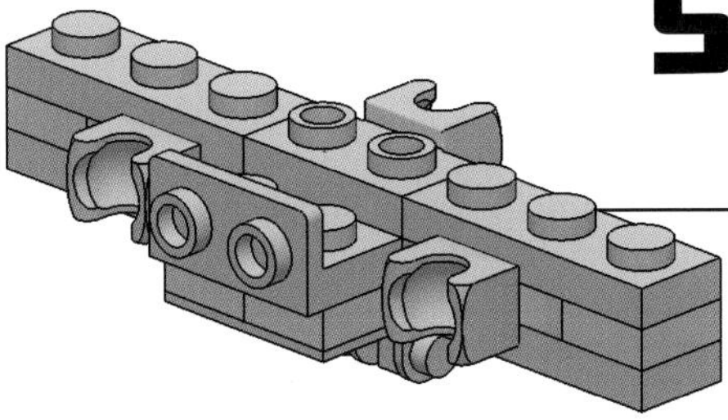

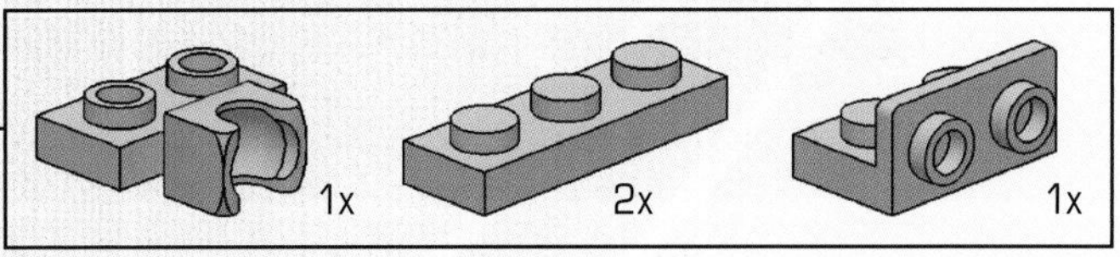

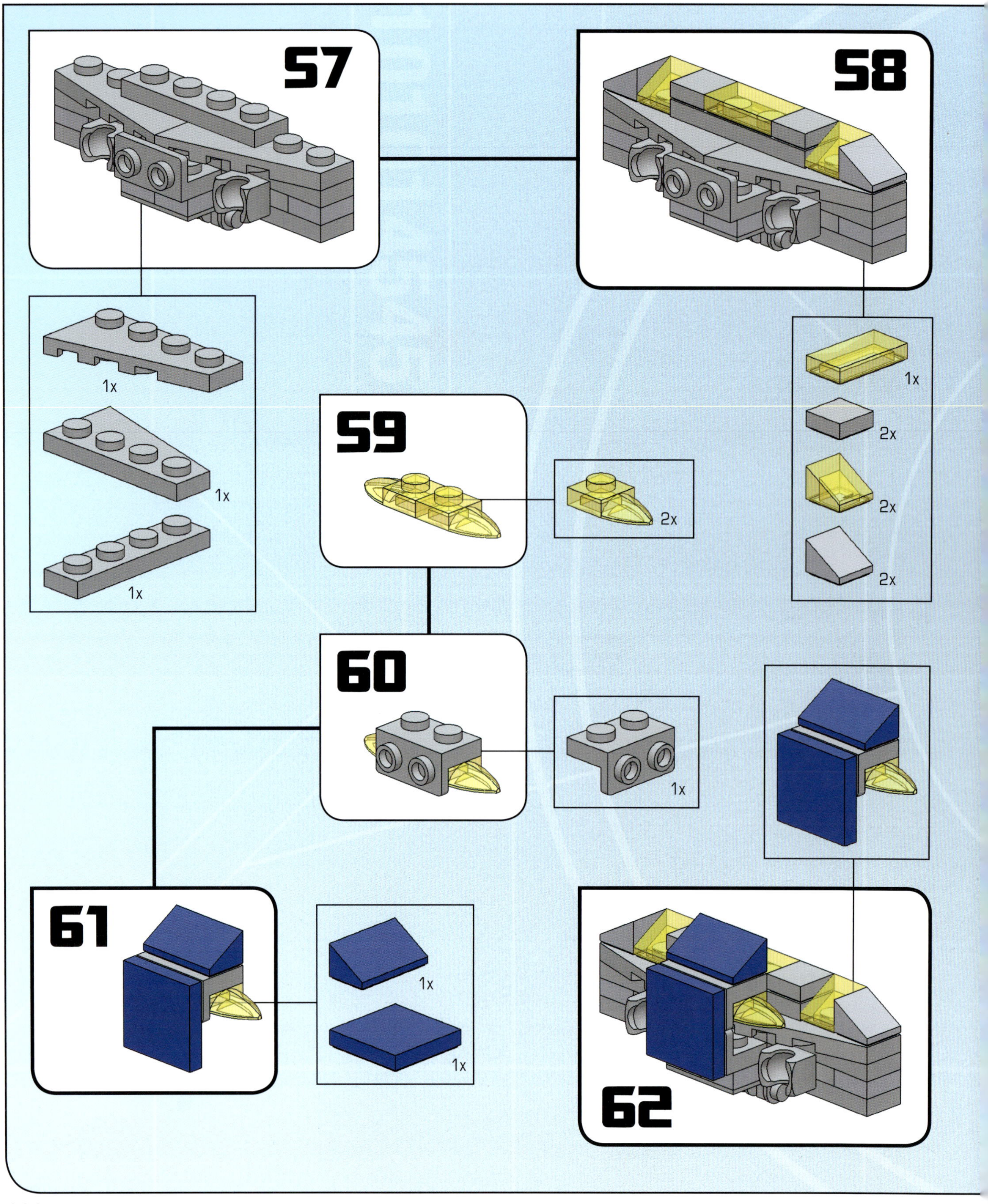
57
1x
1x
1x
58
1x
2x
2x
2x
59
2x
60
1x
61
1x
1x
62

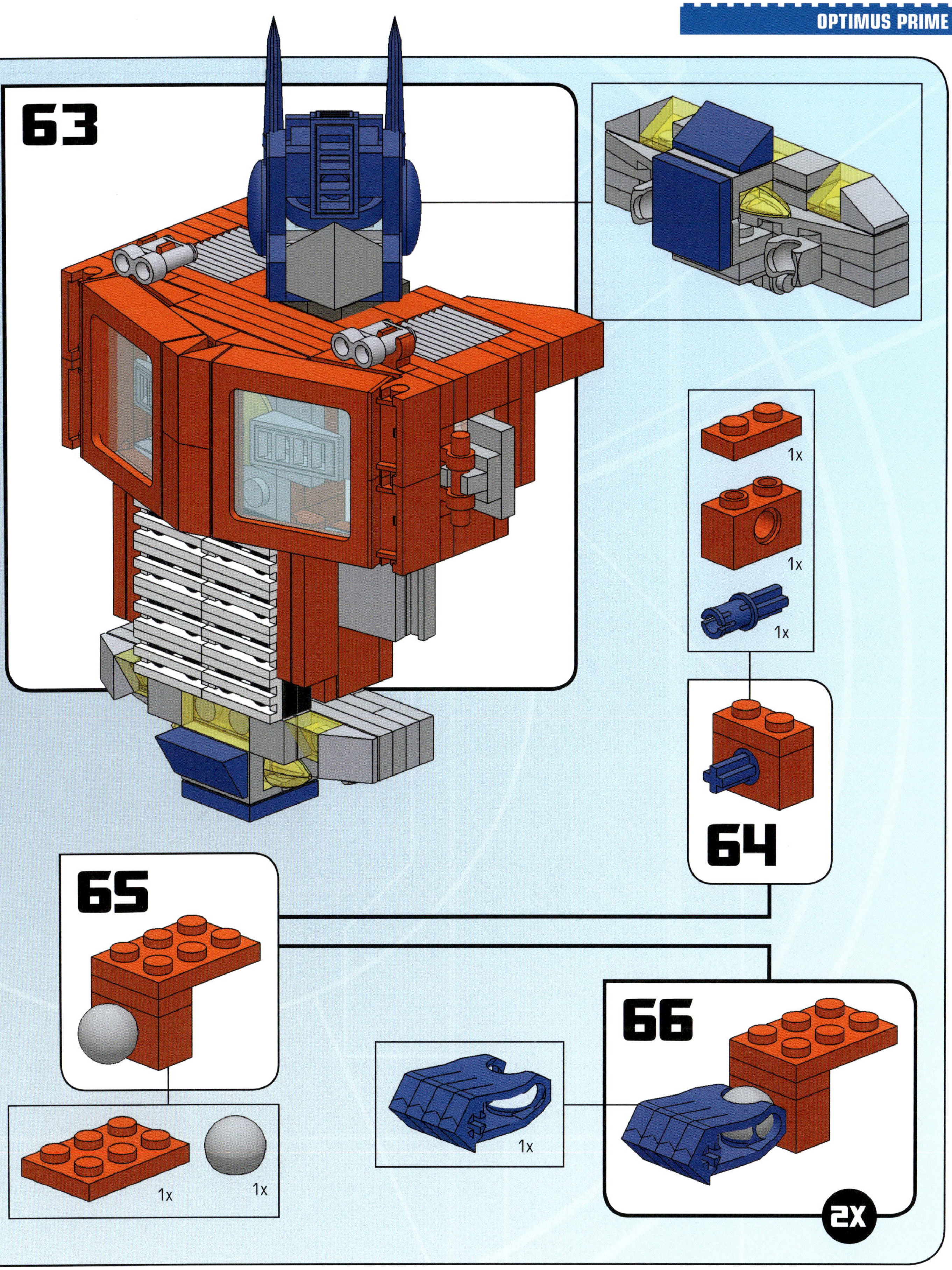
63
1x
1x
1x
64
65
1x
1x
1x
66
2X

67

2X

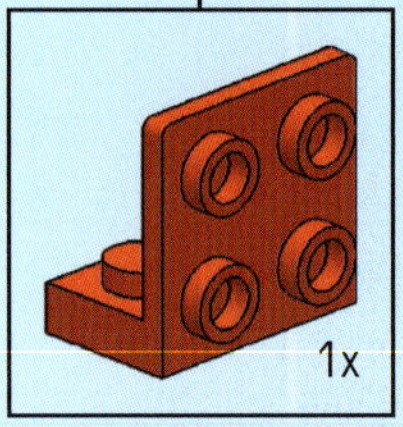

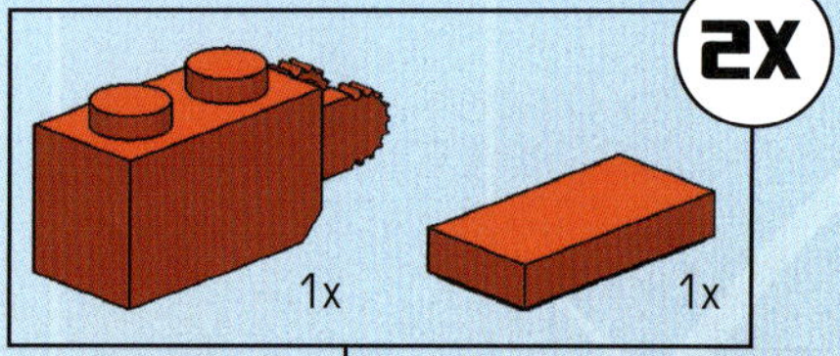

68

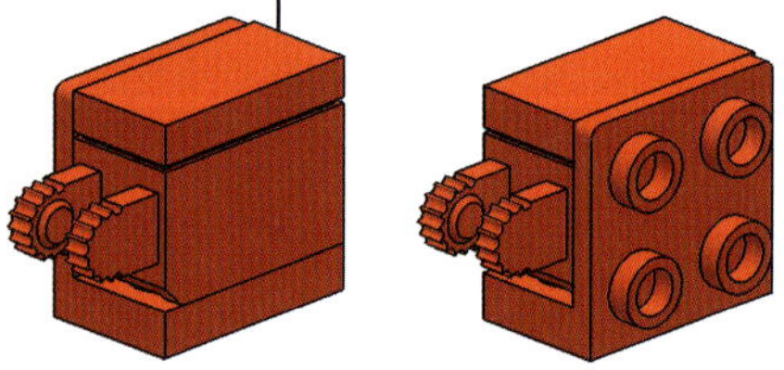

69

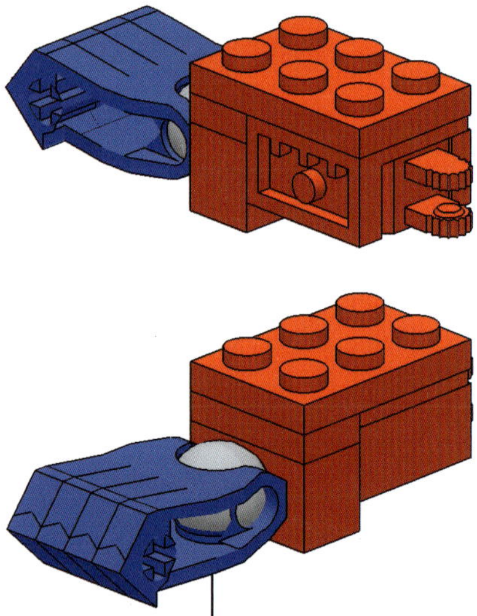

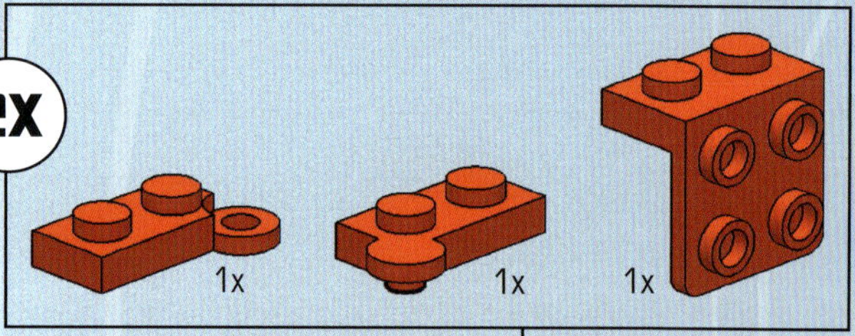

70

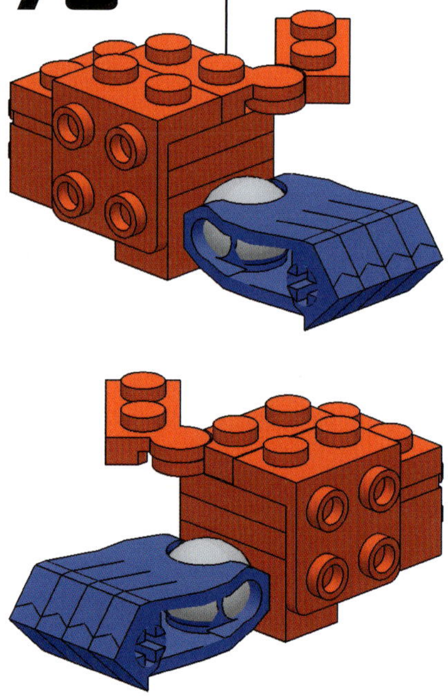

71

72

73

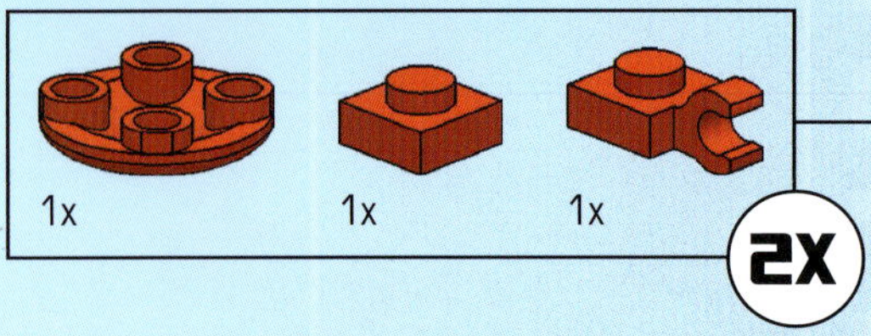

74

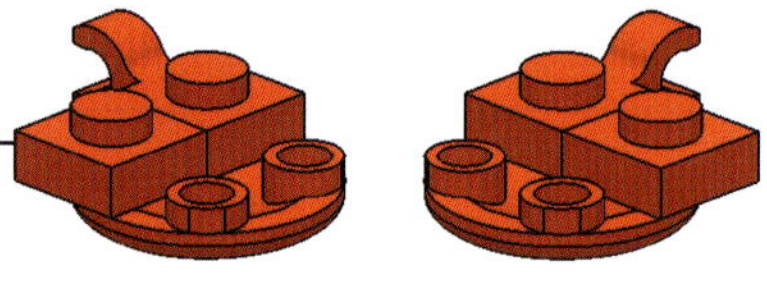

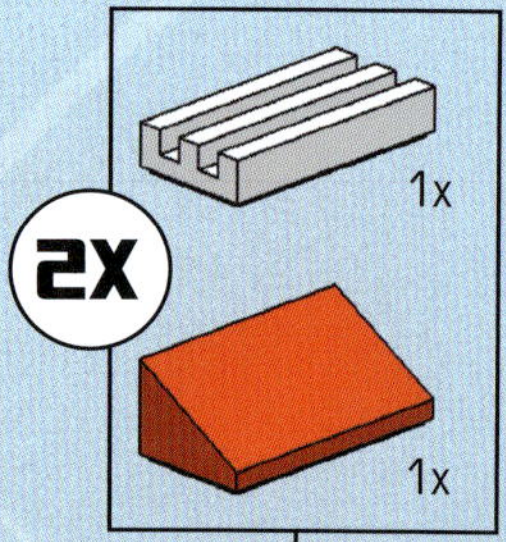

75

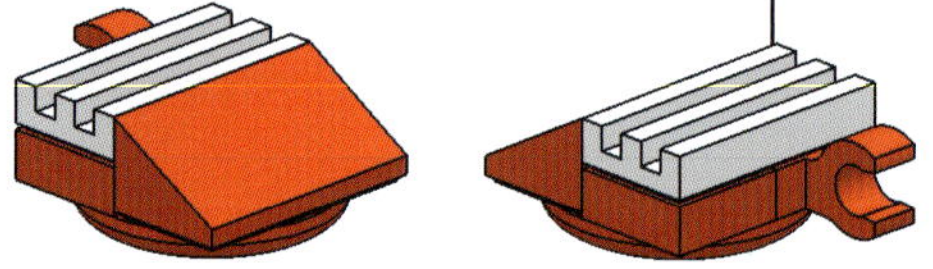

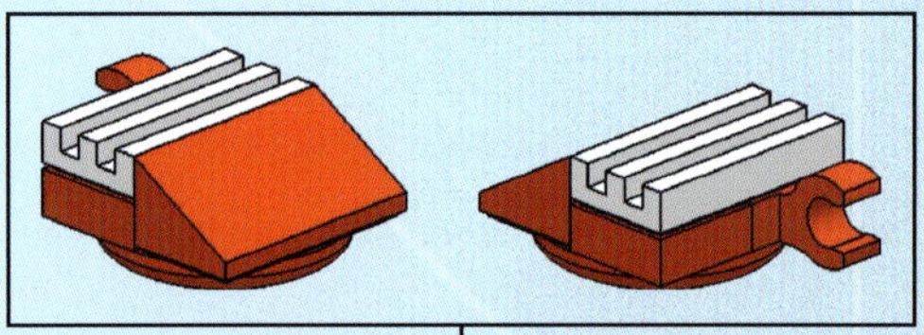

76

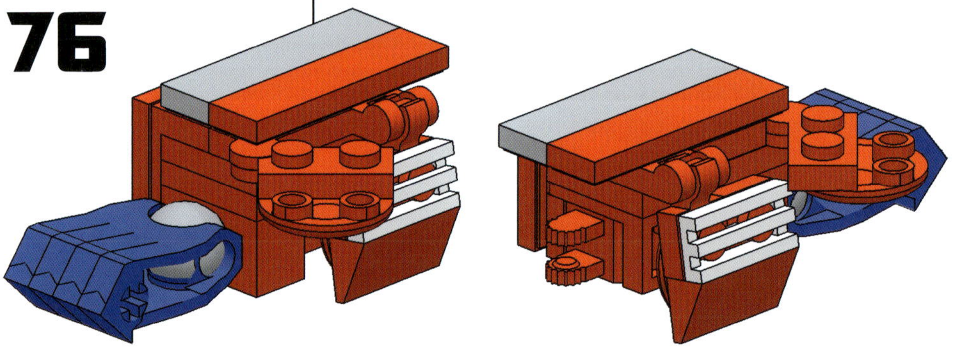

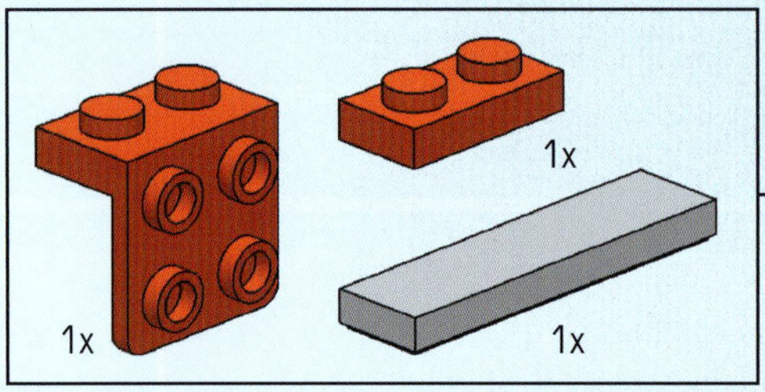

77

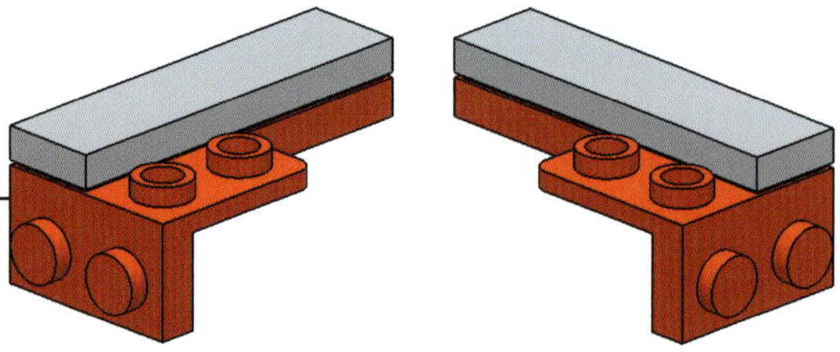

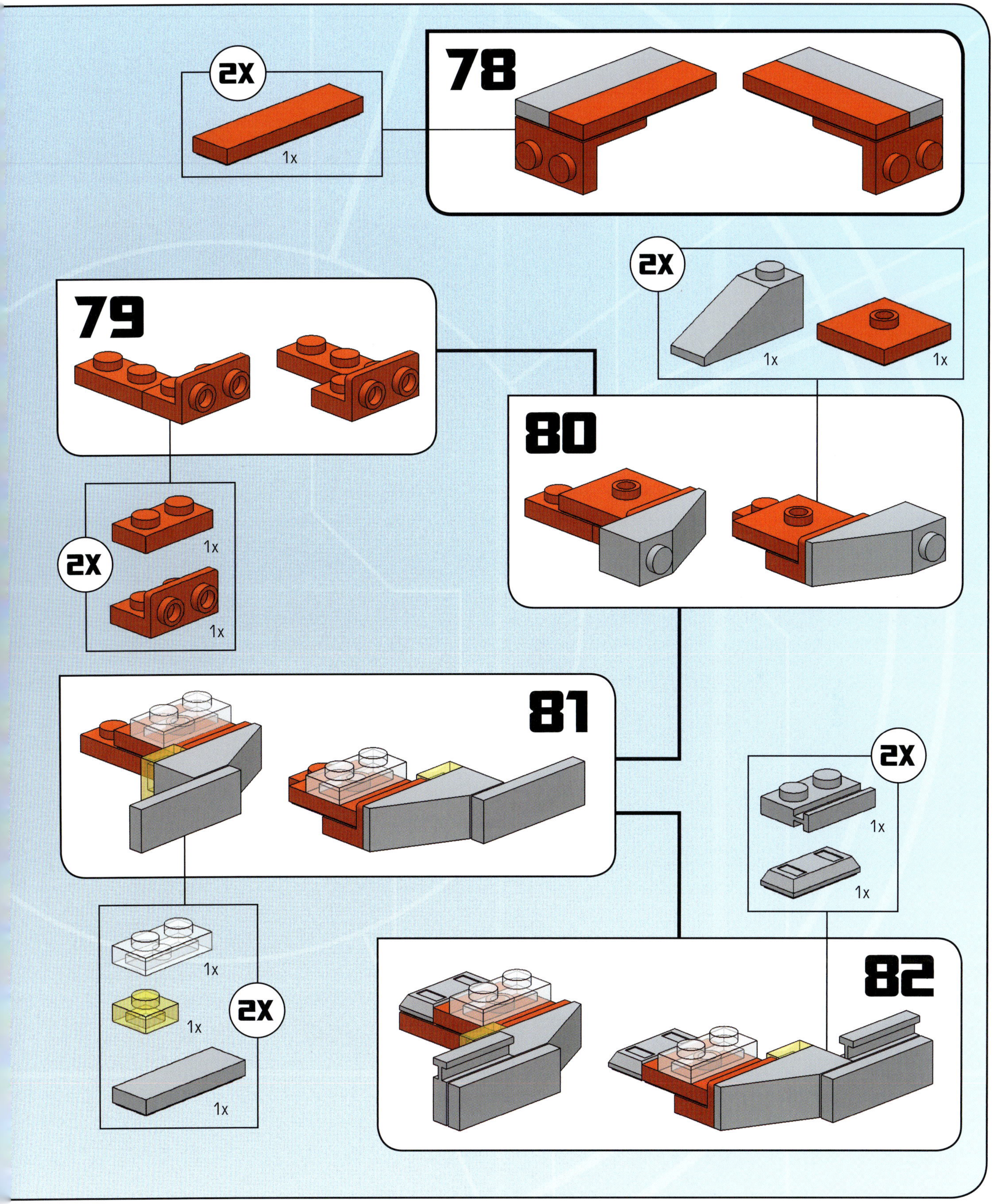
2X
1x
78
79
2X
1x
1x
2X
1x
1x
80
81
2X
1x
1x
1x
2X
1x
1x
82

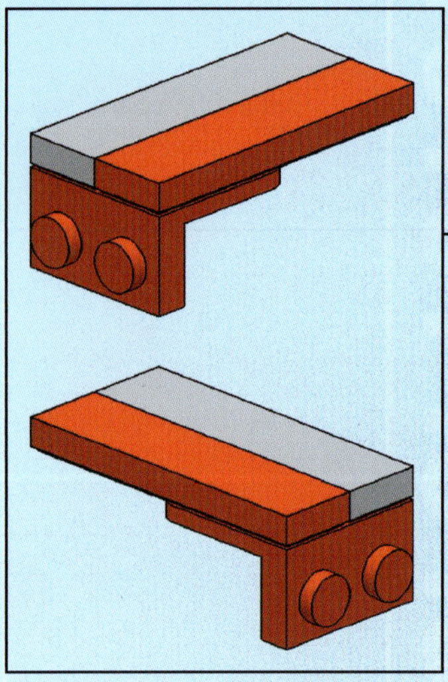

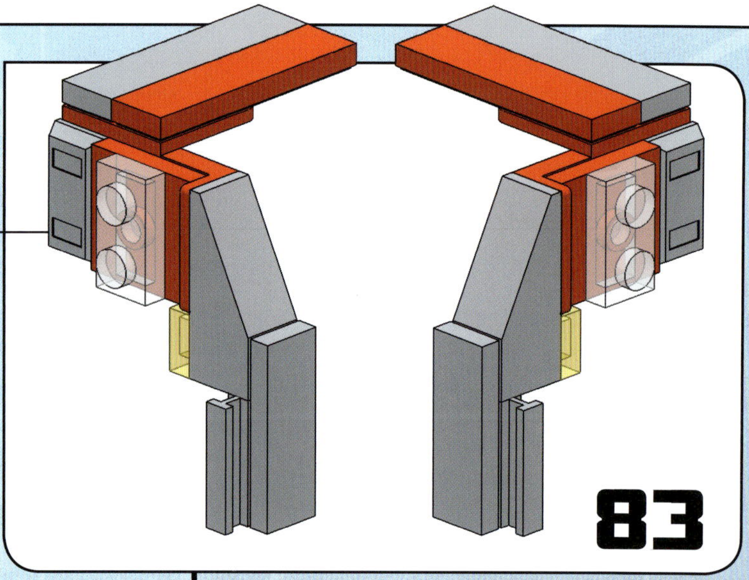
83

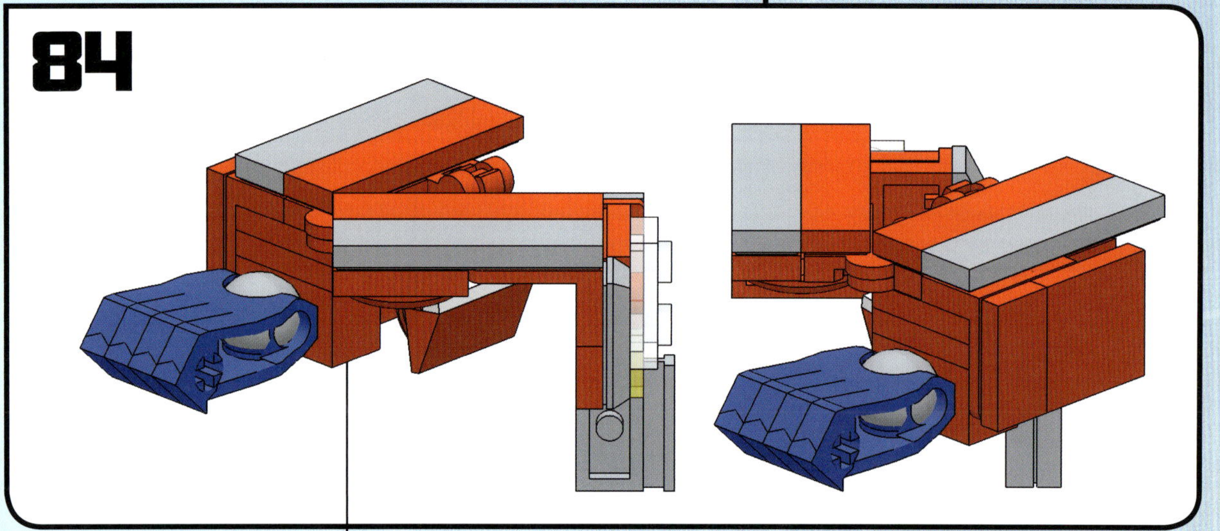
84

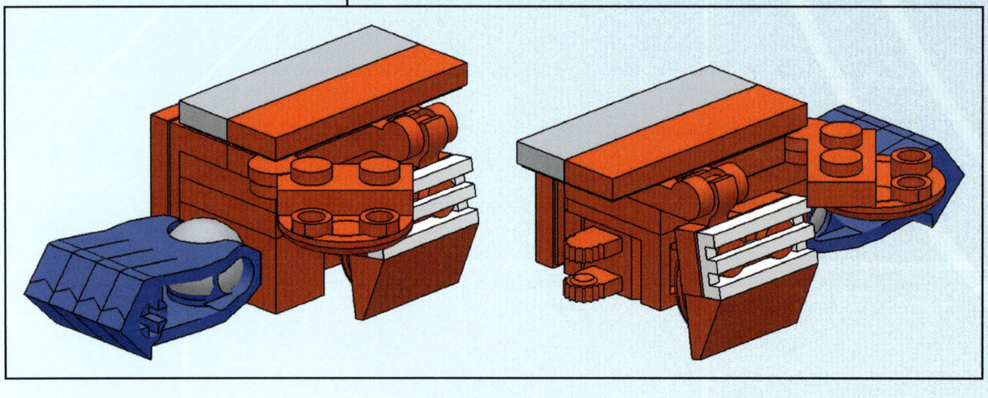

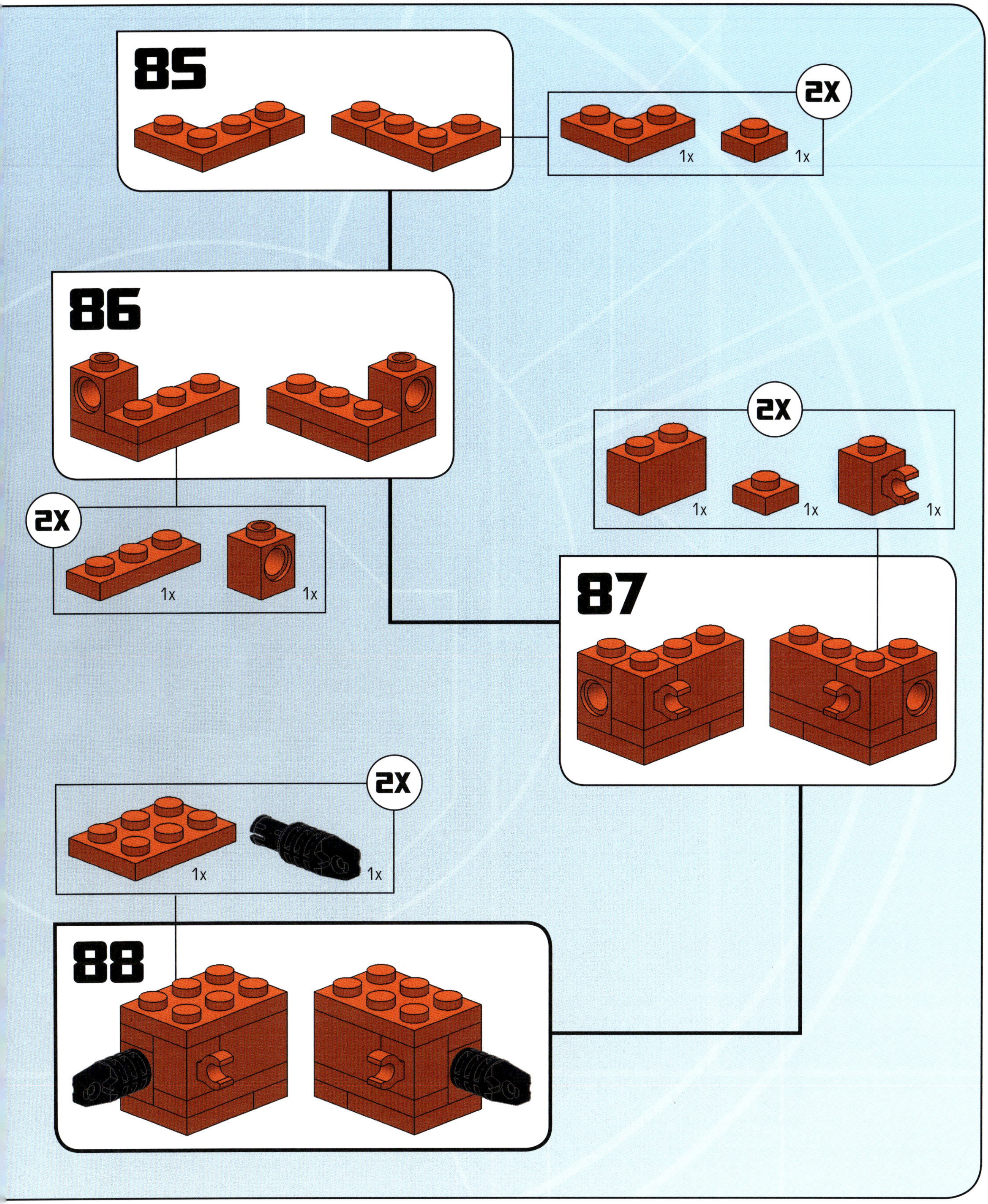
85
2X
1x
1x
86
2X
1x
1x
2X
1x
1x
1x
87
2X
1x
1x
88

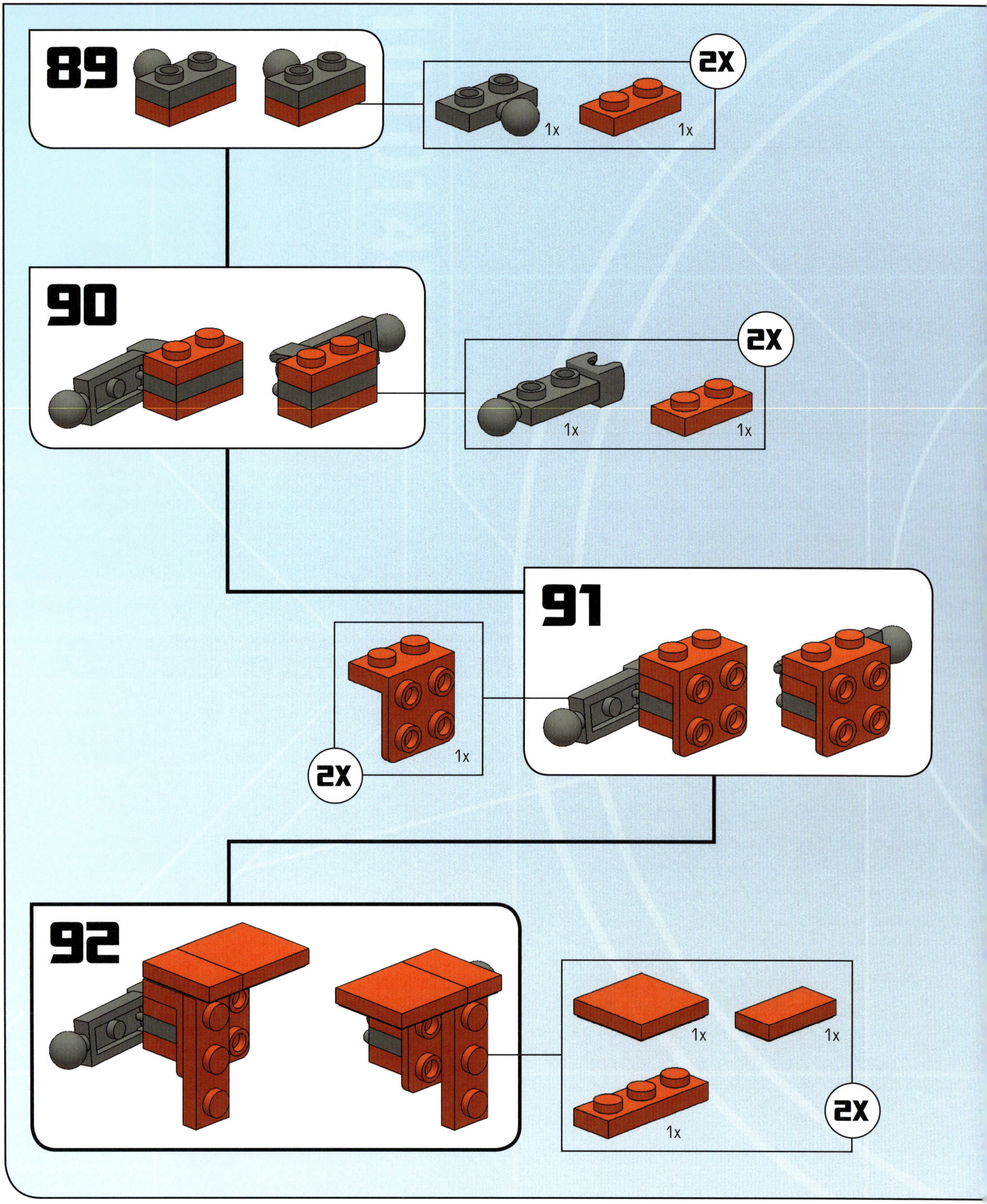
89
2X
1x
1x
90
2X
1x
1x
91
2X
1x
92
2X
1x
1x
1x

93

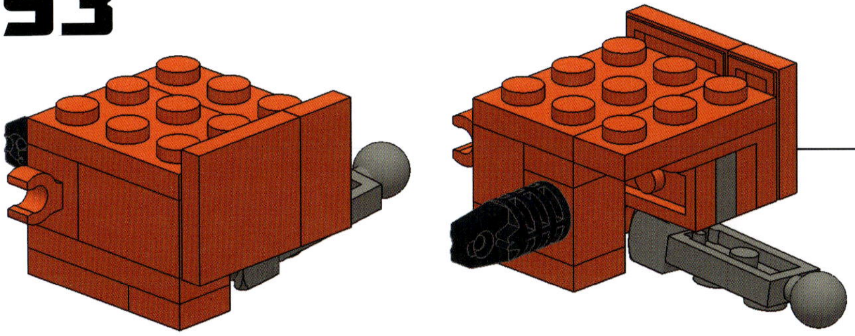

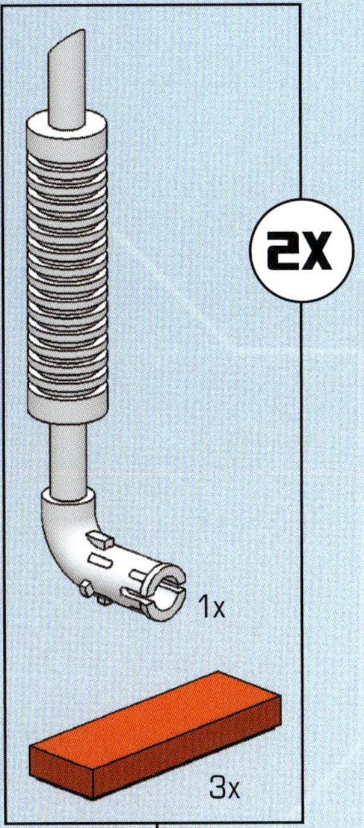

94

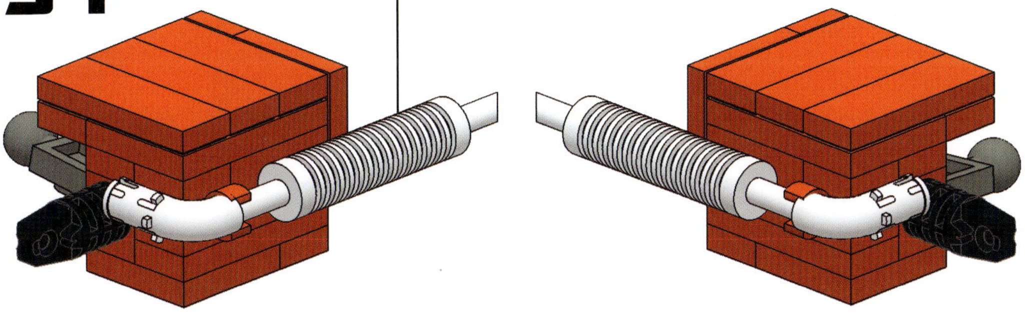

95

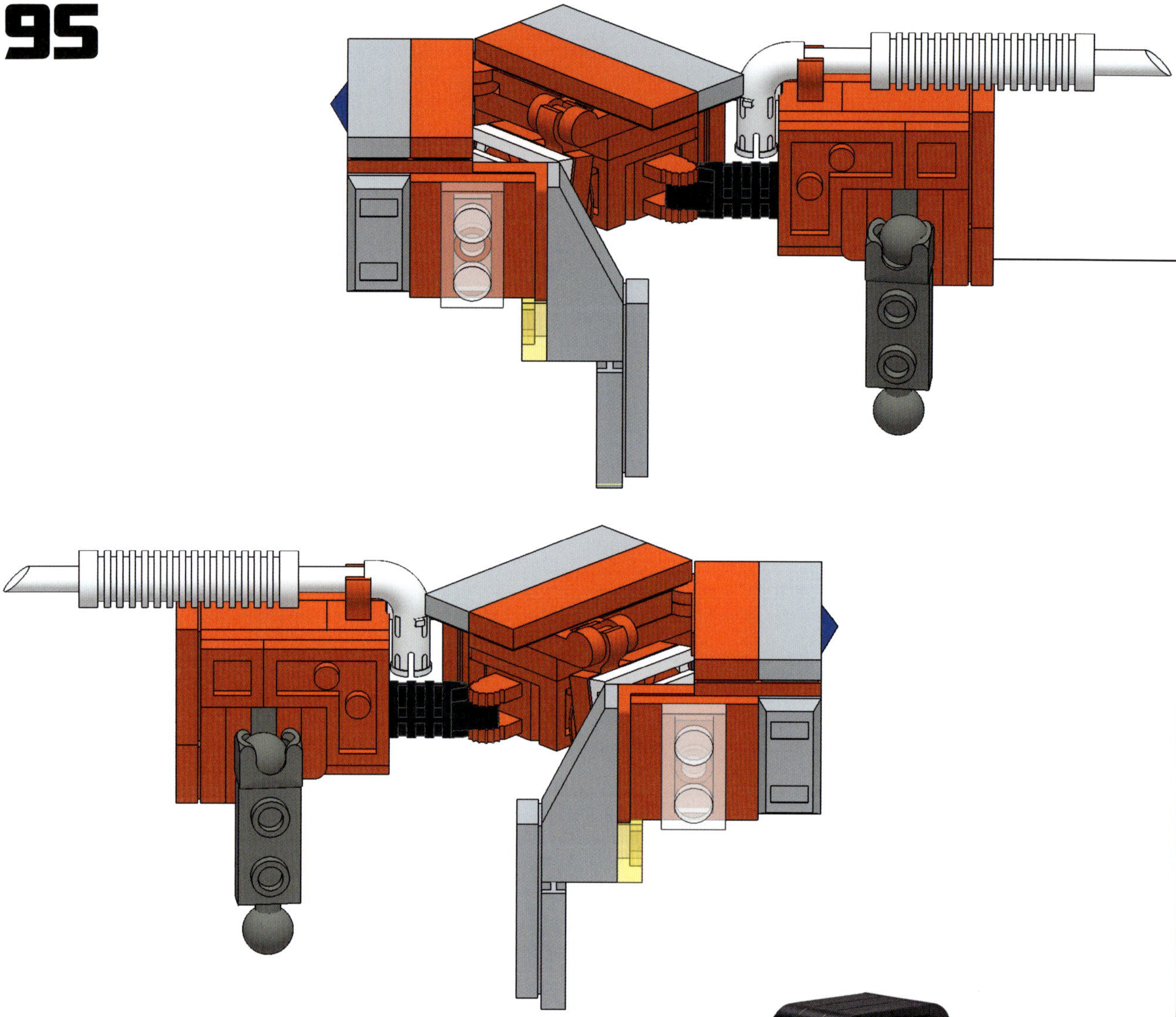

Die Decepticons haben eine Gruppe von Jets, namens Starscream, Thundercracker, Skywarp u.a.

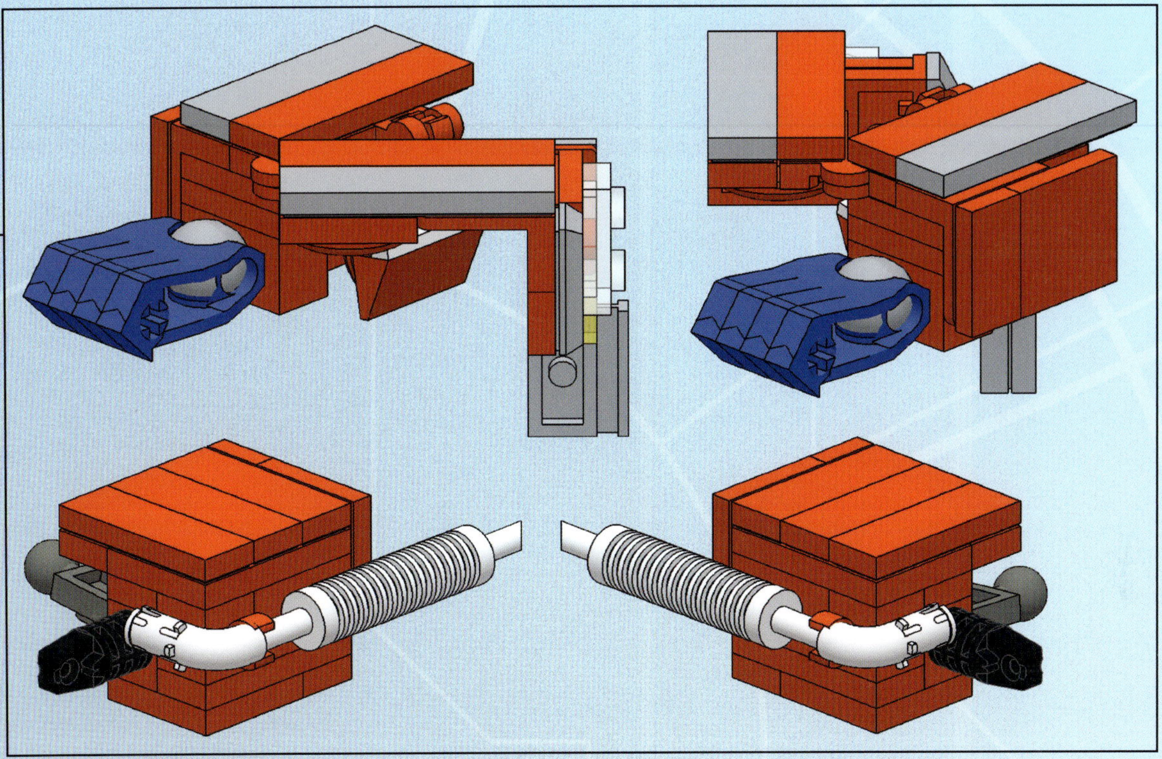

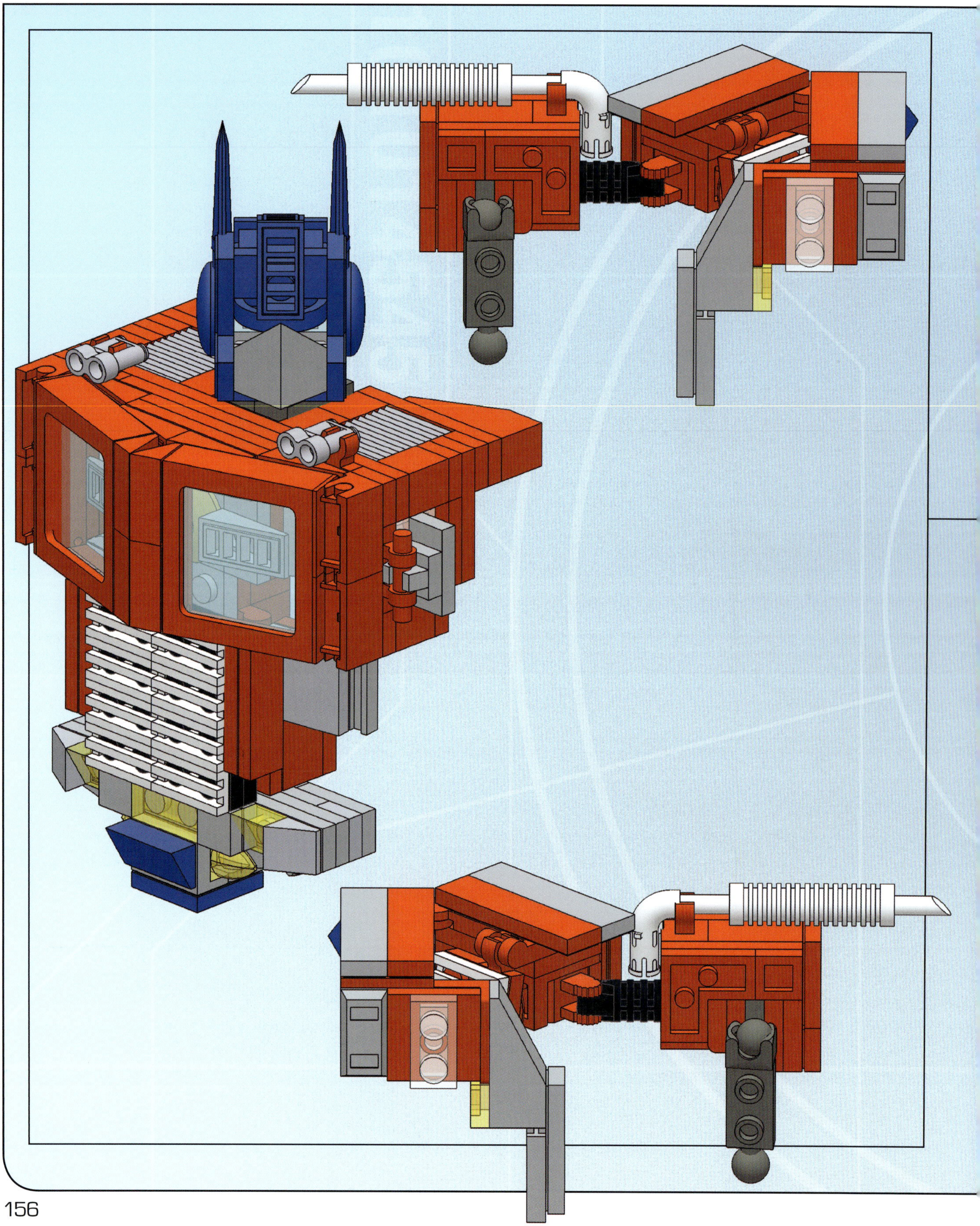

96

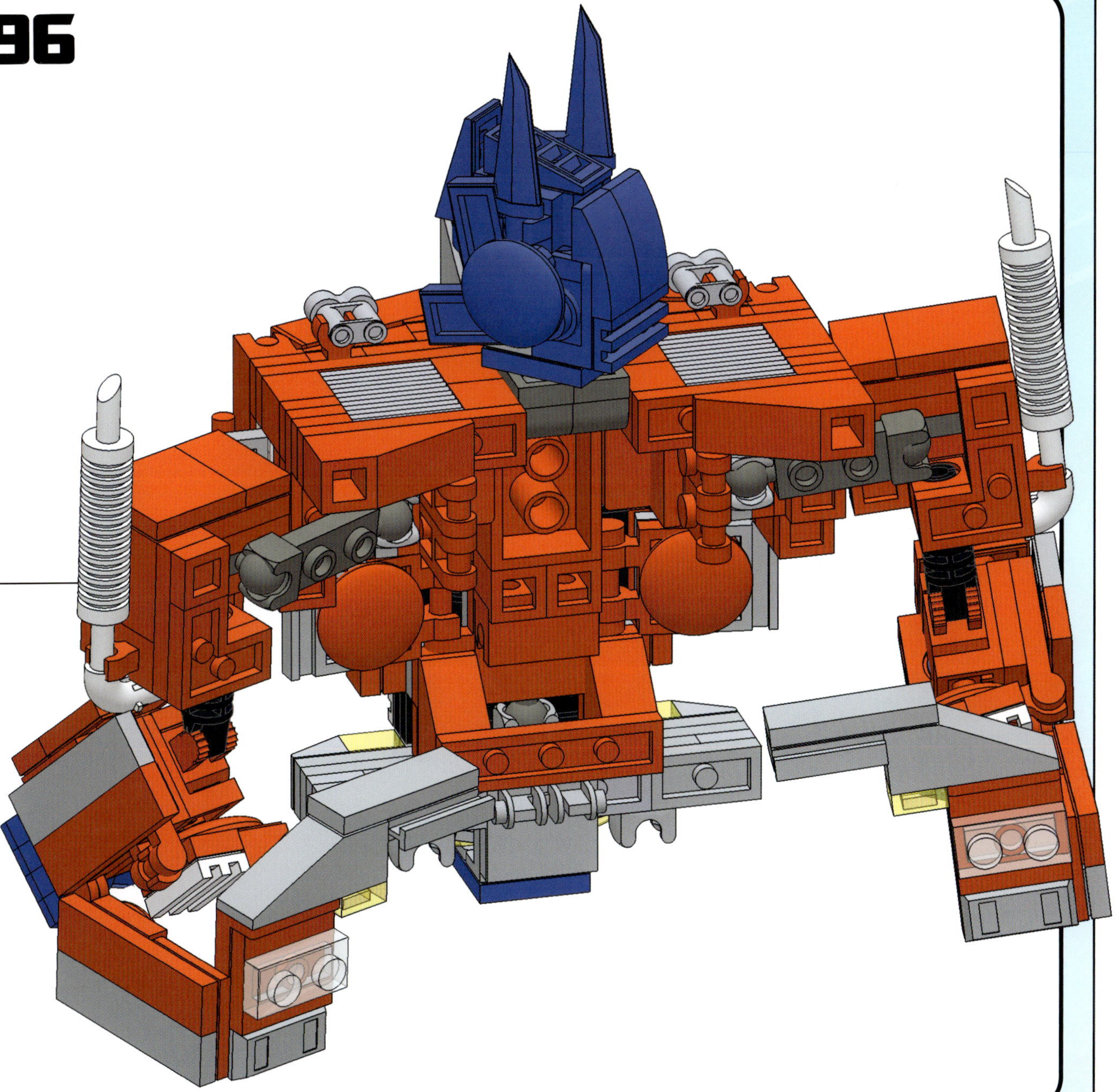

97

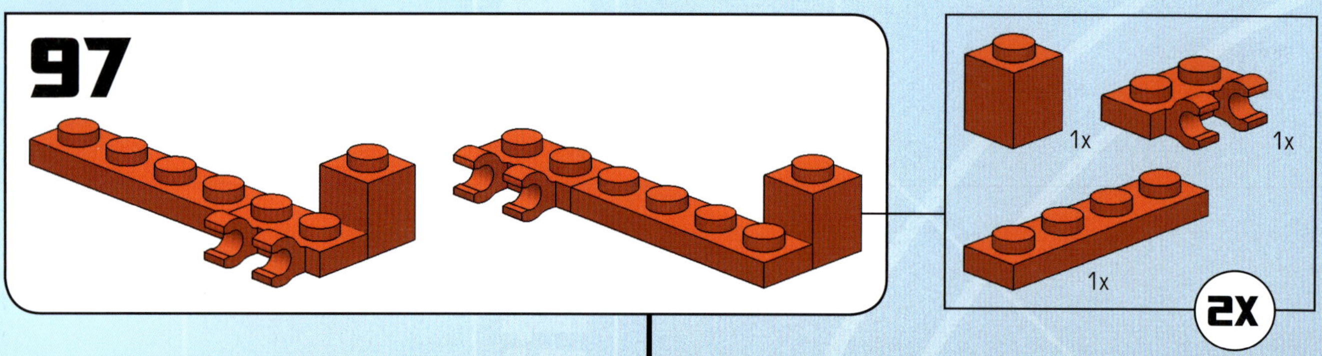

98

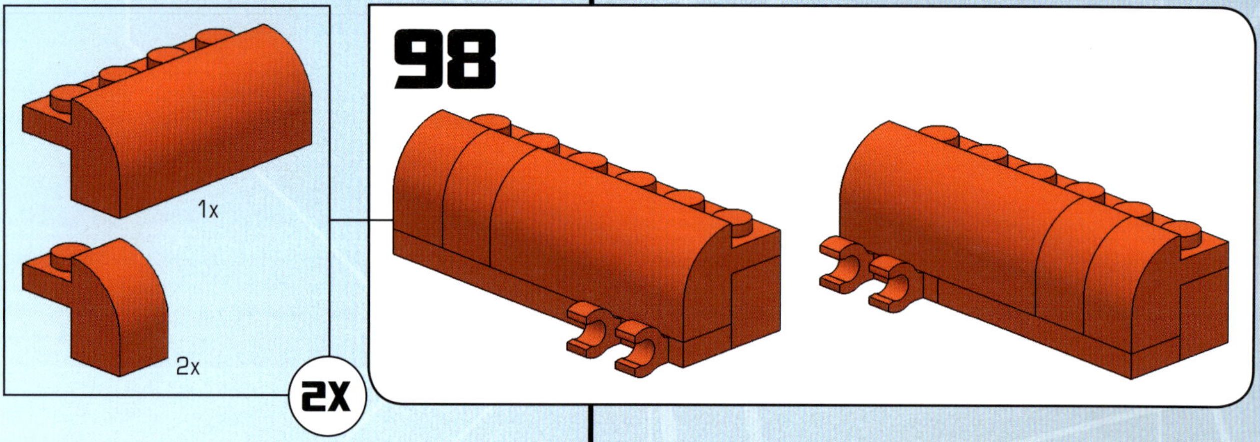

99

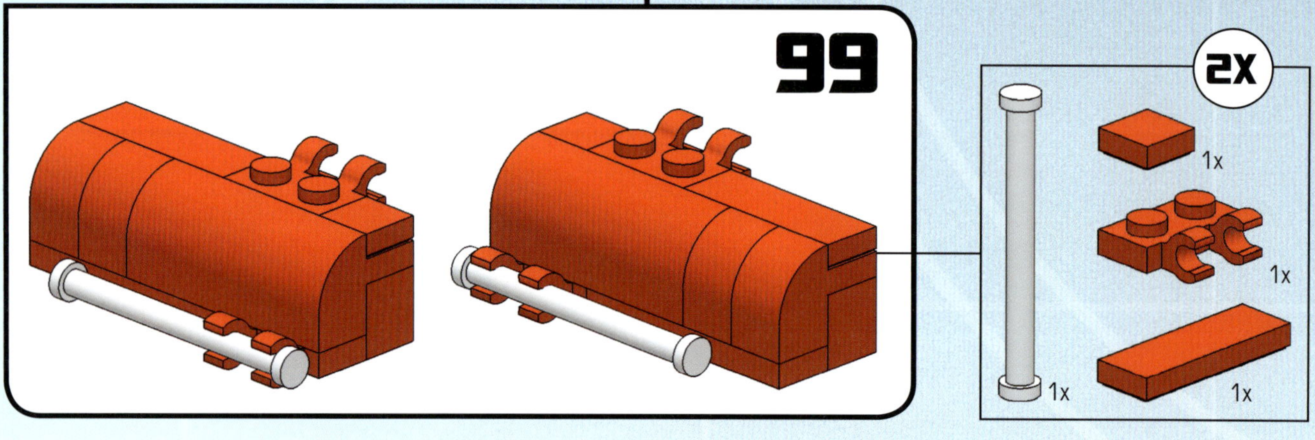

100

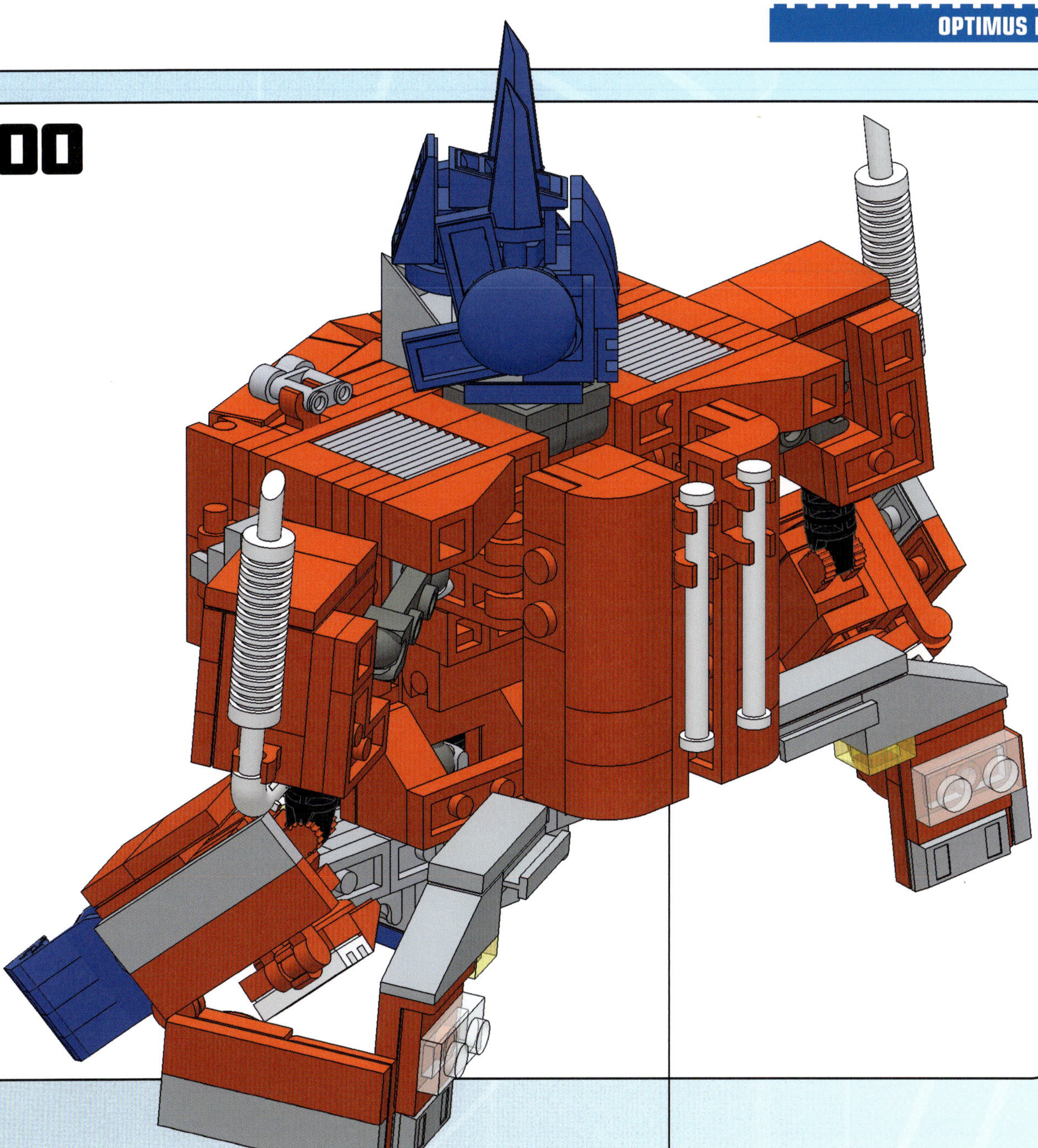

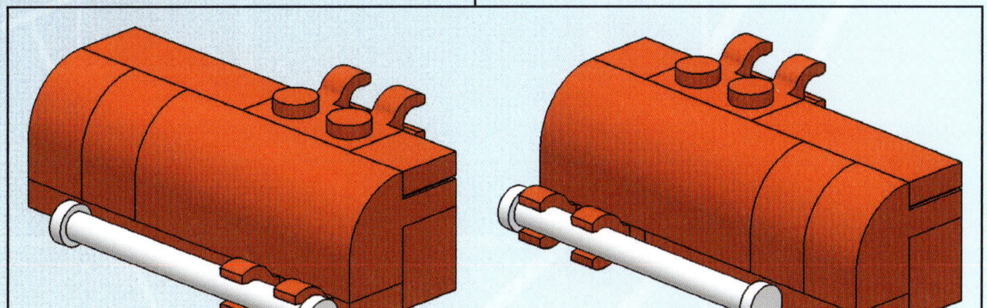

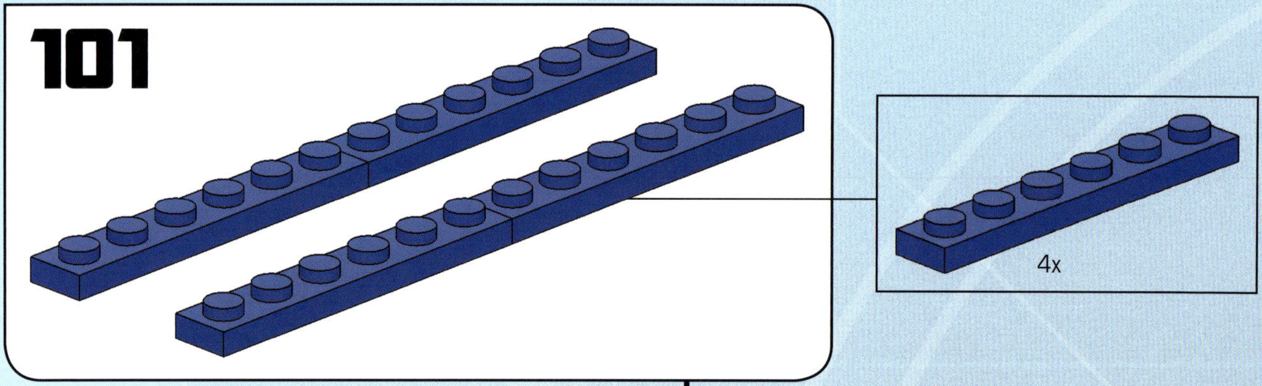
101
4x

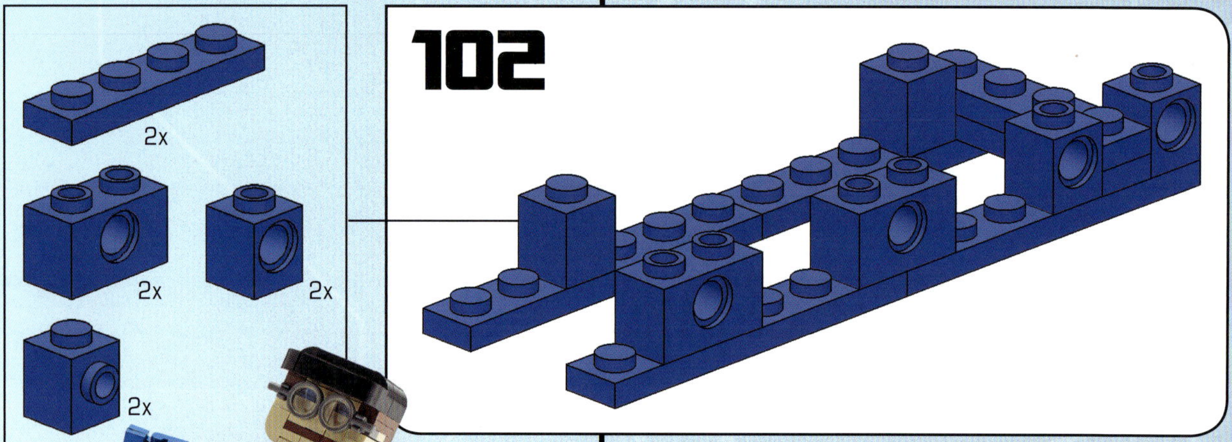
102
2x
2x
2x
2x

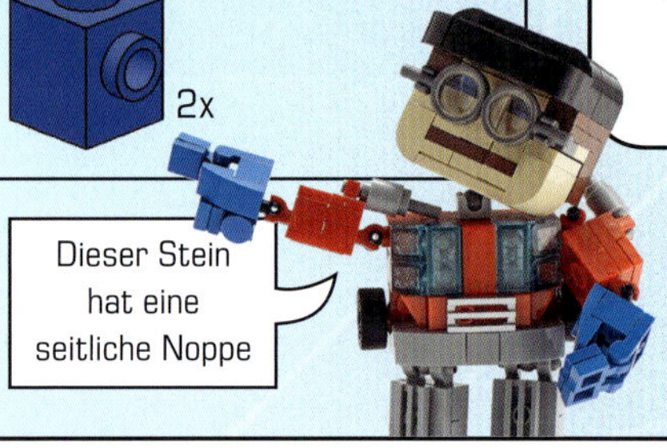
Dieser Stein hat eine seitliche Noppe

103
2x
2x
1x
1x

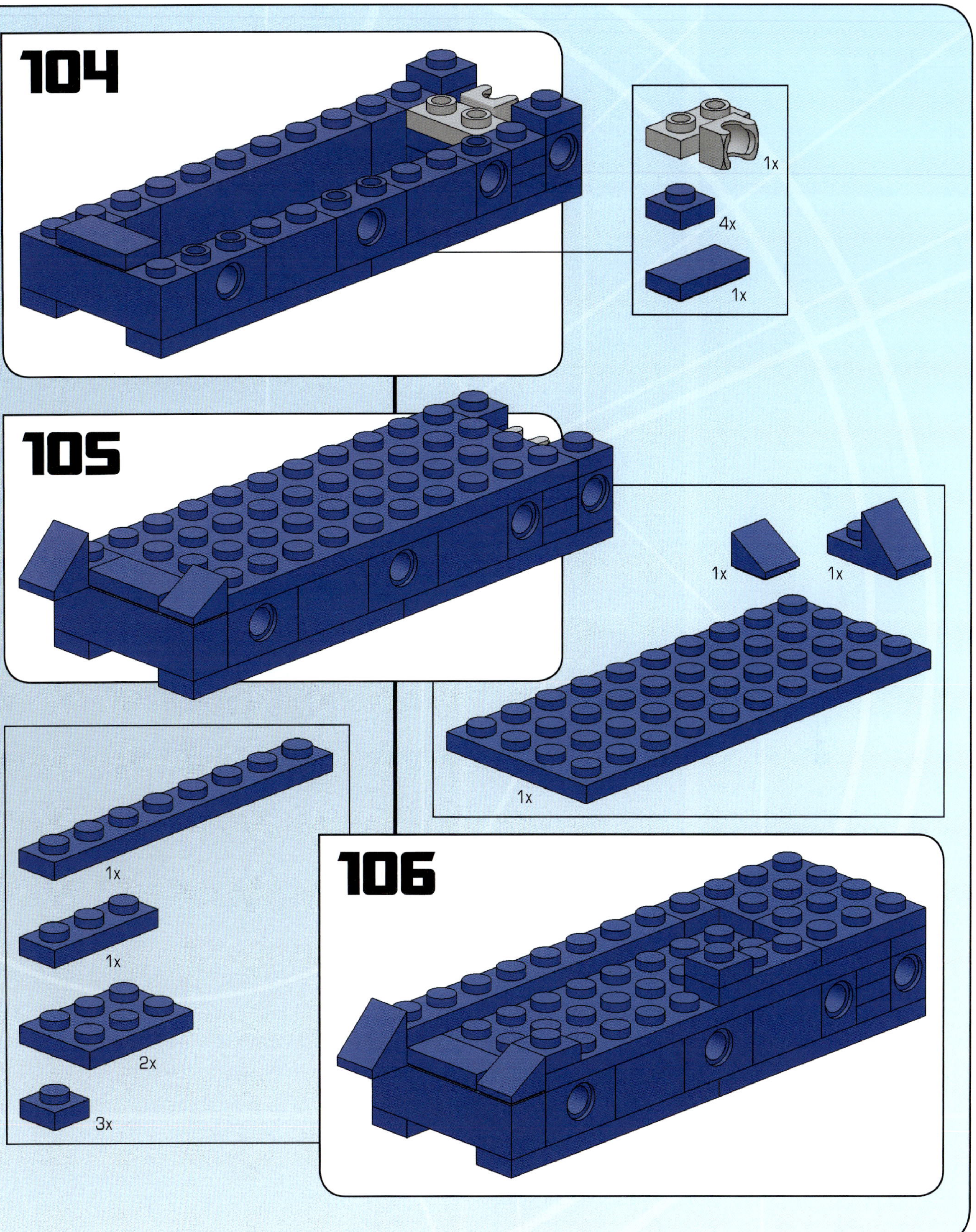
104
1x
4x
1x
105
1x
1x
1x
1x
1x
2x
3x
106

107

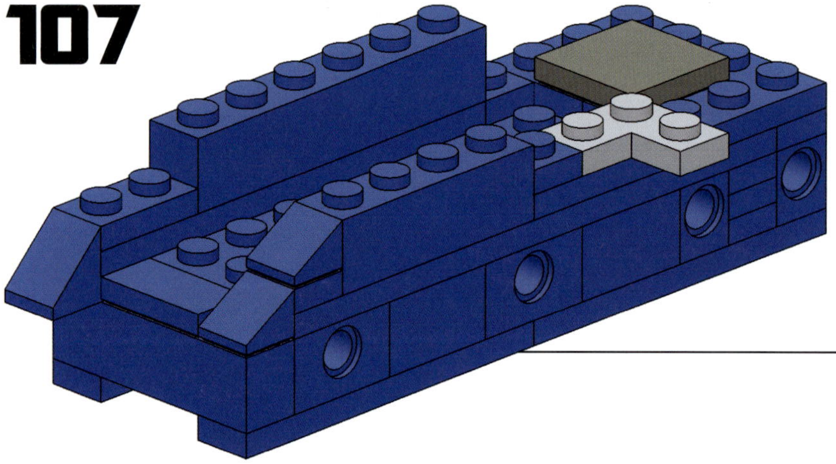

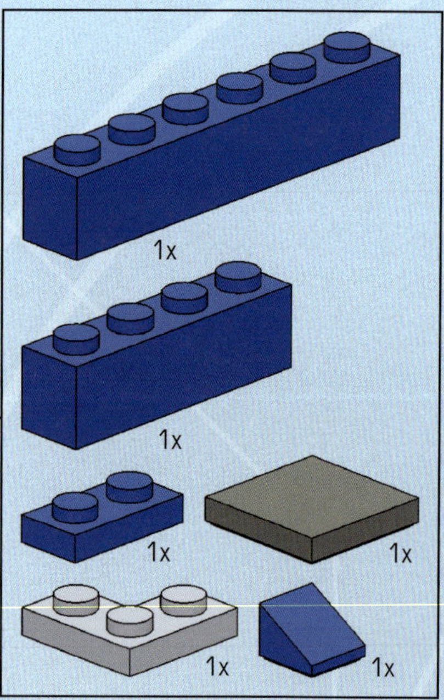

108

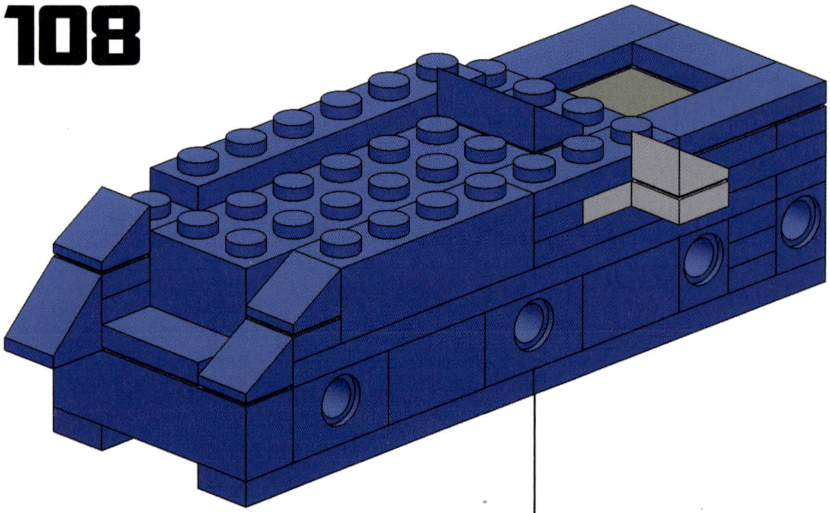

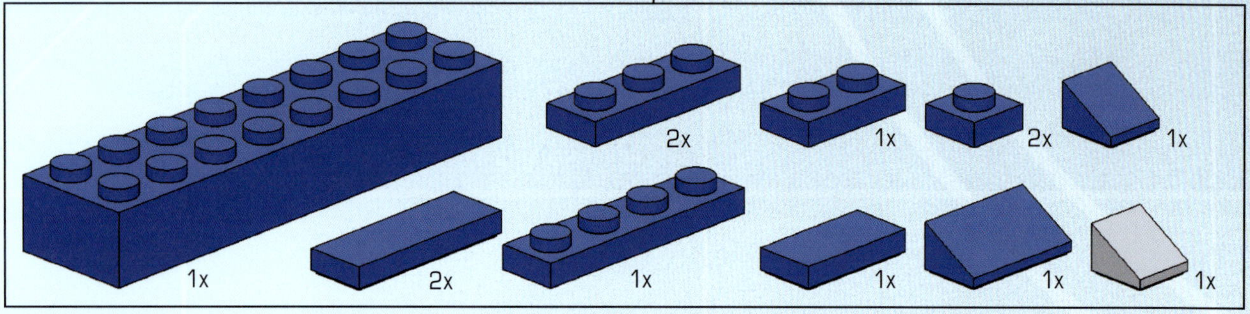

109

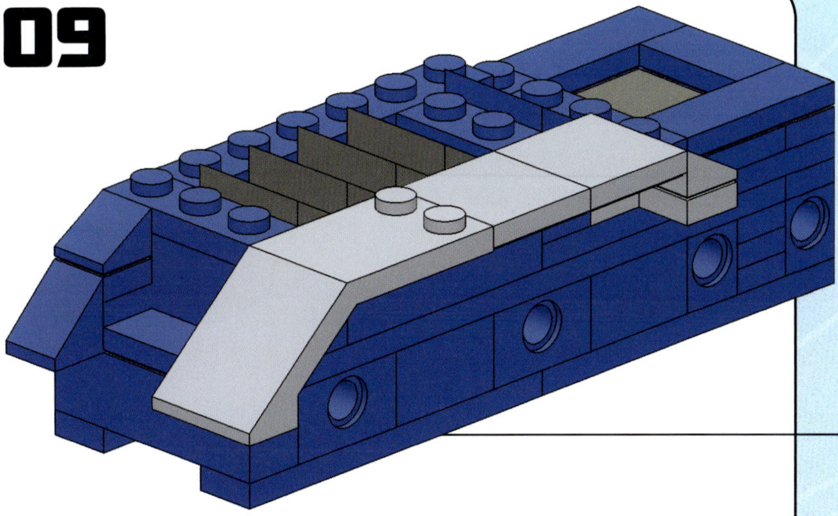

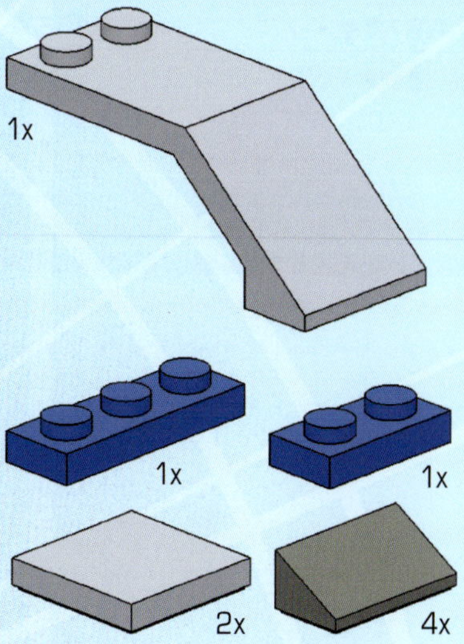

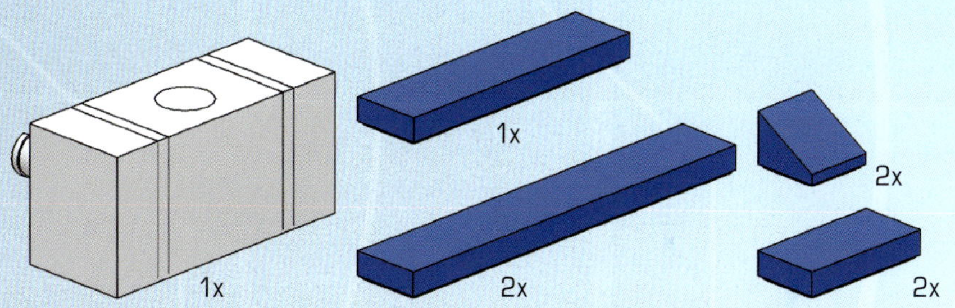

110

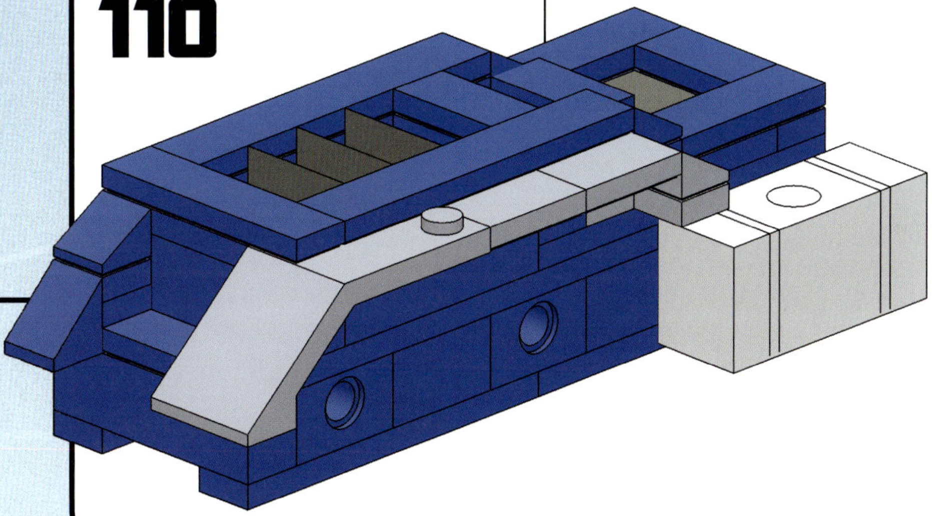

111

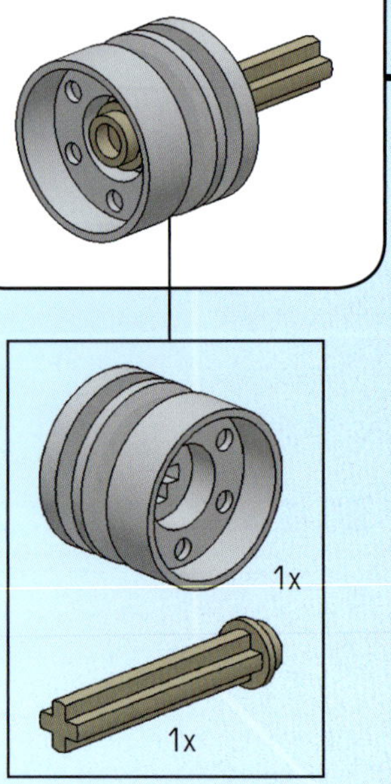

112

4X

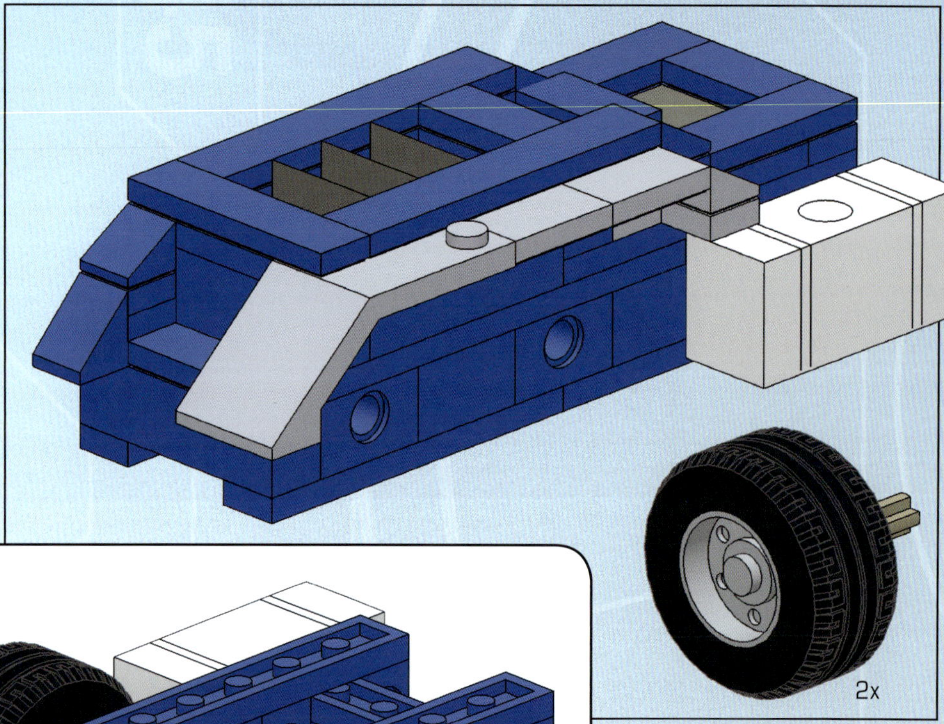

113

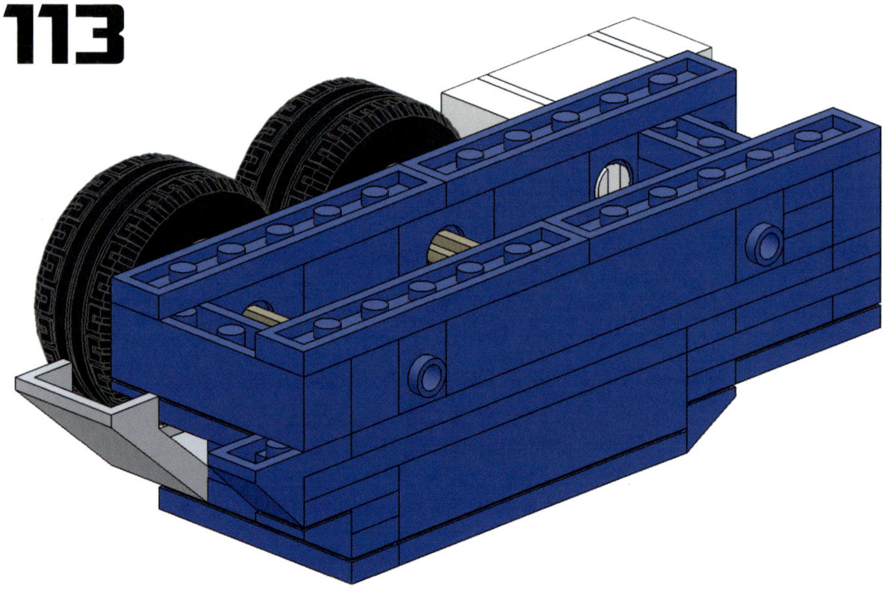

114

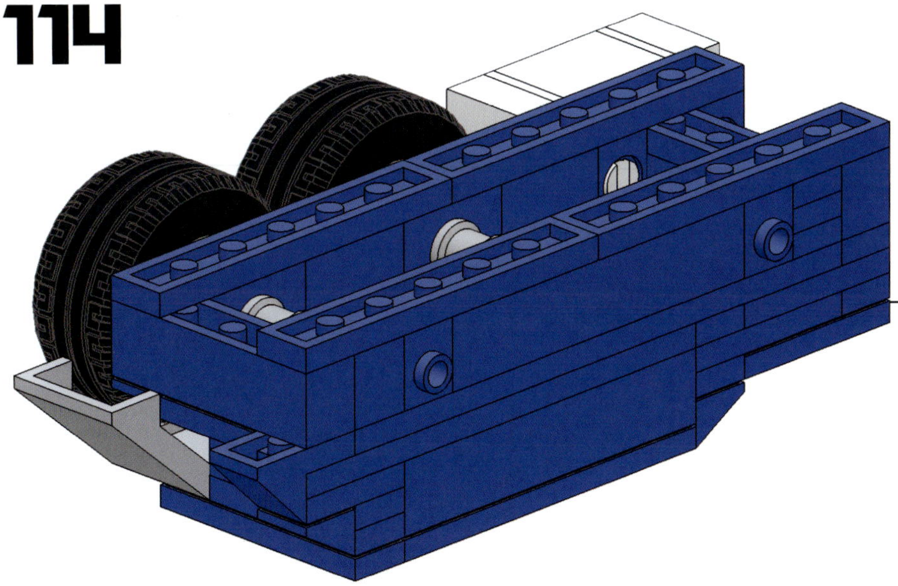

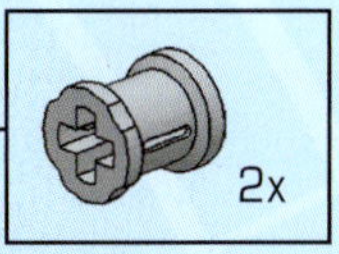

115

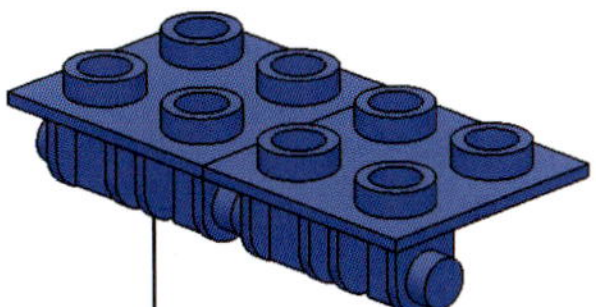

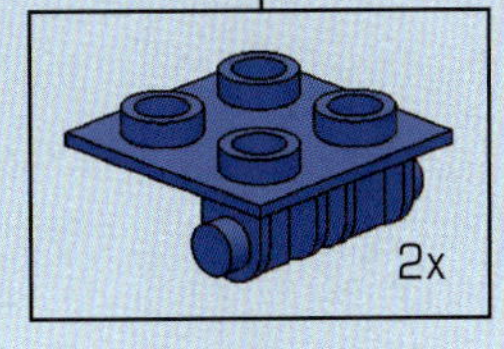

116

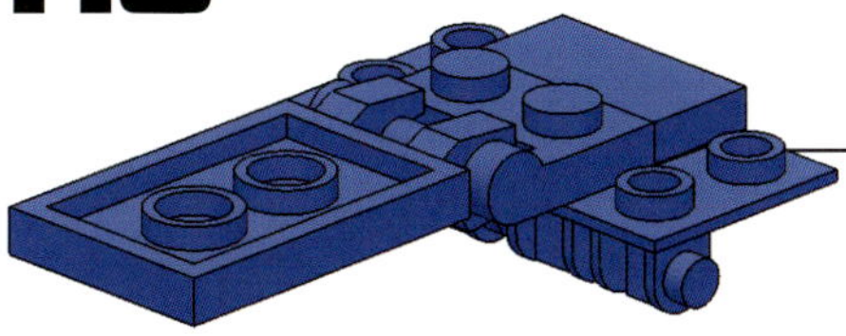

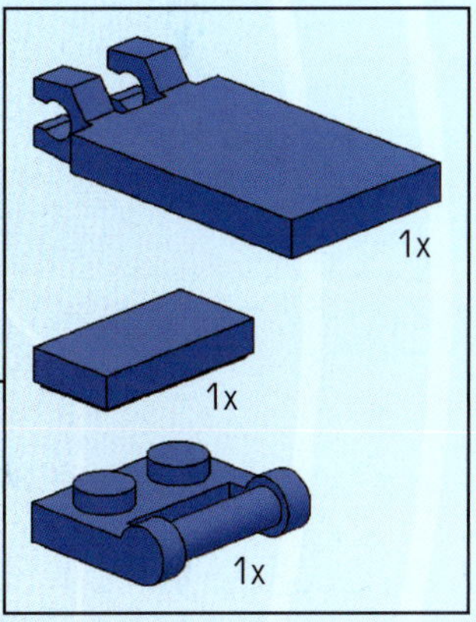

117

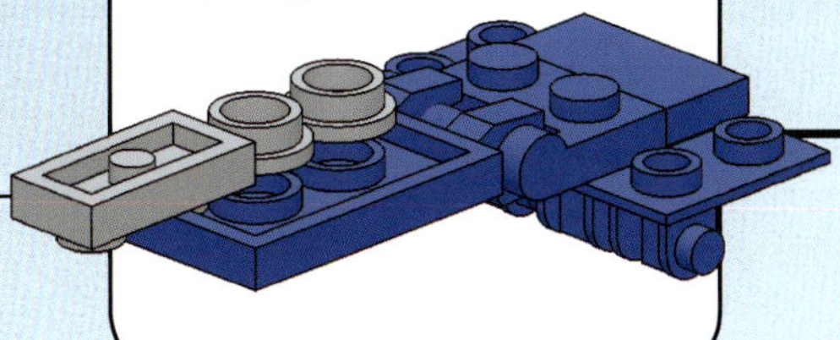

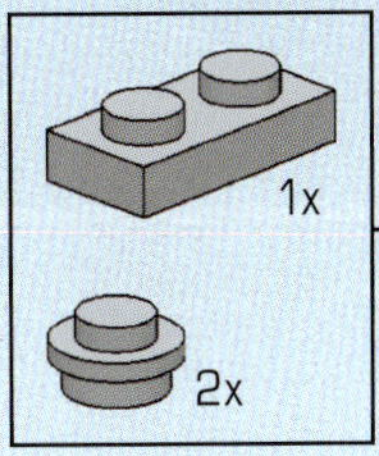

118

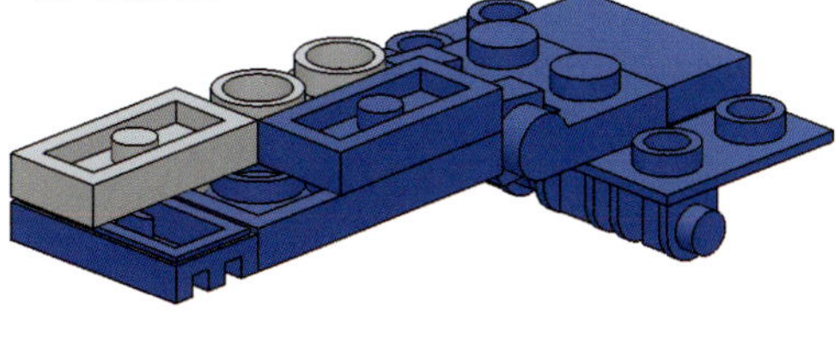

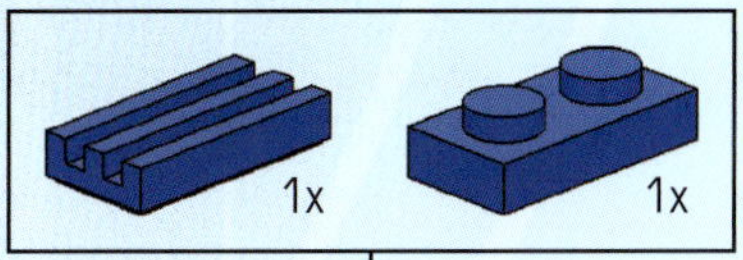

119

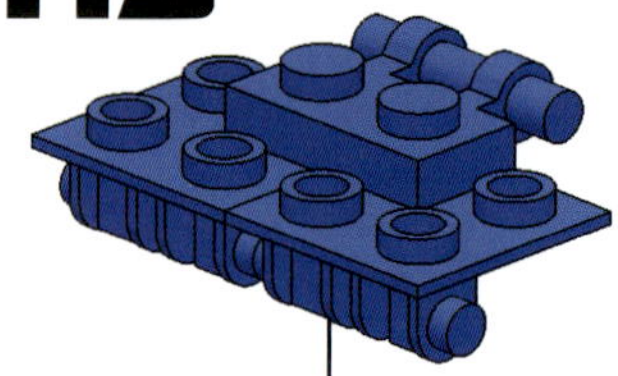

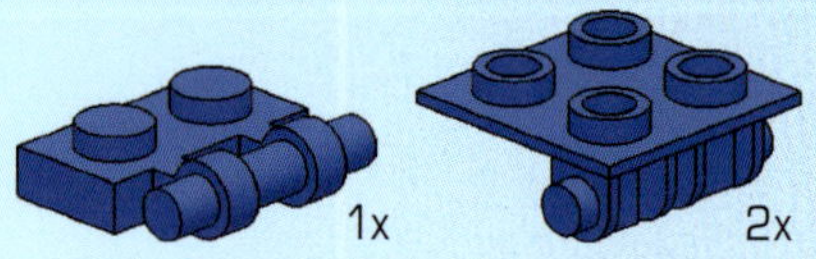

120

2X

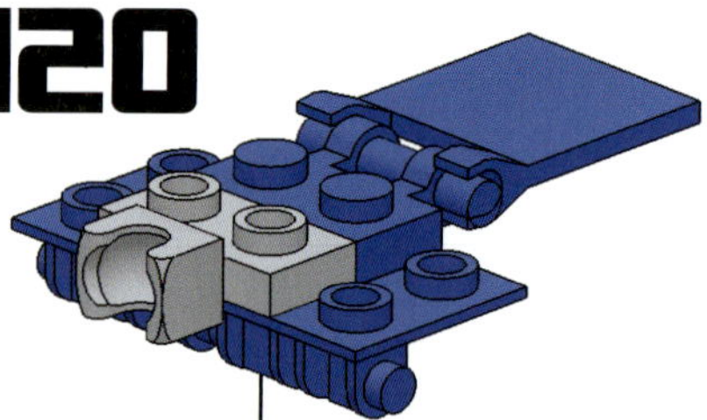

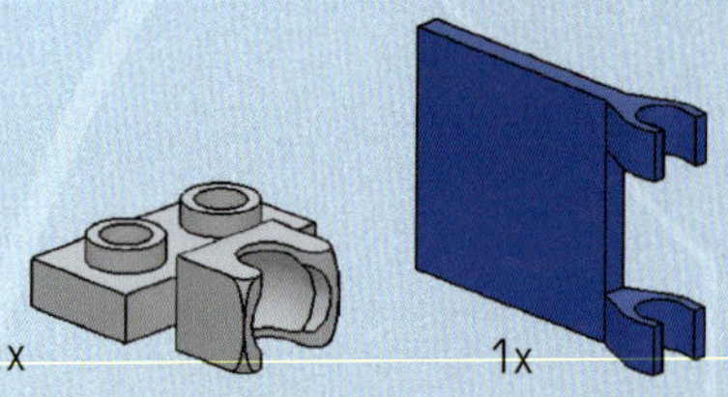

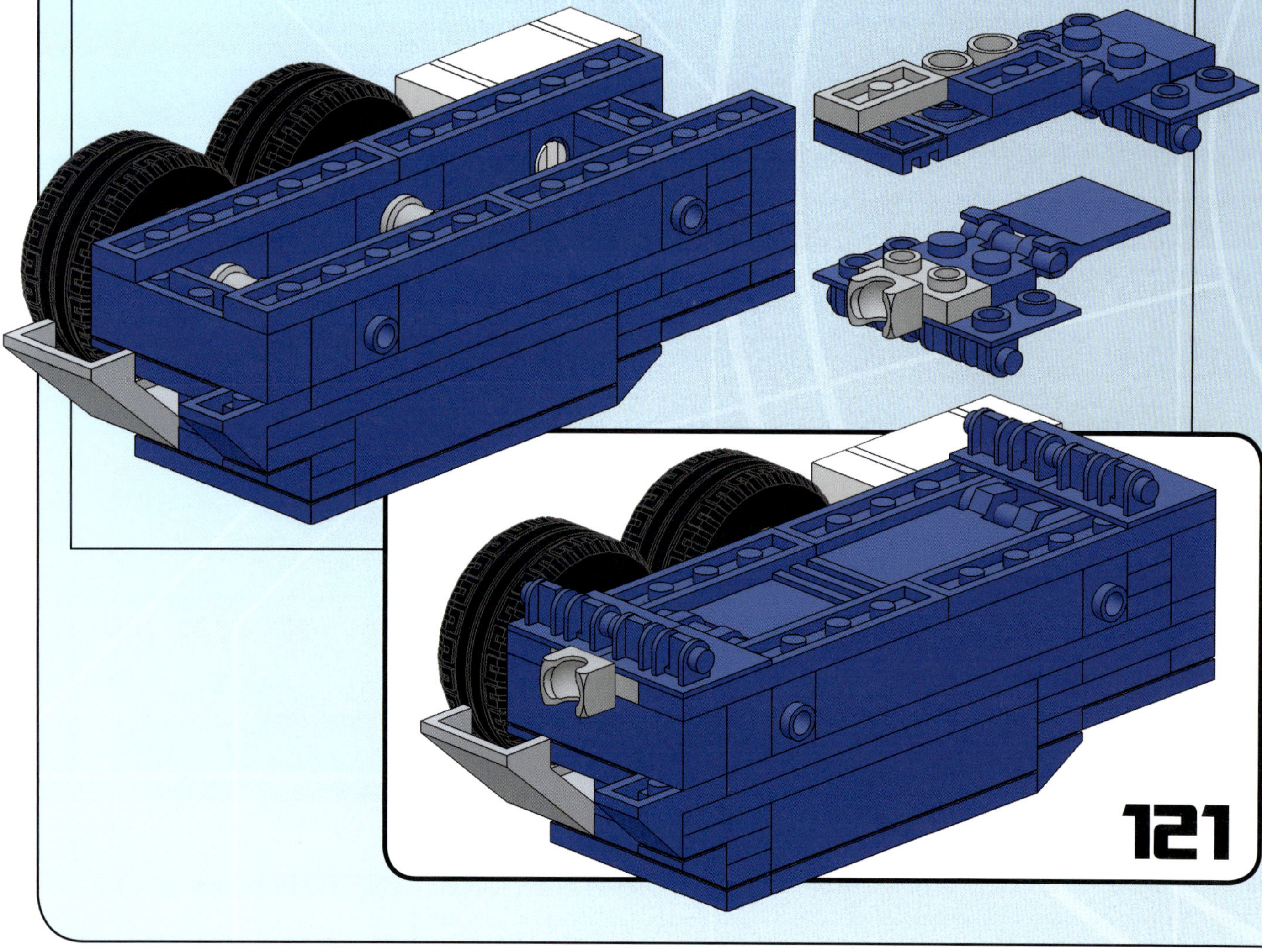

121

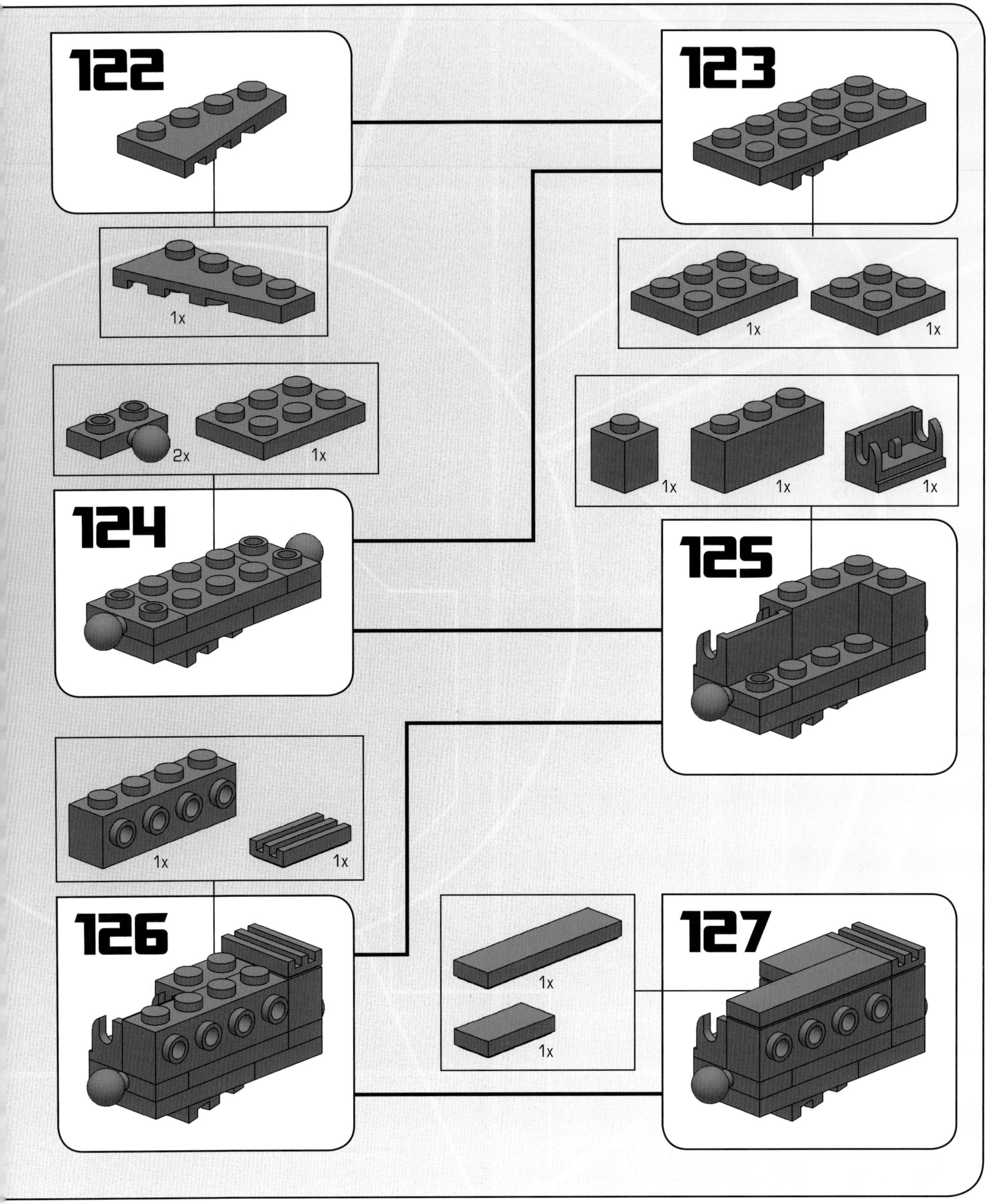
122
1x
123
1x
1x
2x
1x
1x
1x
1x
124
125
1x
1x
126
1x
1x
127

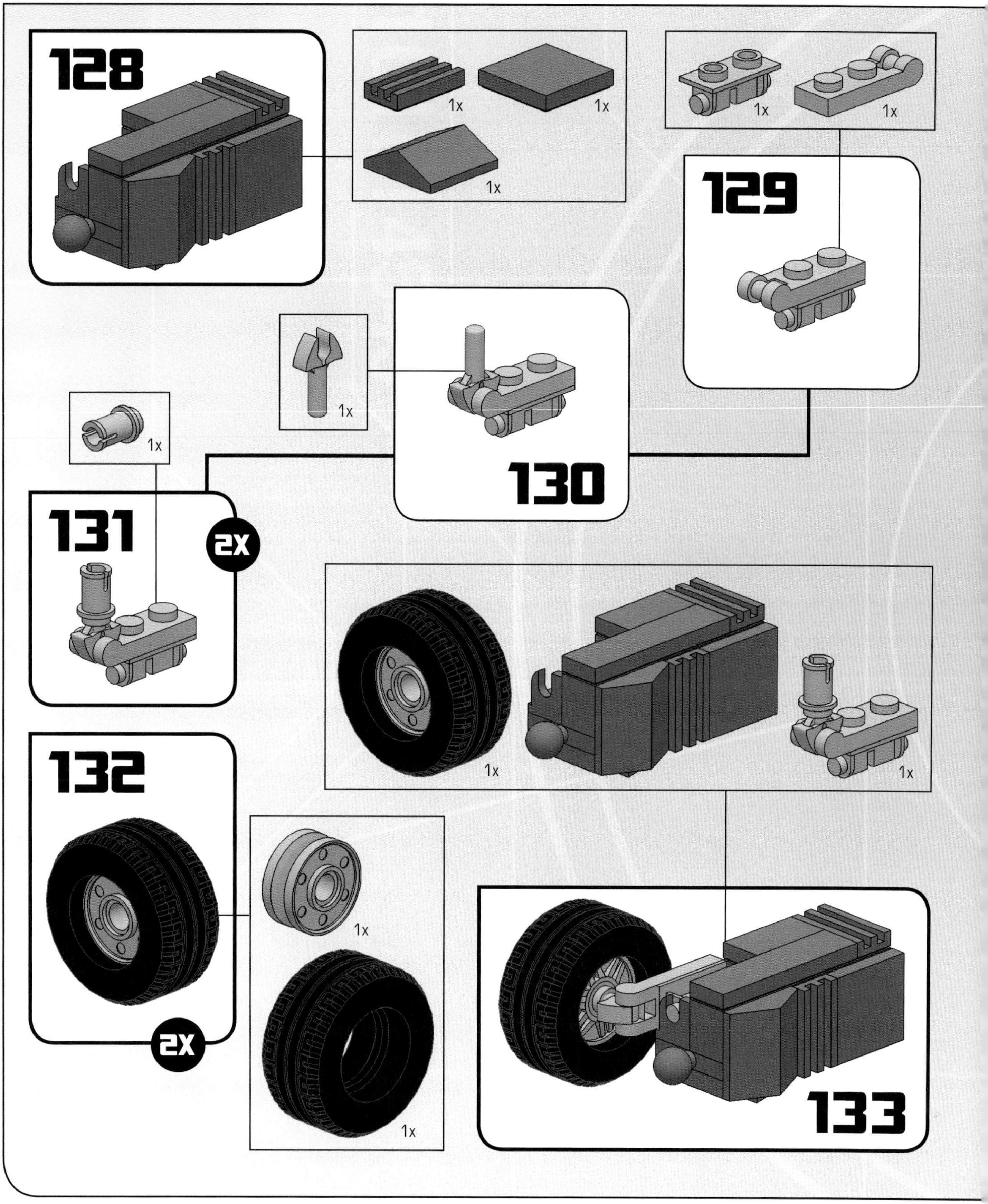
128
1x
1x
1x
1x
1x
129
1x
130
1x
131
2X
1x
1x
132
2X
1x
1x
133

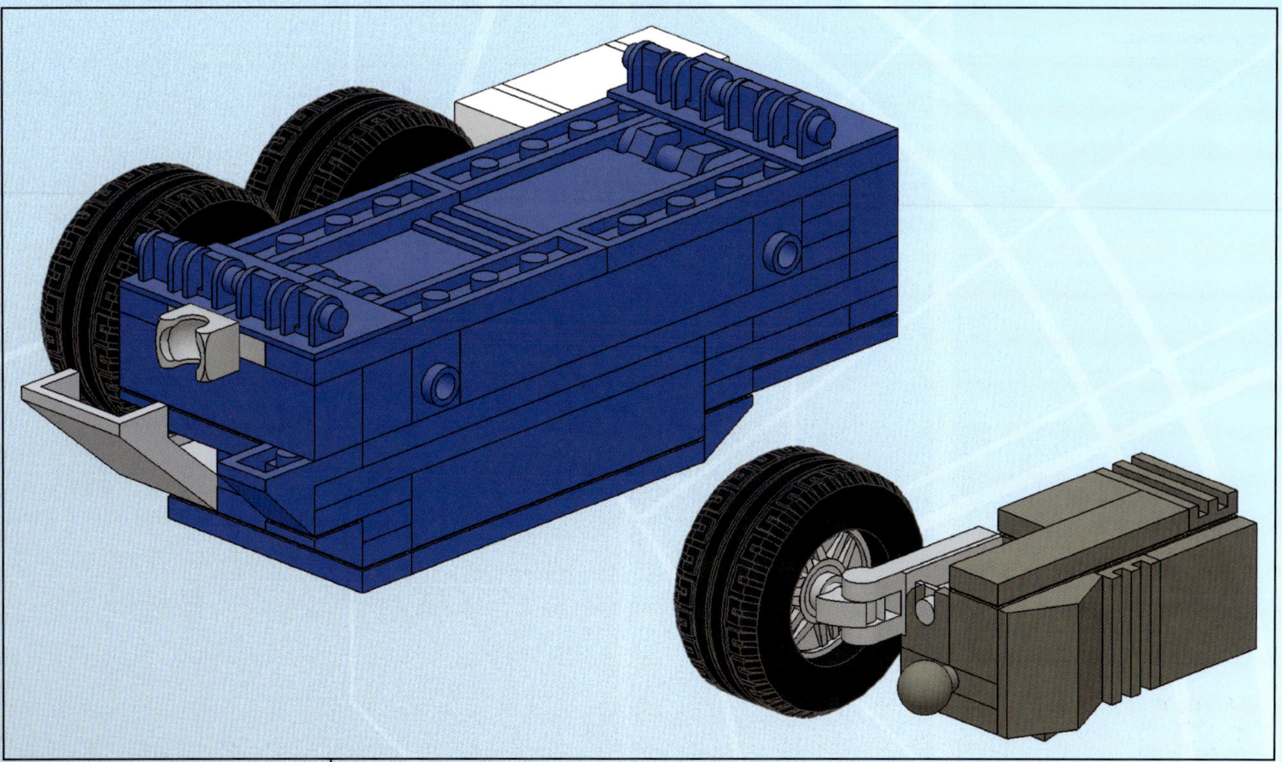

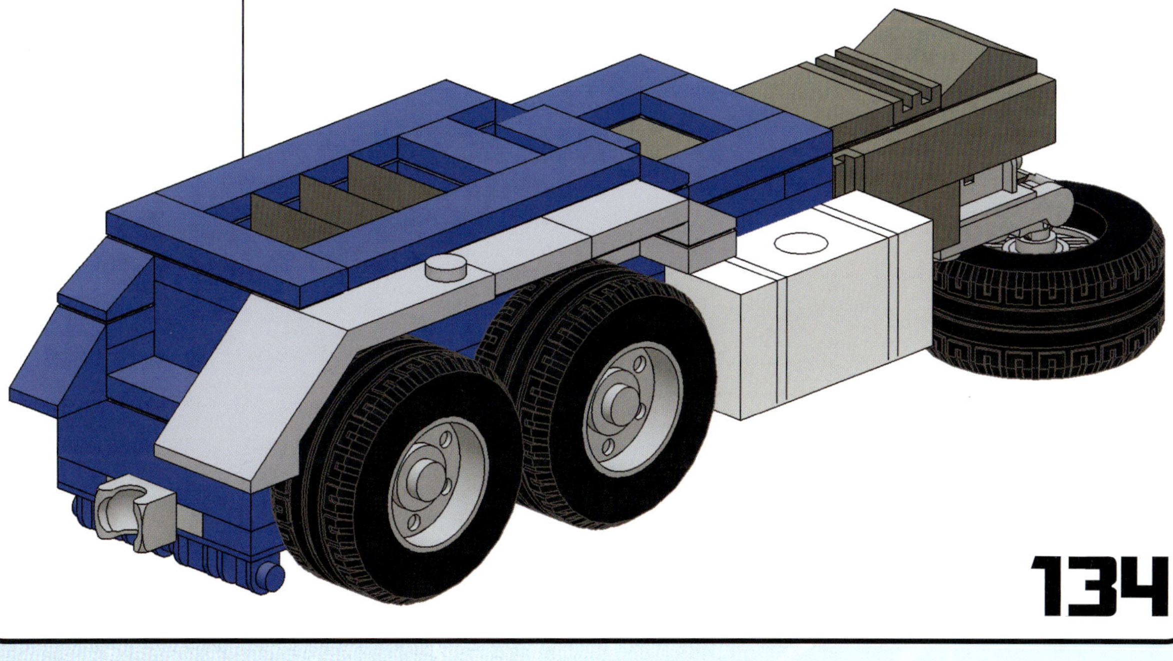

134

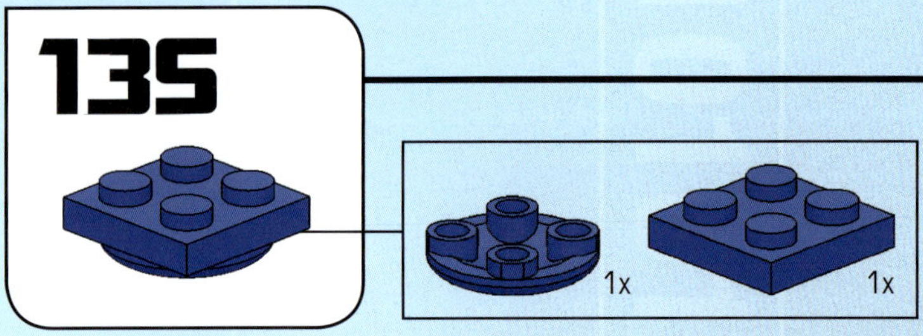
135
1x
1x

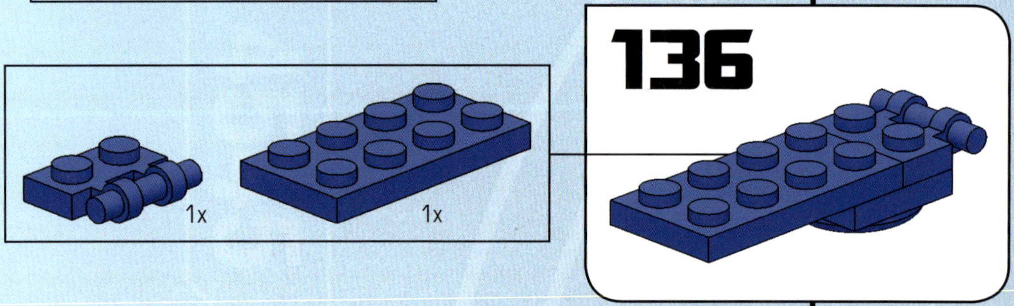
136
1x
1x

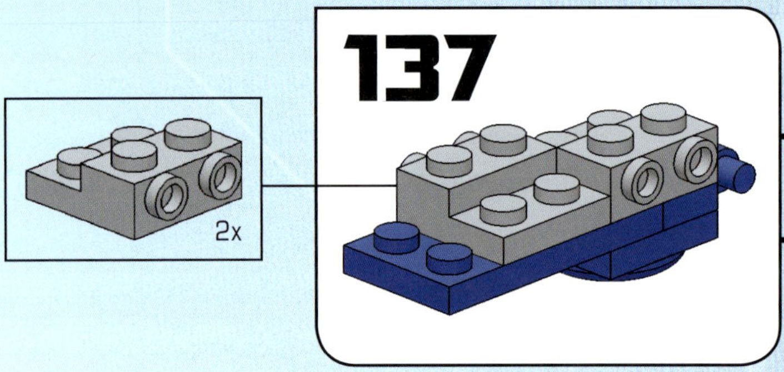
137
2x

138
2x

139
2X
1x
2x

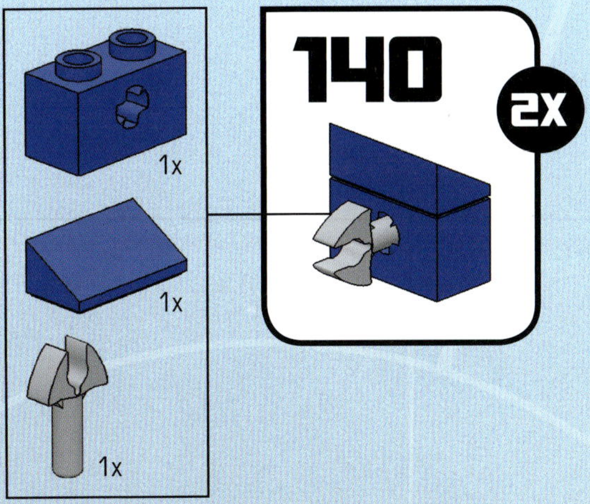
1x
1x
1x
140
2X

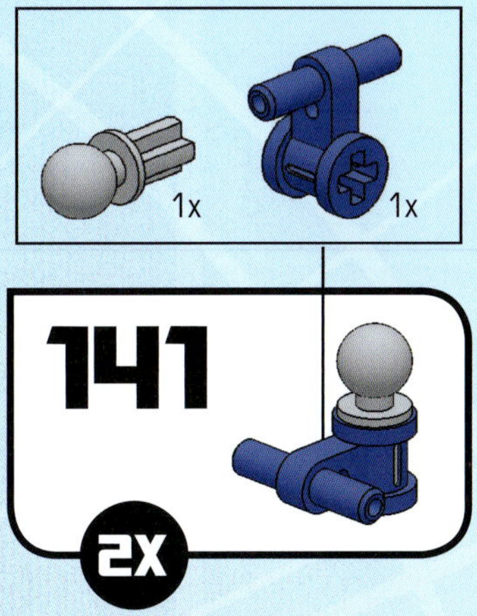
1x
1x
141
2X

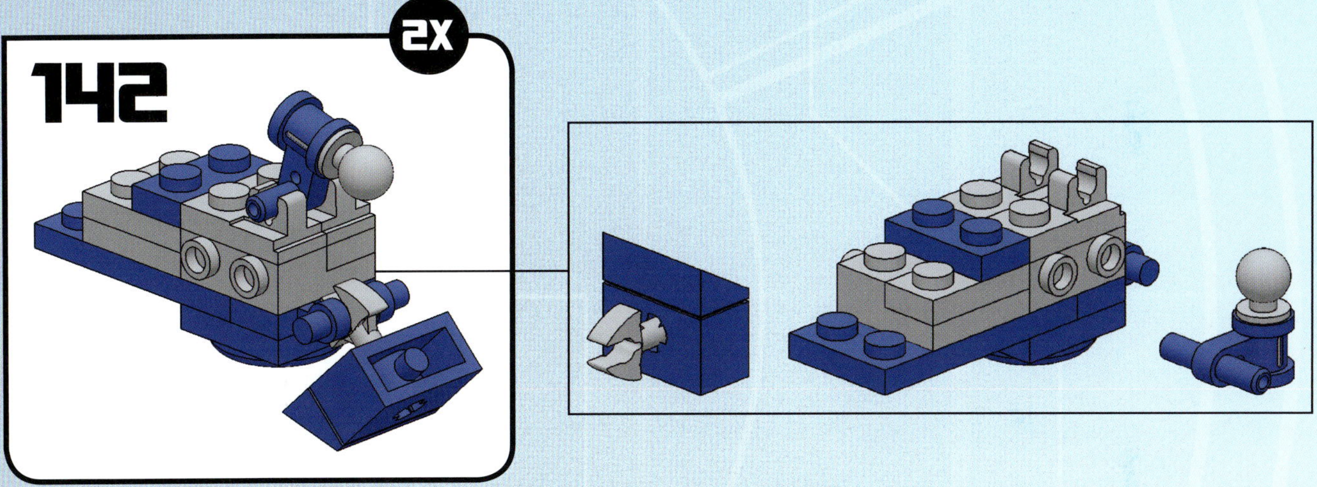
142
2X

143
1x
1x
2x

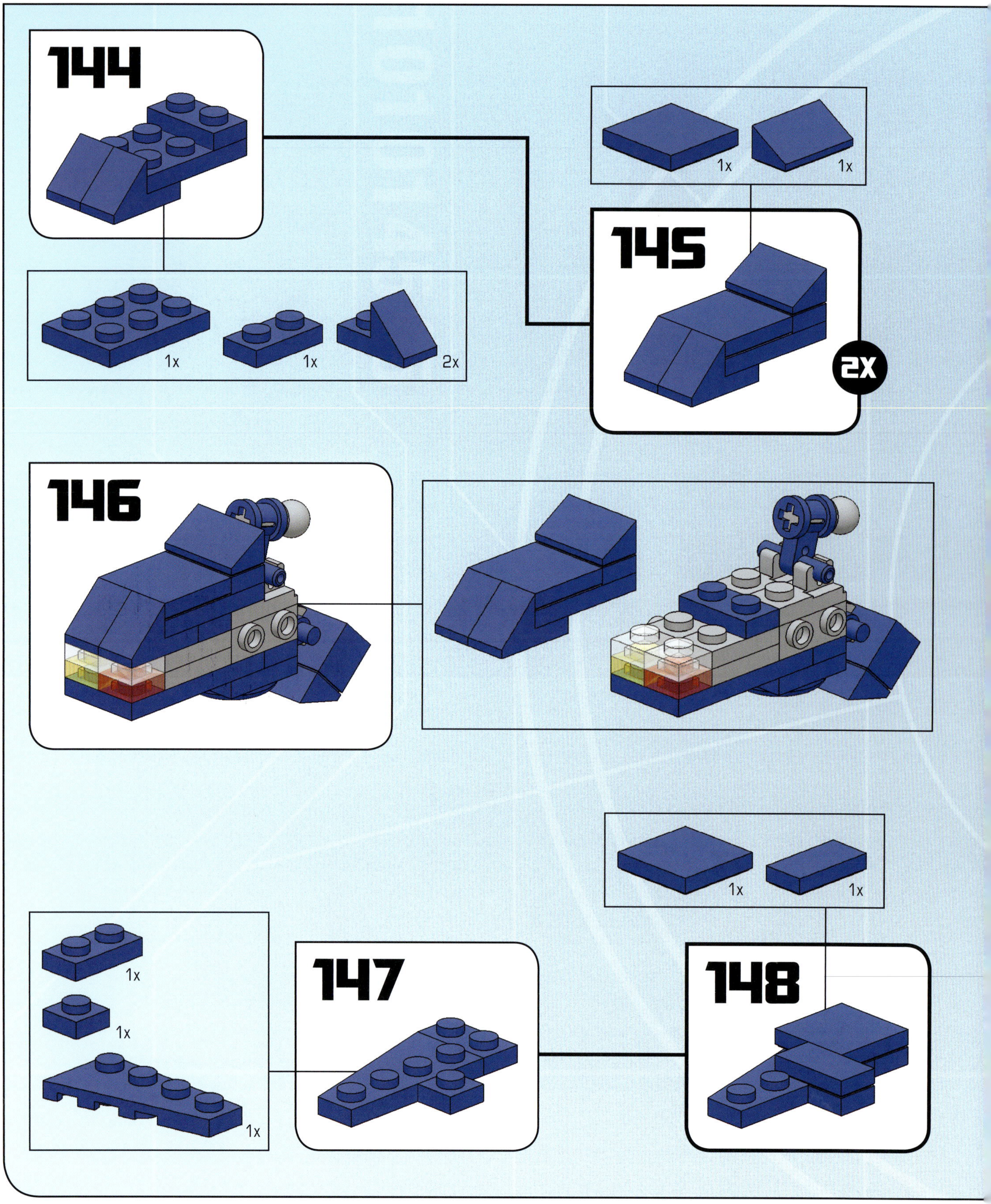
144
1x
1x
2x
1x
1x
145
2X
146
1x
1x
148
1x
1x
1x
147
1x

149

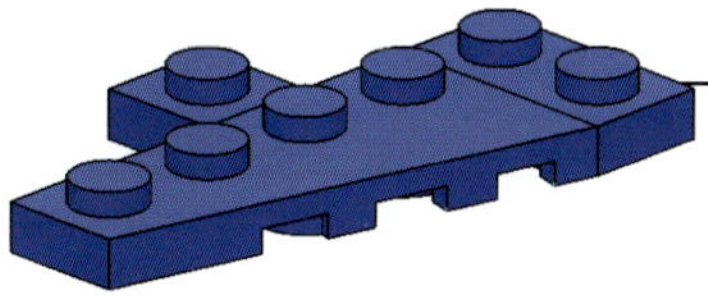

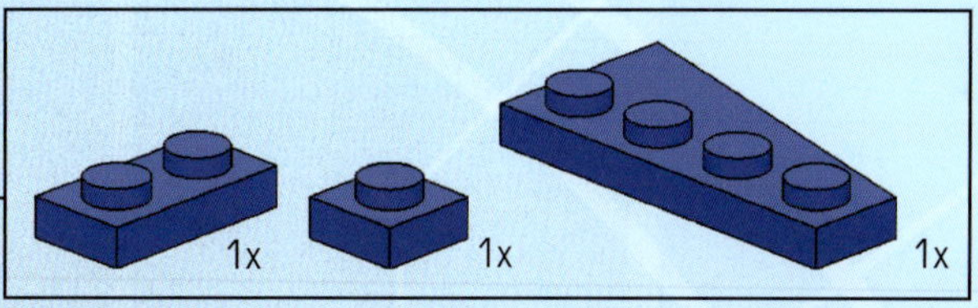

150

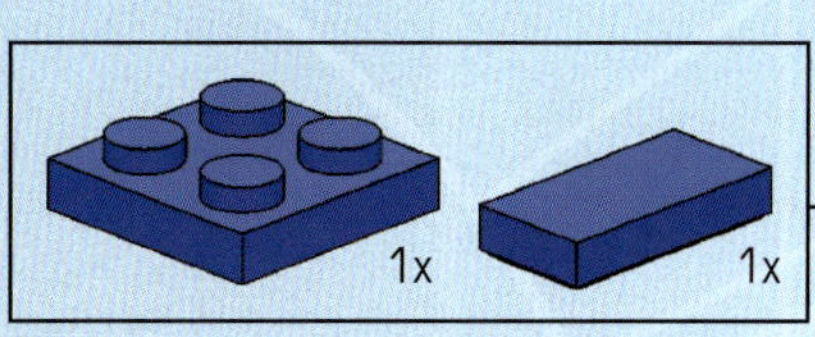

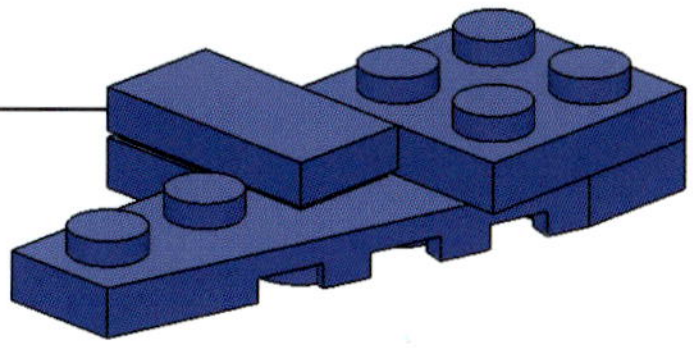

151

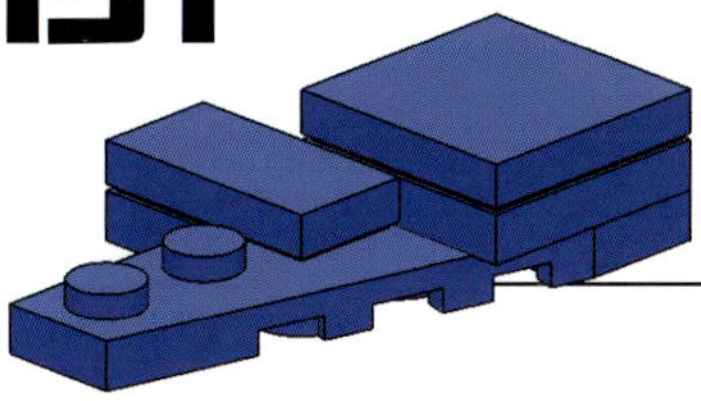

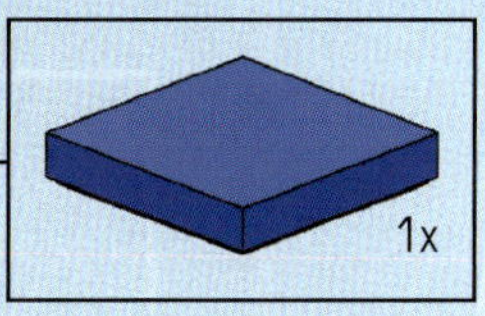

152

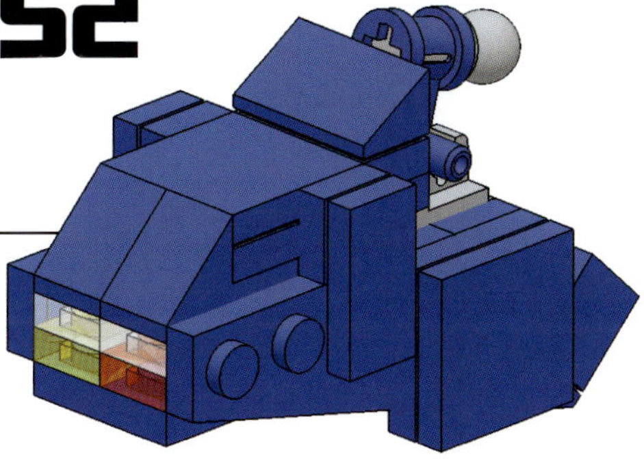

153

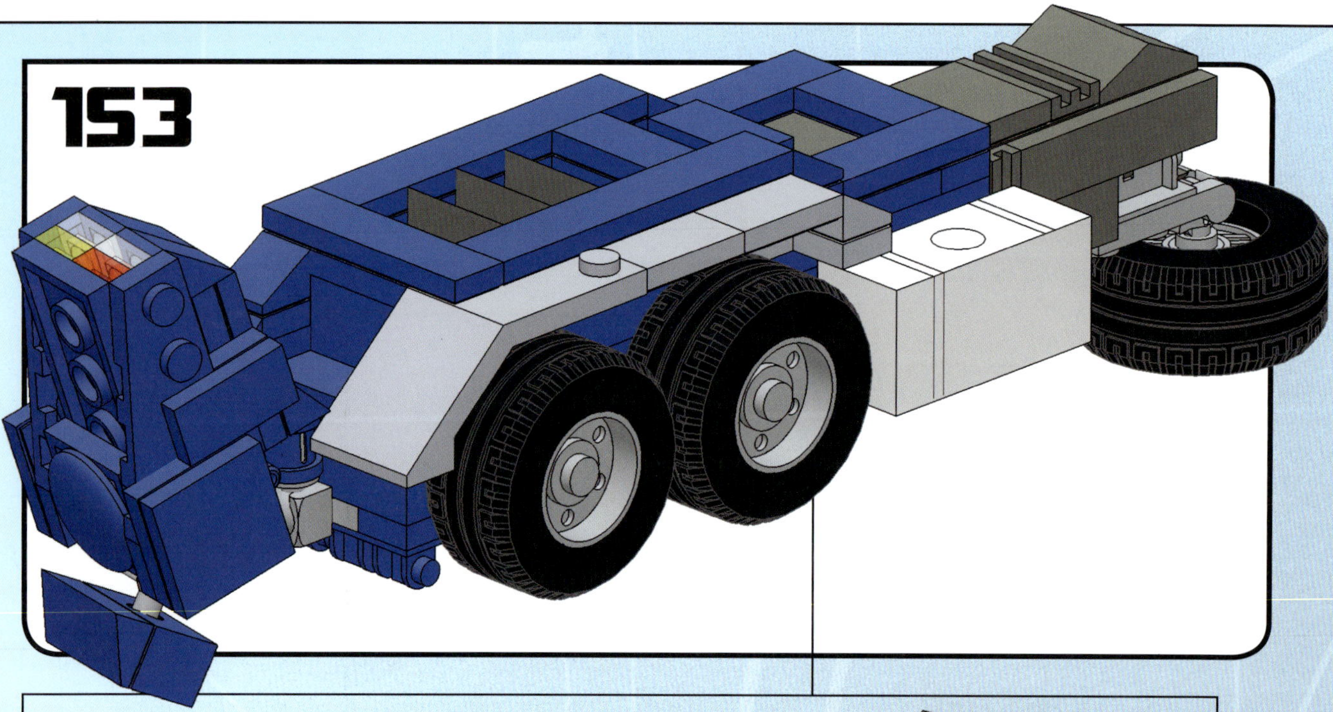

154

155

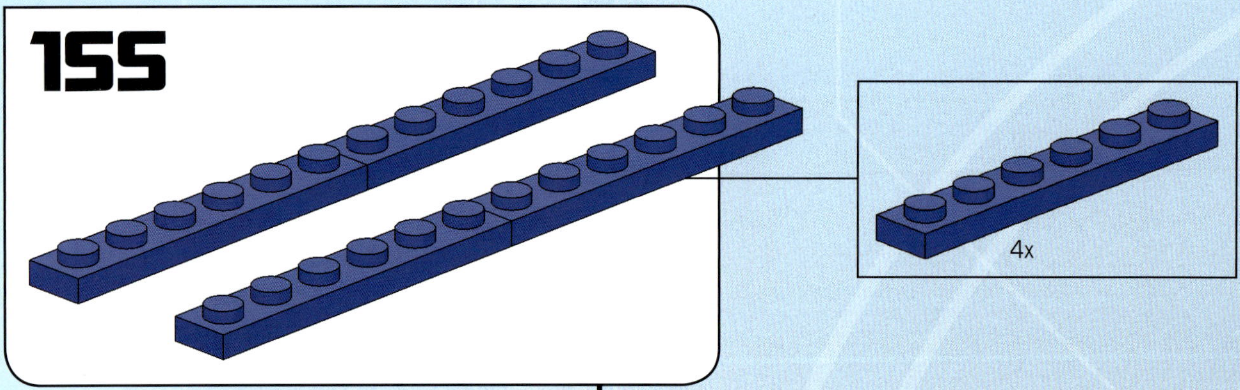

156

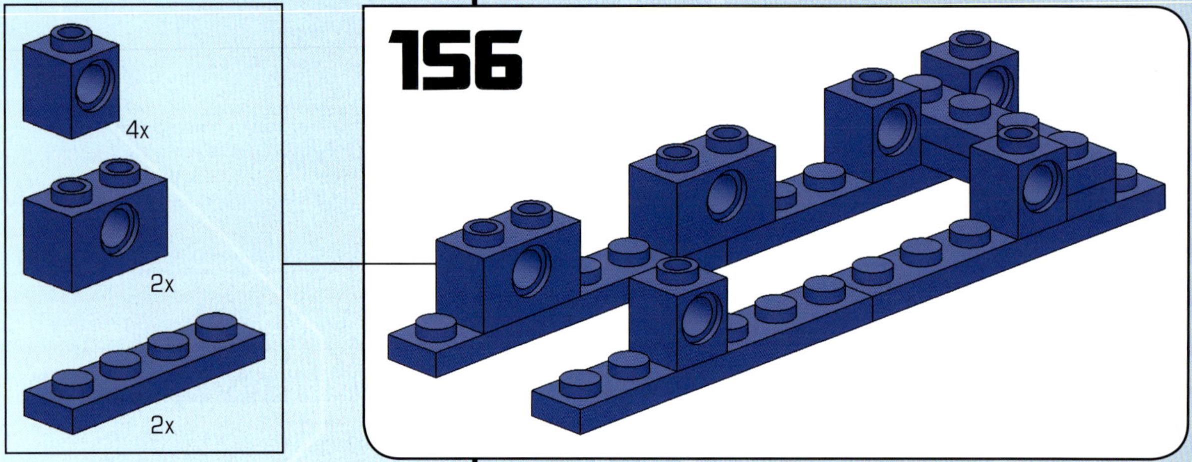

157

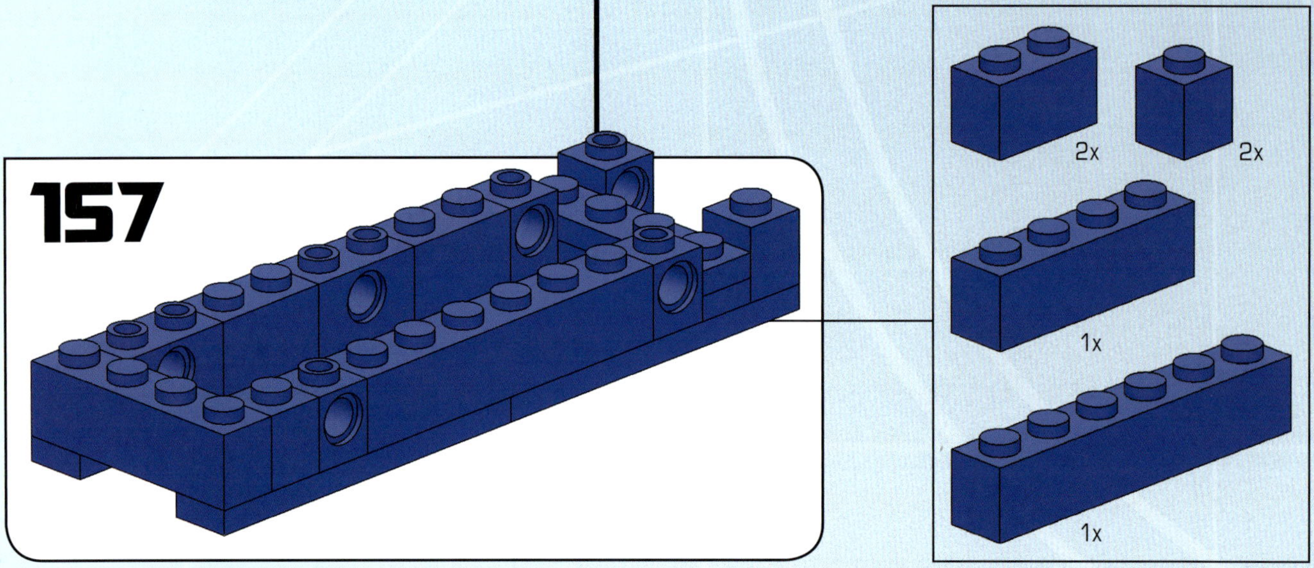

158

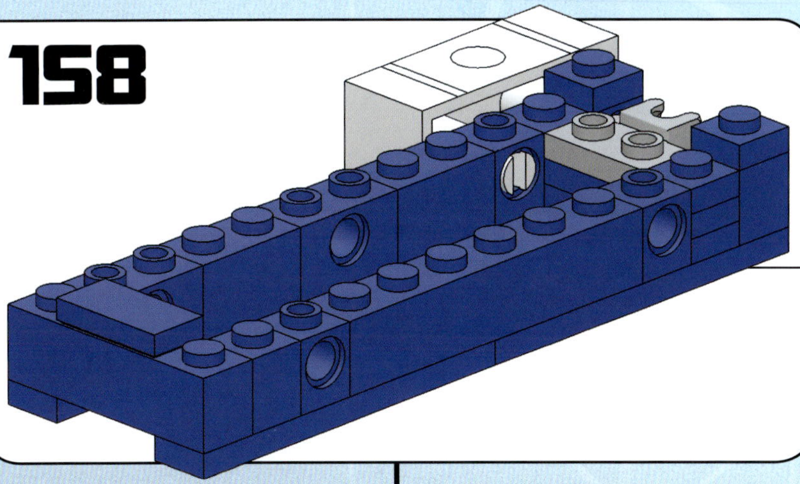

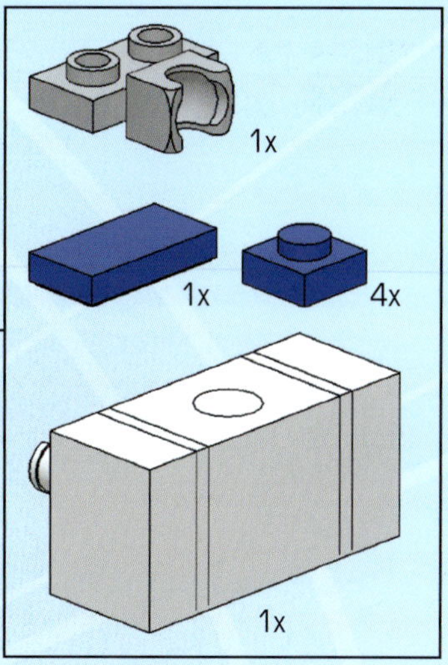

159

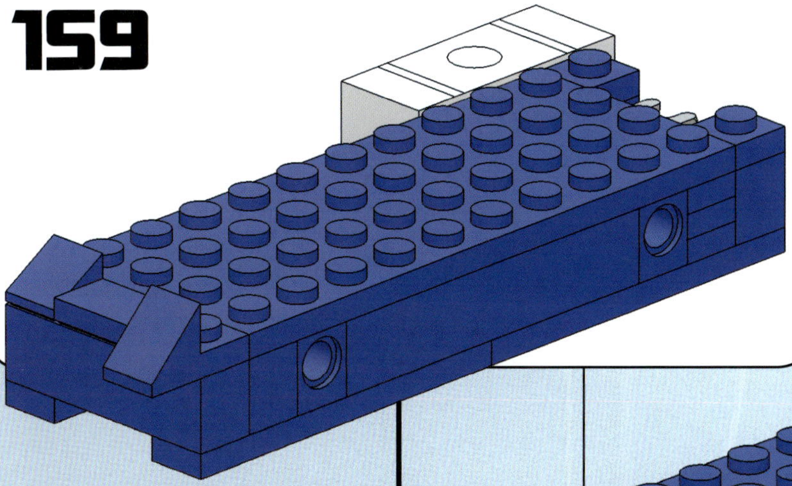

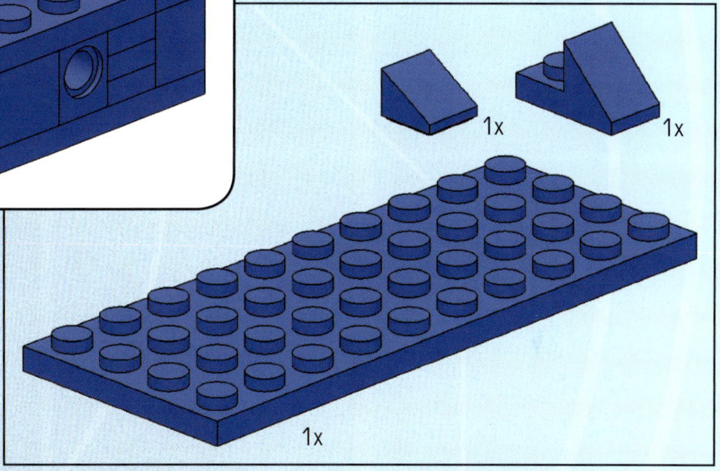

160

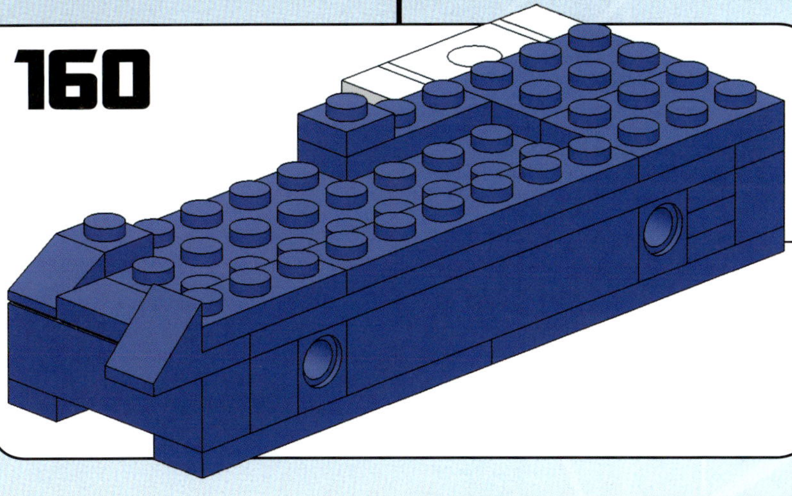

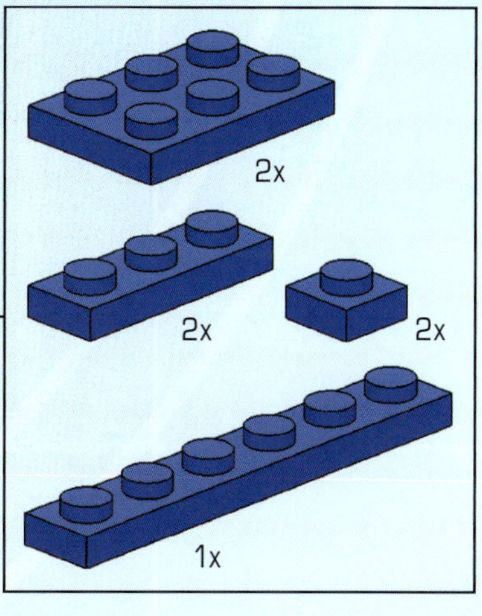

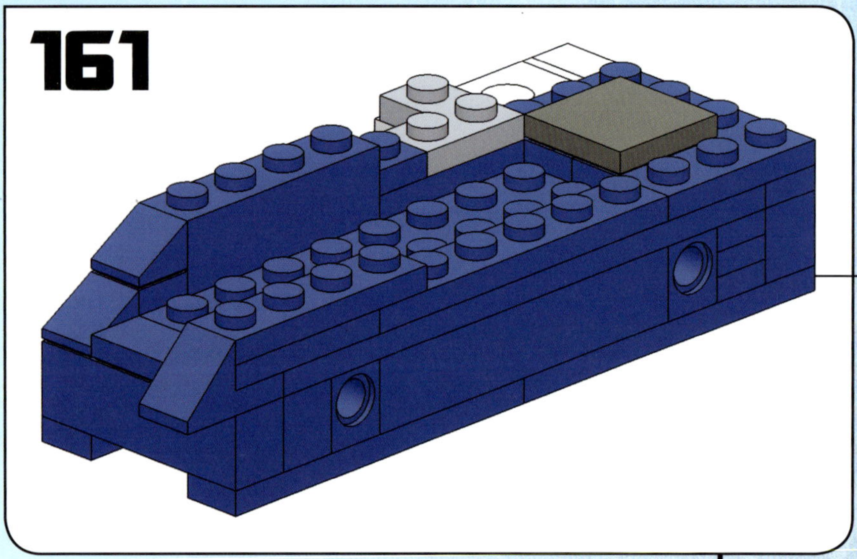
161

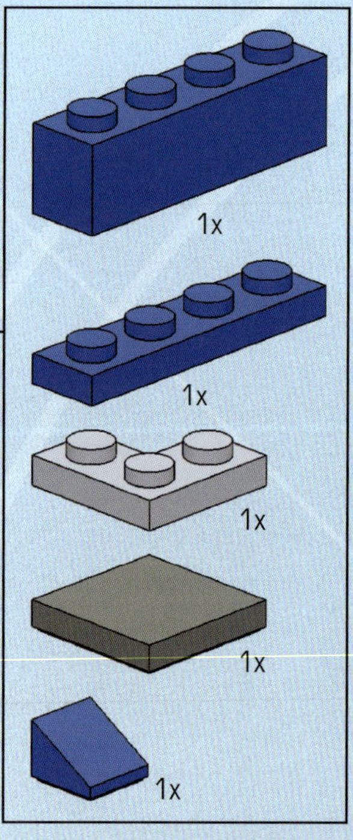
1x
1x
1x
1x
1x

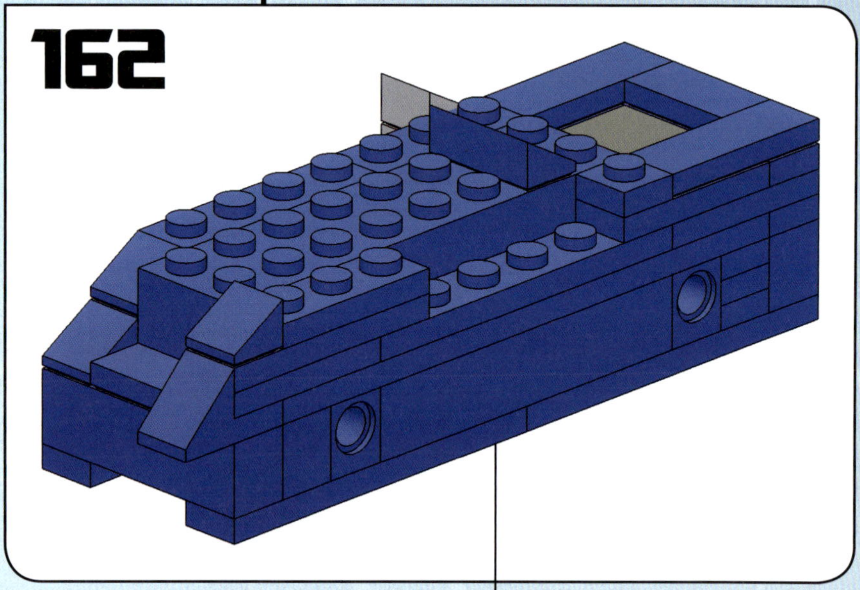
162

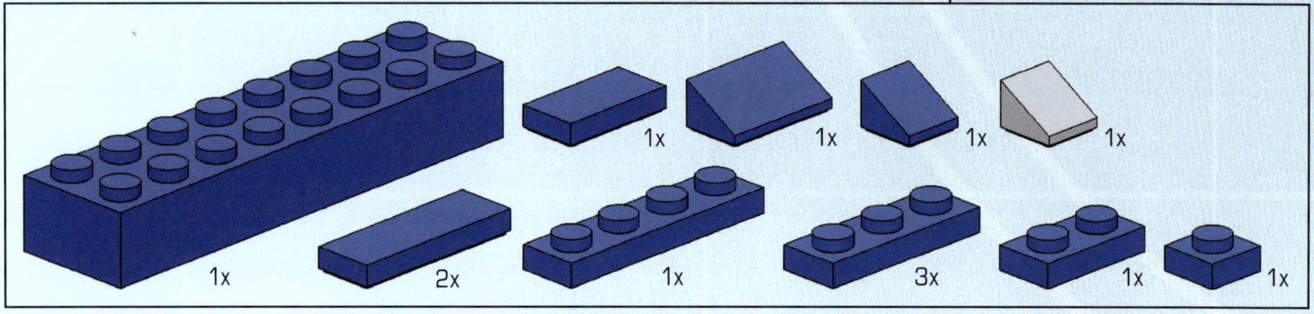
1x
1x
1x
1x
1x
2x
1x
3x
1x
1x

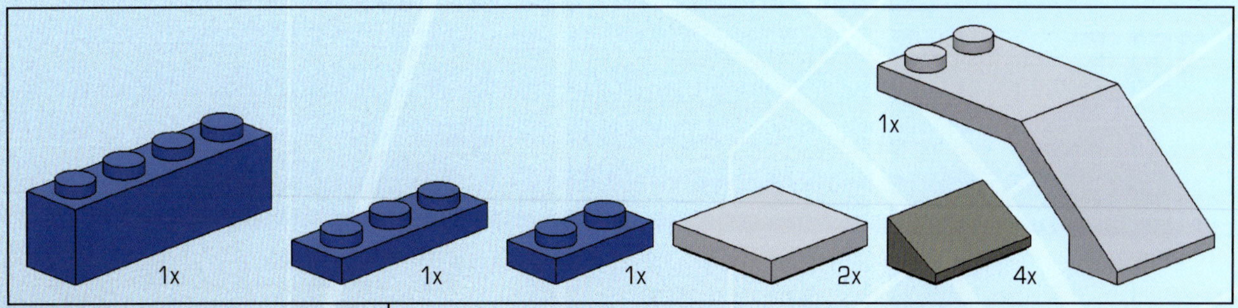

163

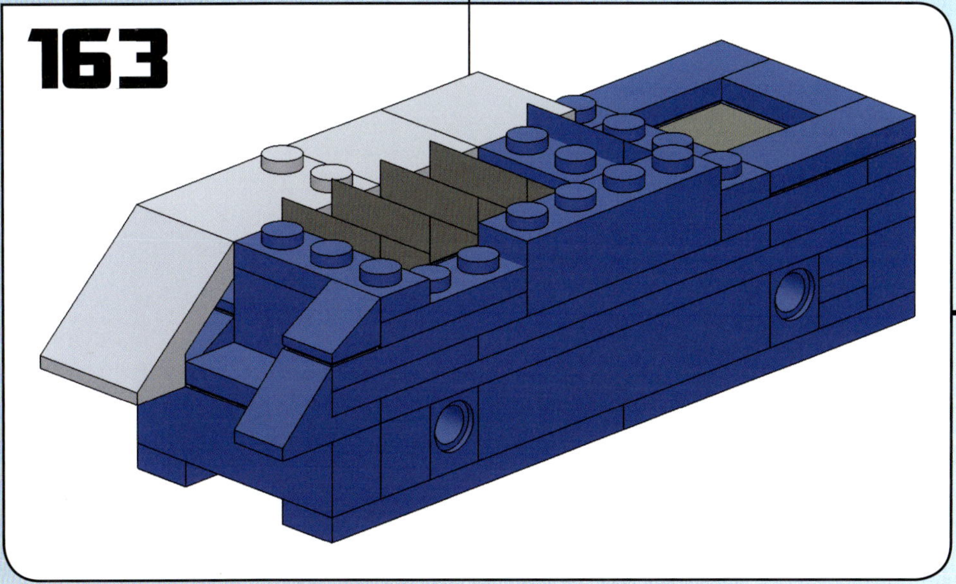

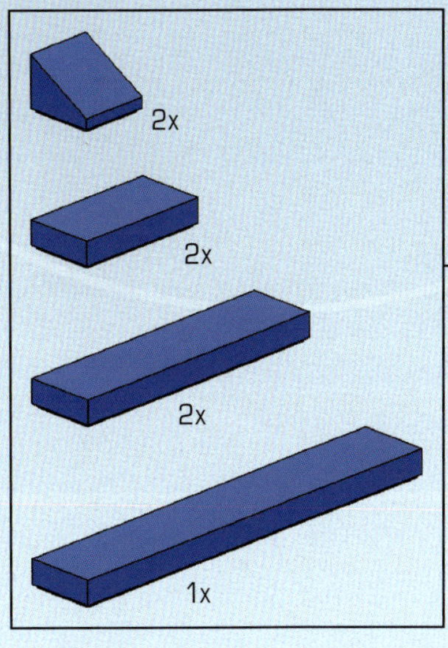

164

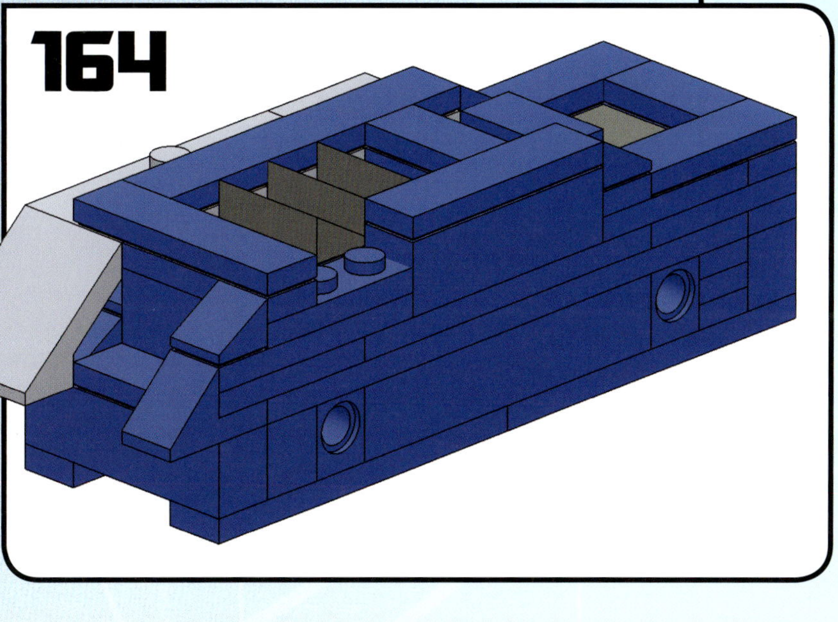

165

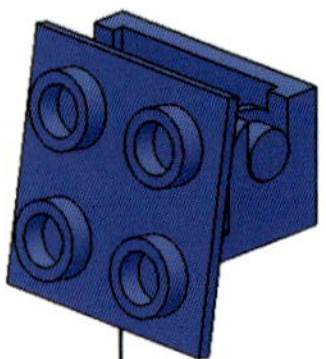

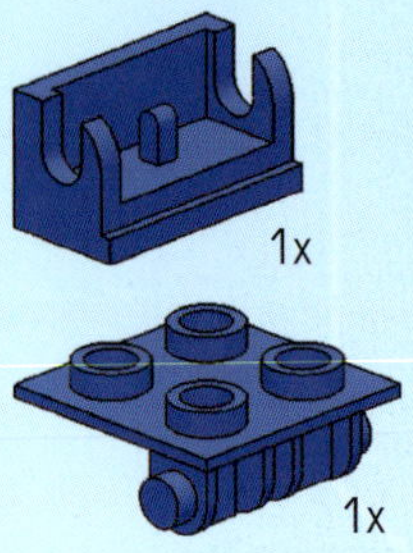

166

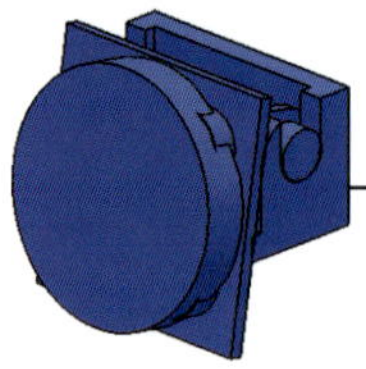

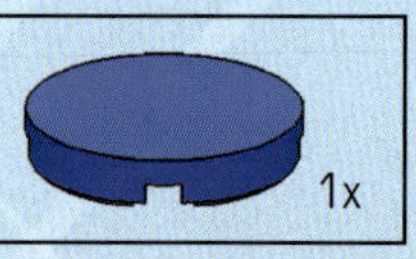

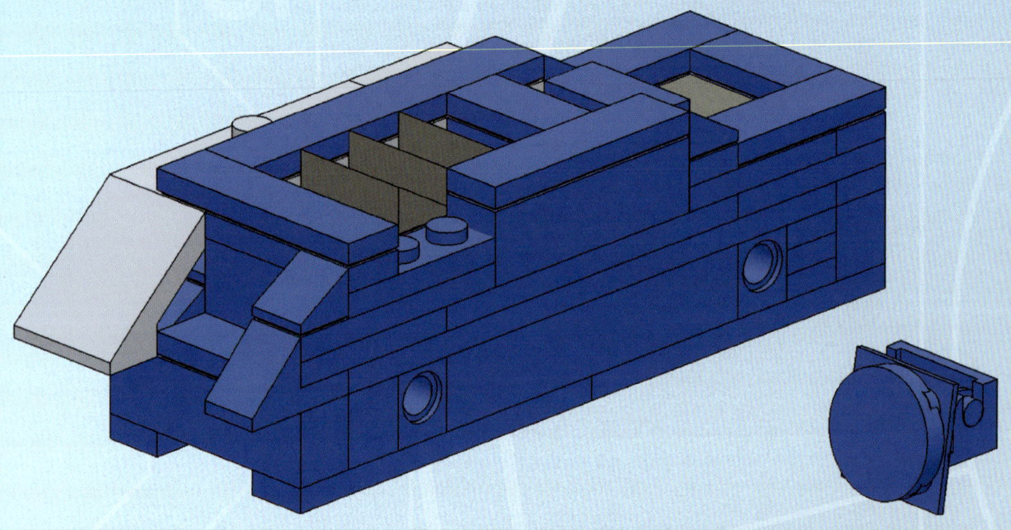

167

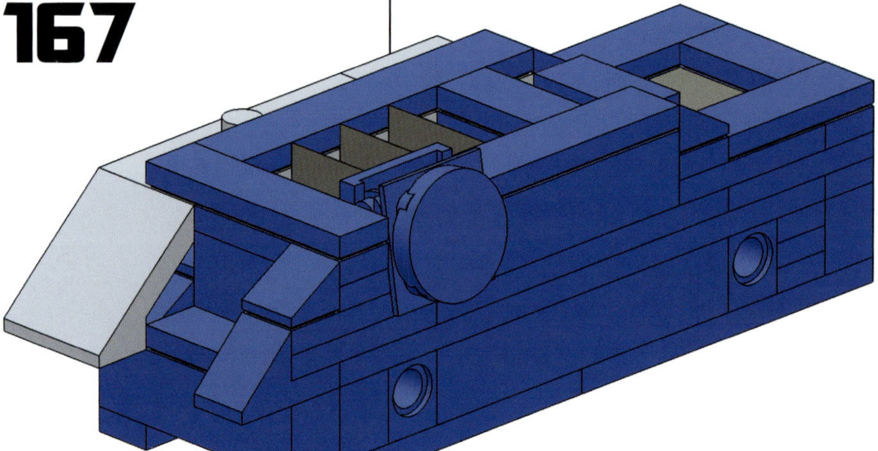

168

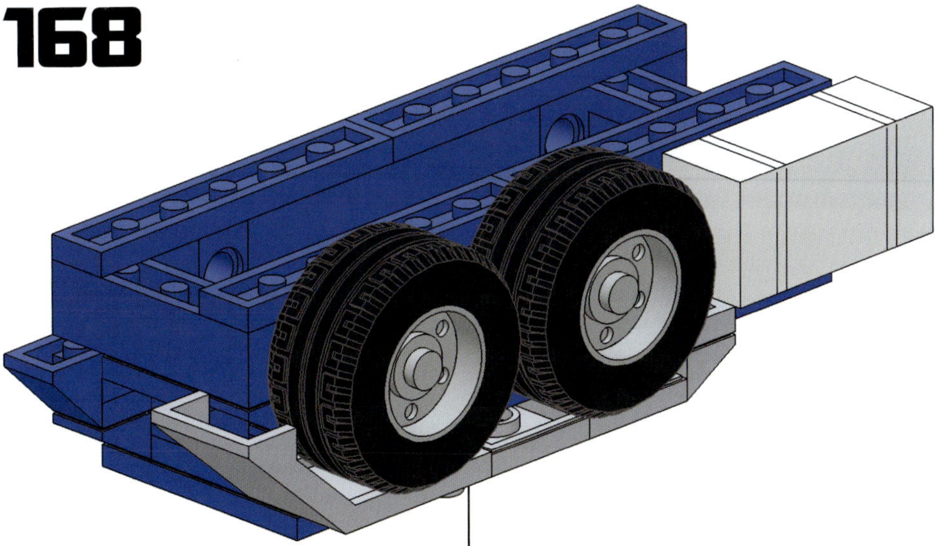

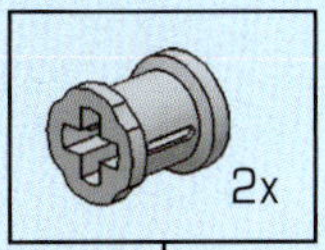

169

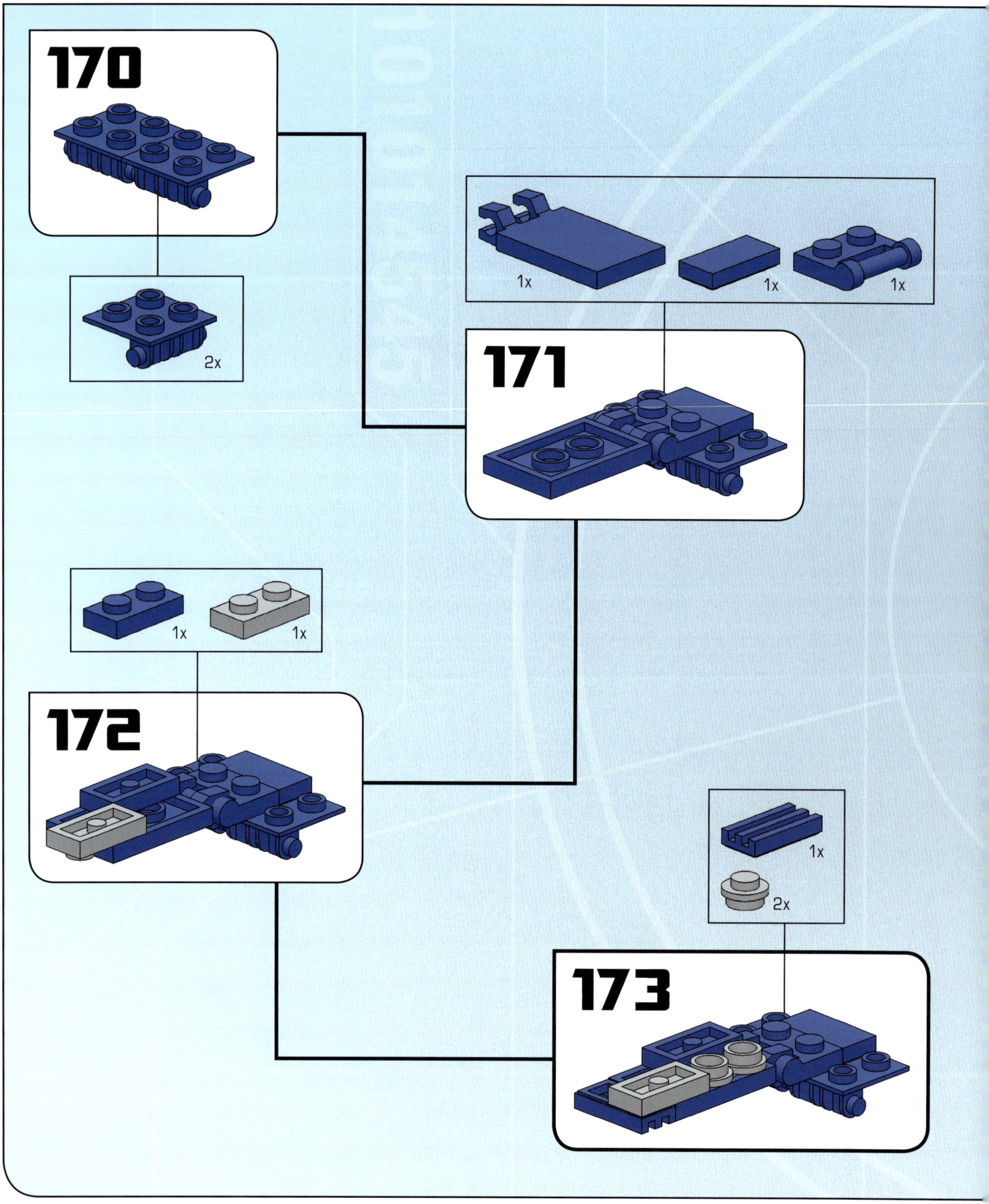
170
2x
1x
1x
1x
171
1x
1x
172
1x
2x
173

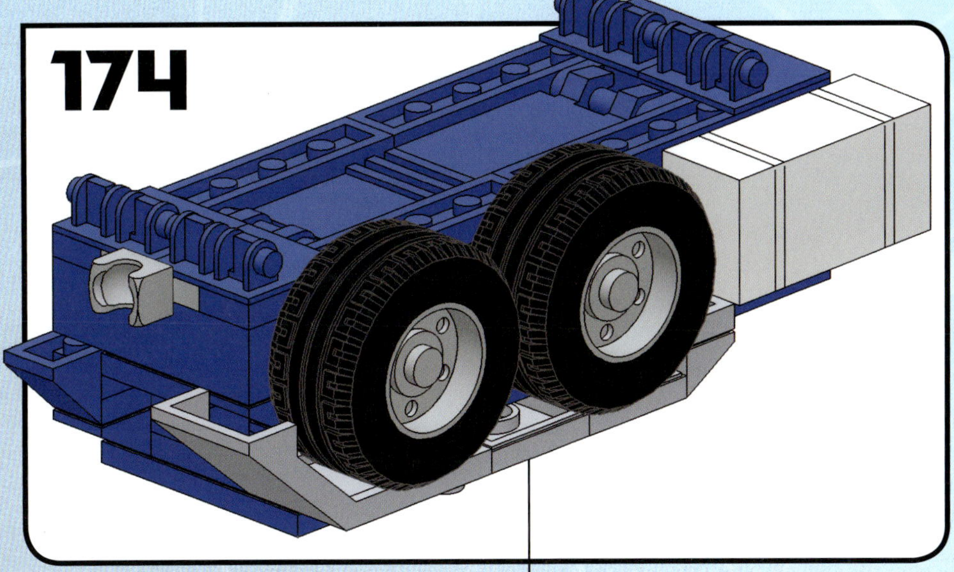
174

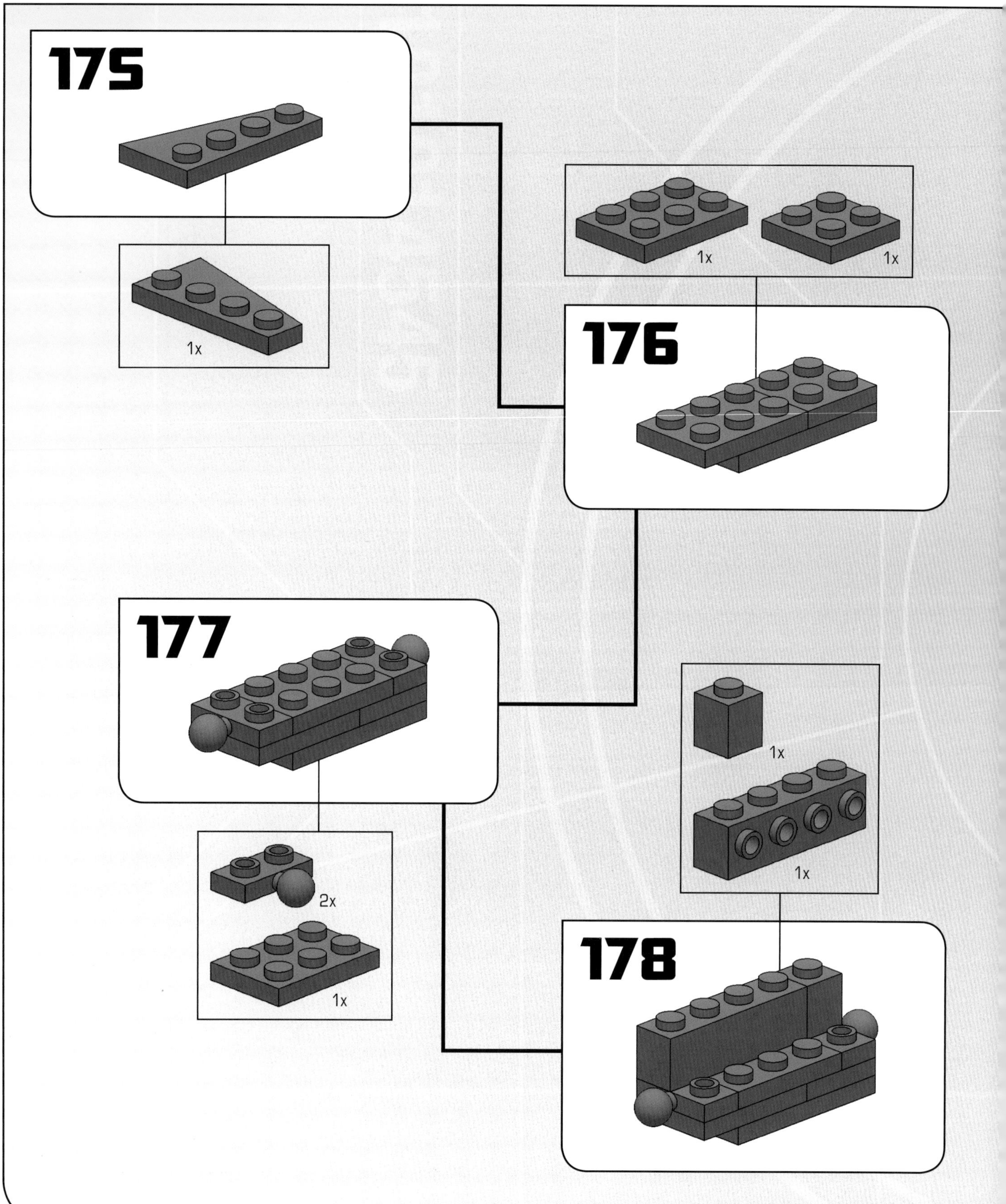
175
1x
1x
1x
176
177
2x
1x
1x
1x
178

179

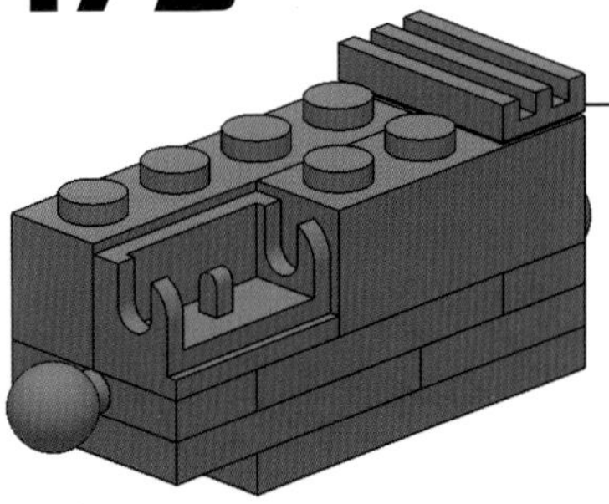

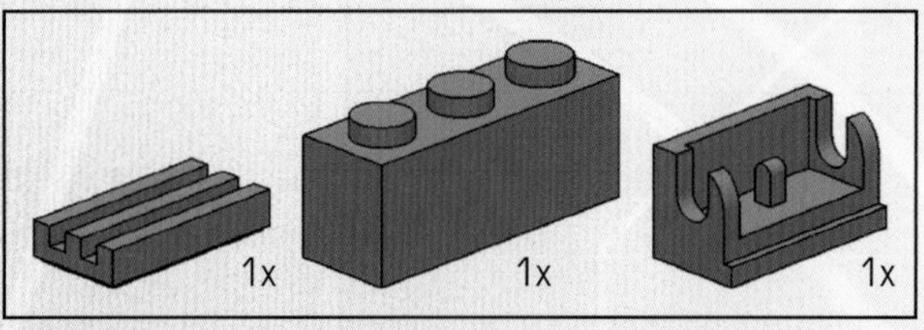

180

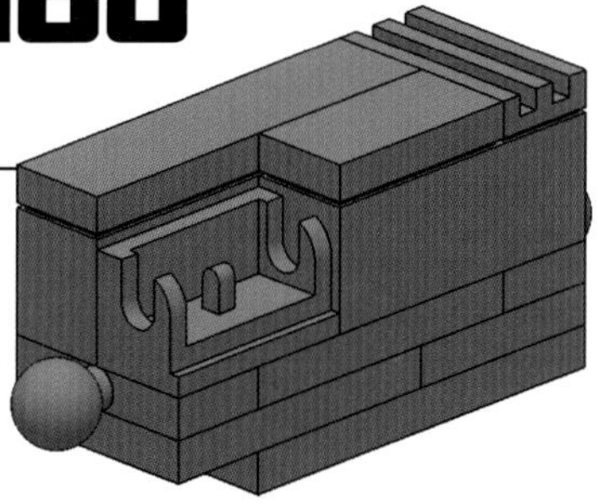

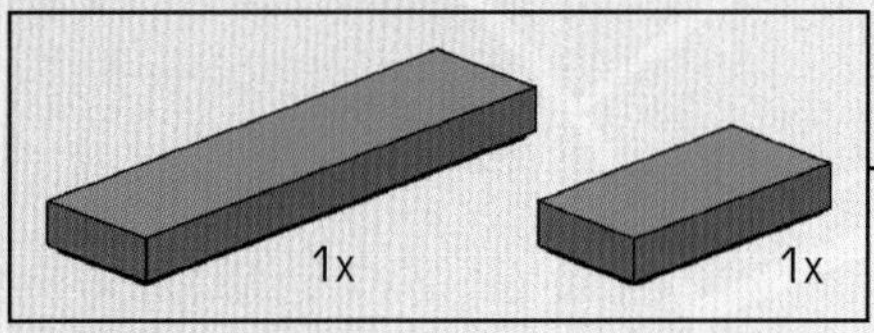

181

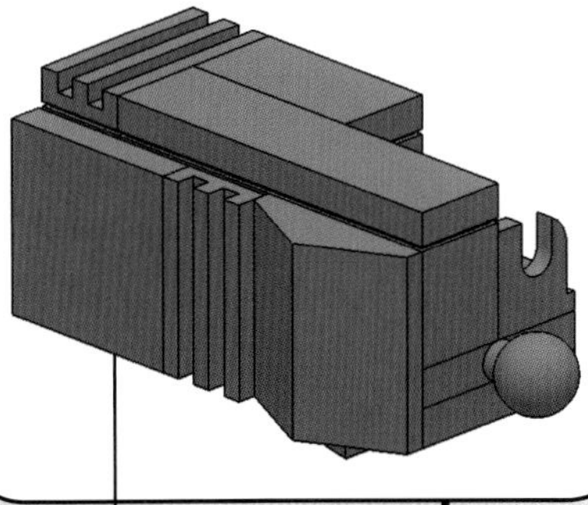

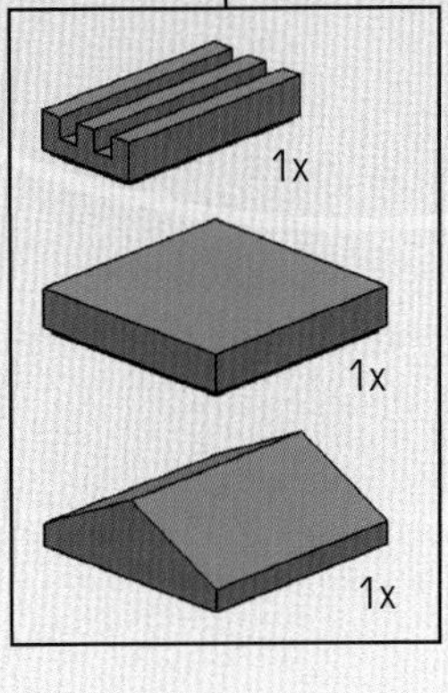

182

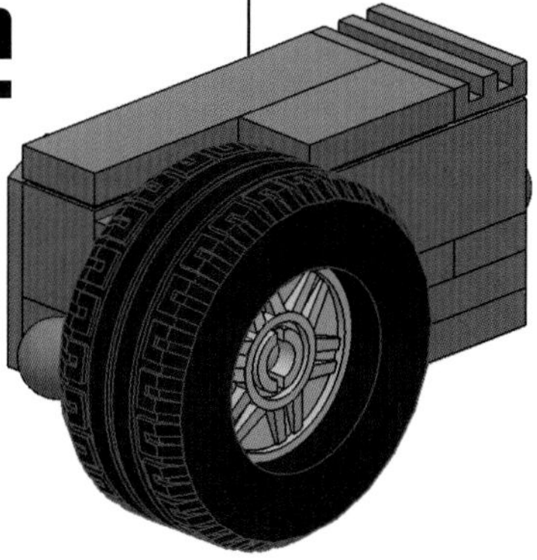

183

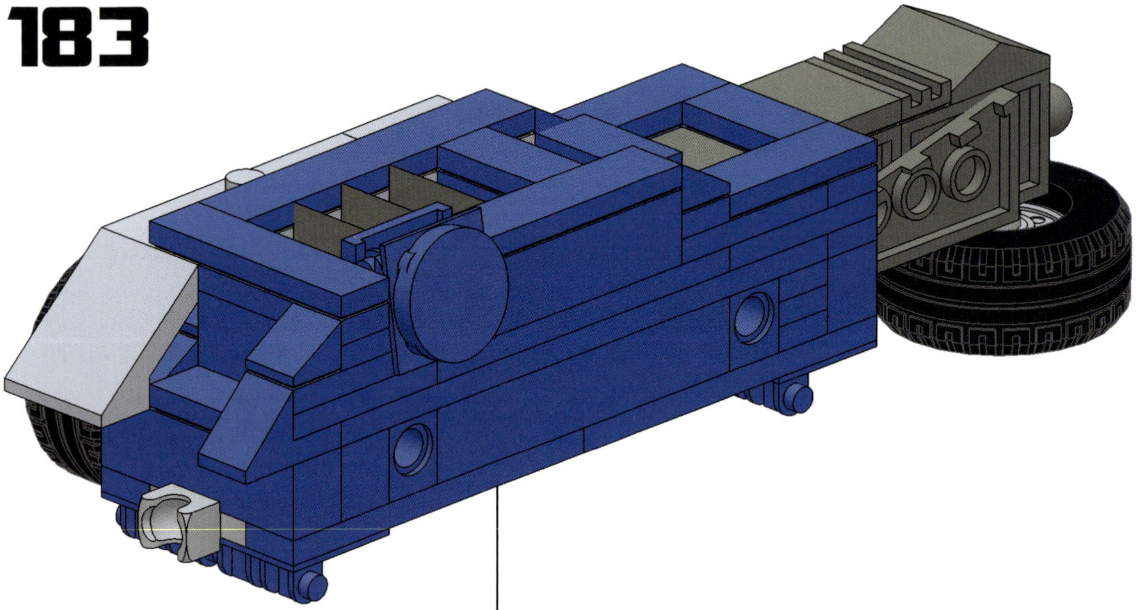

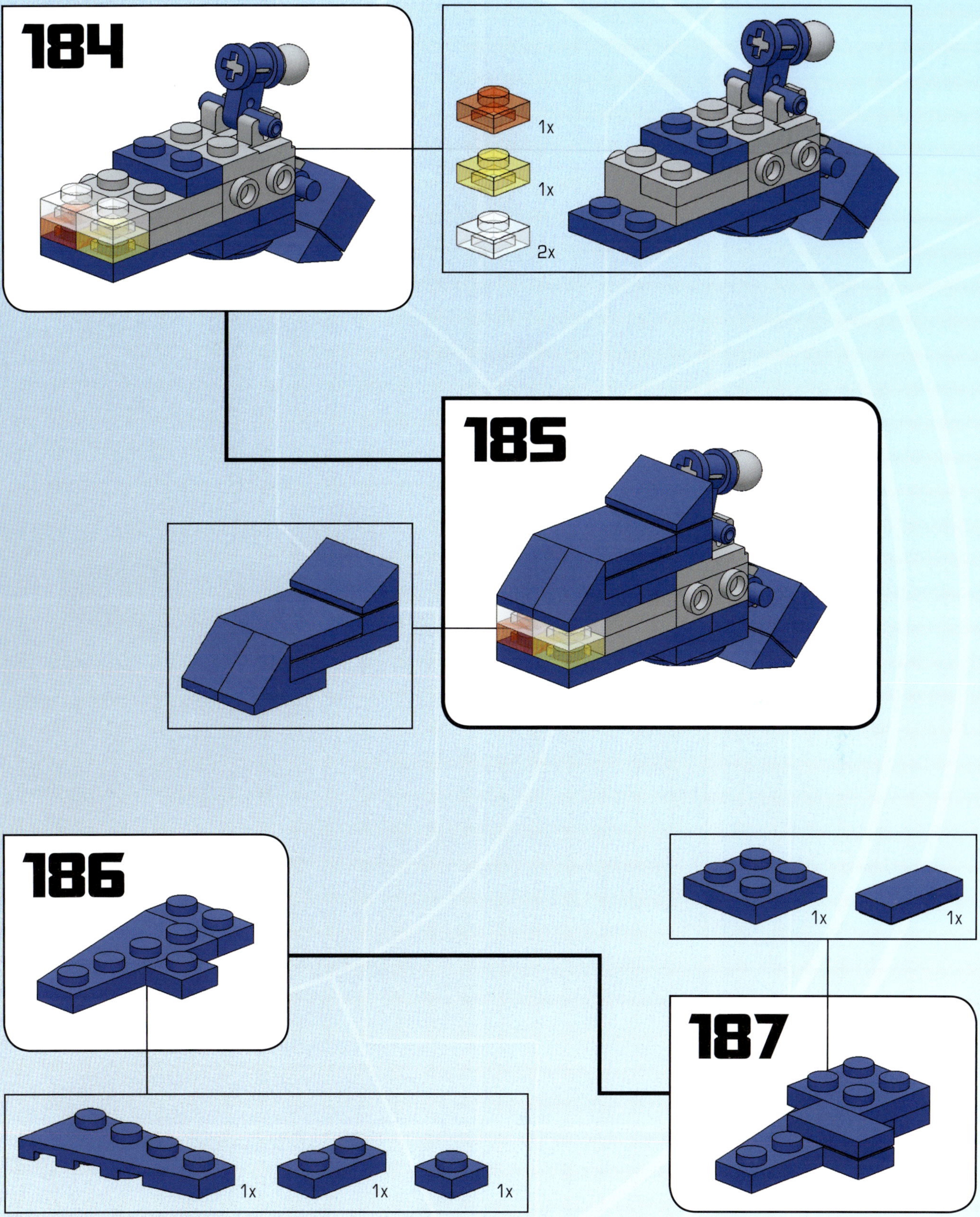
184
1x
1x
2x
185
186
1x
1x
1x
1x
1x
187

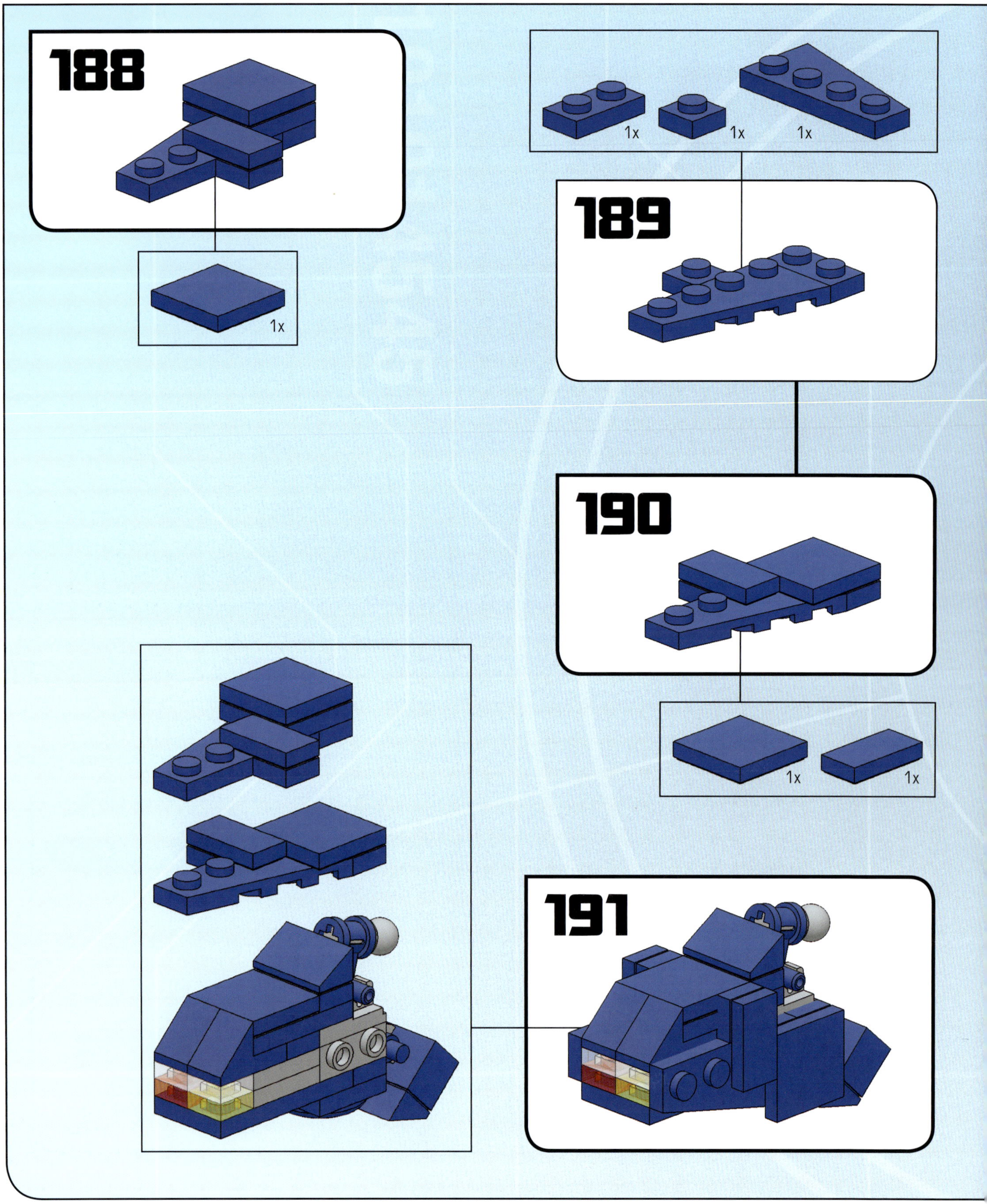
188
1x
1x
1x
1x
189
190
1x
1x
191

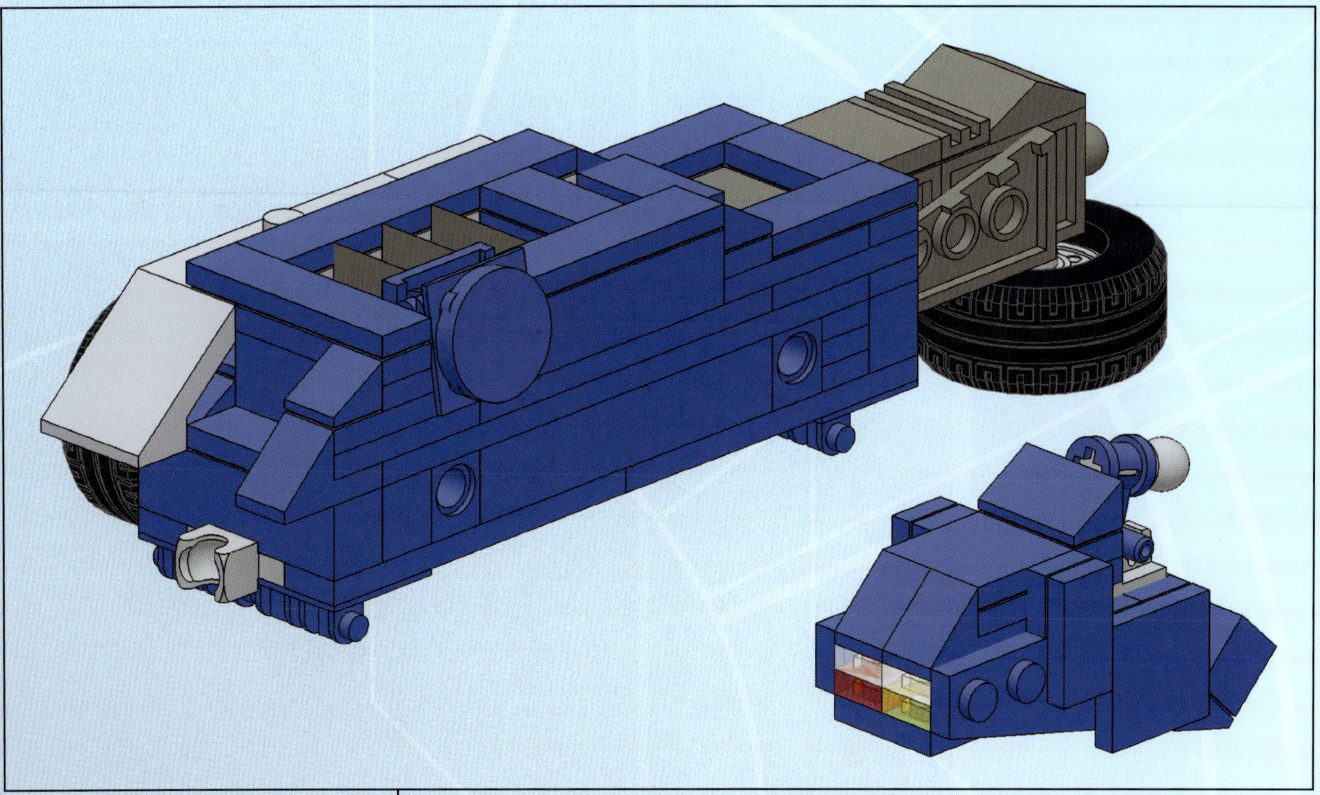

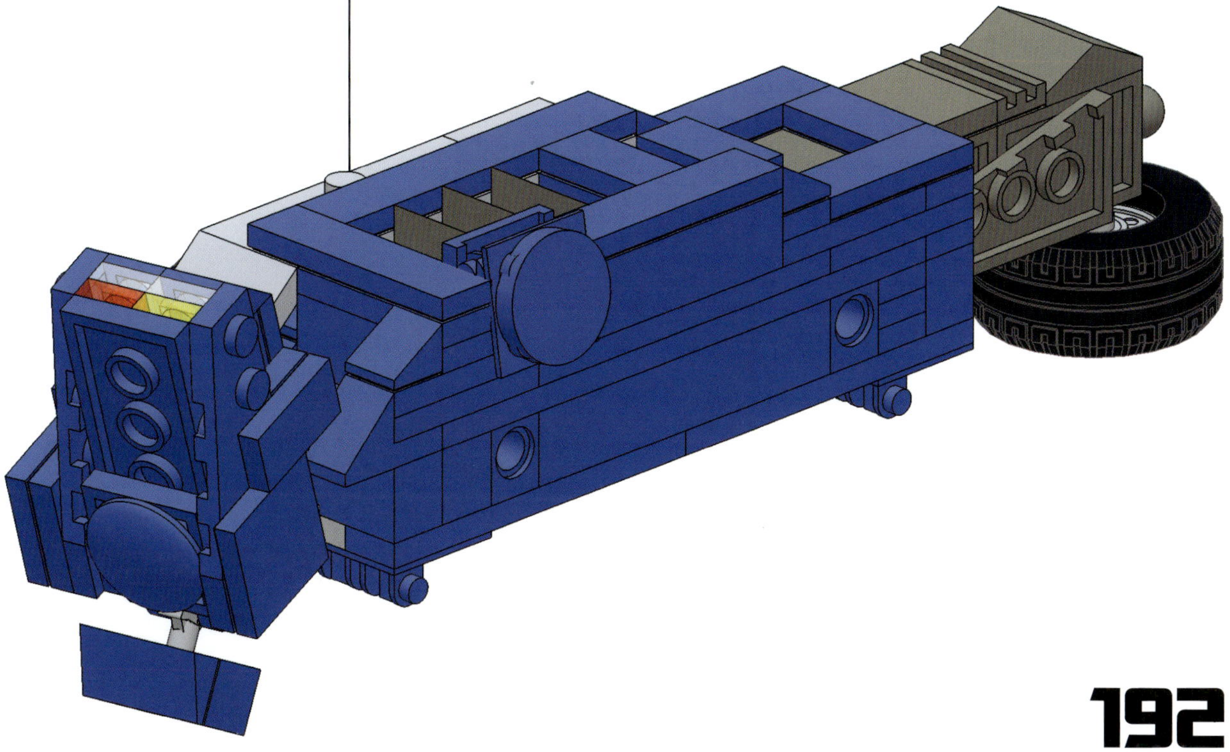

192

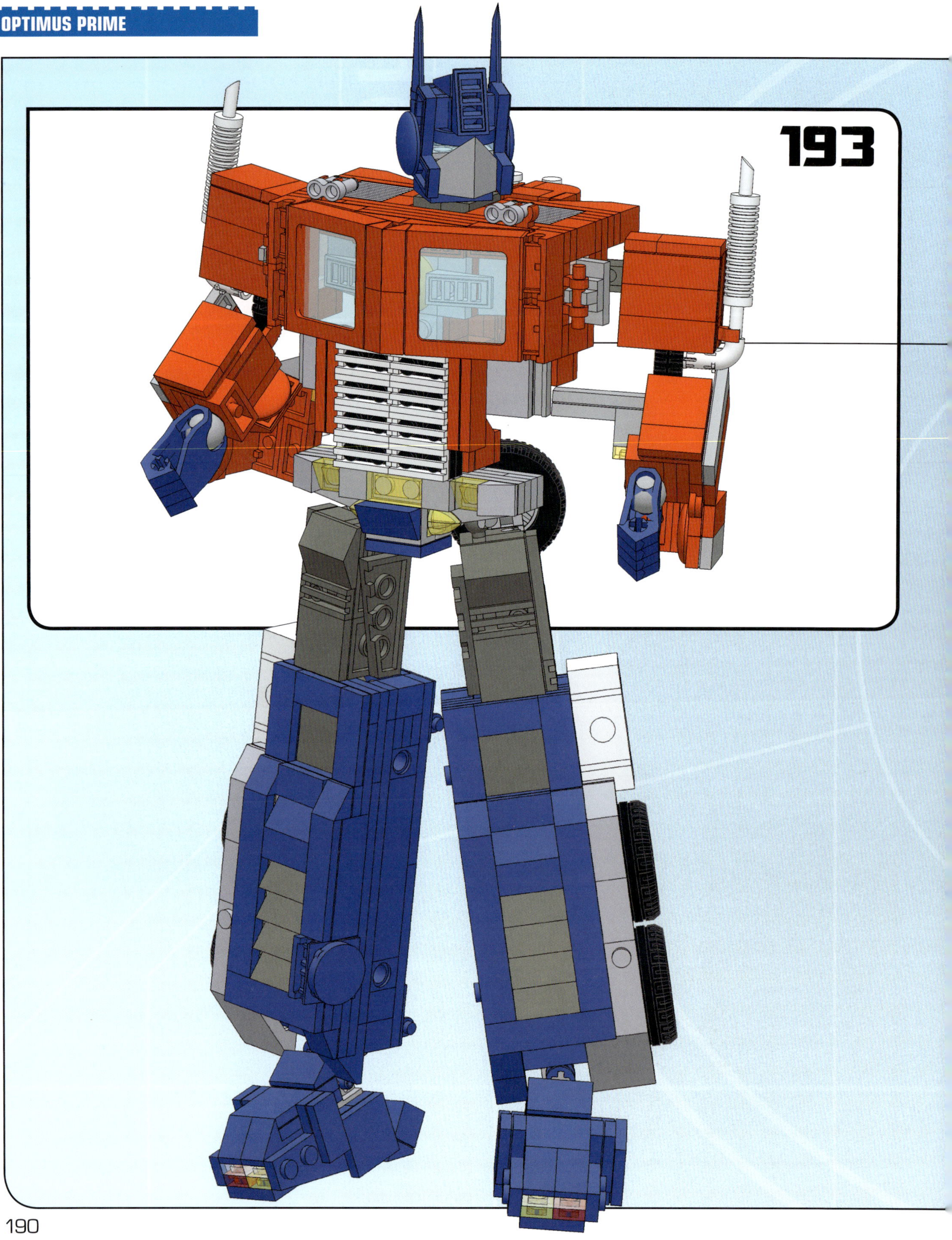
193

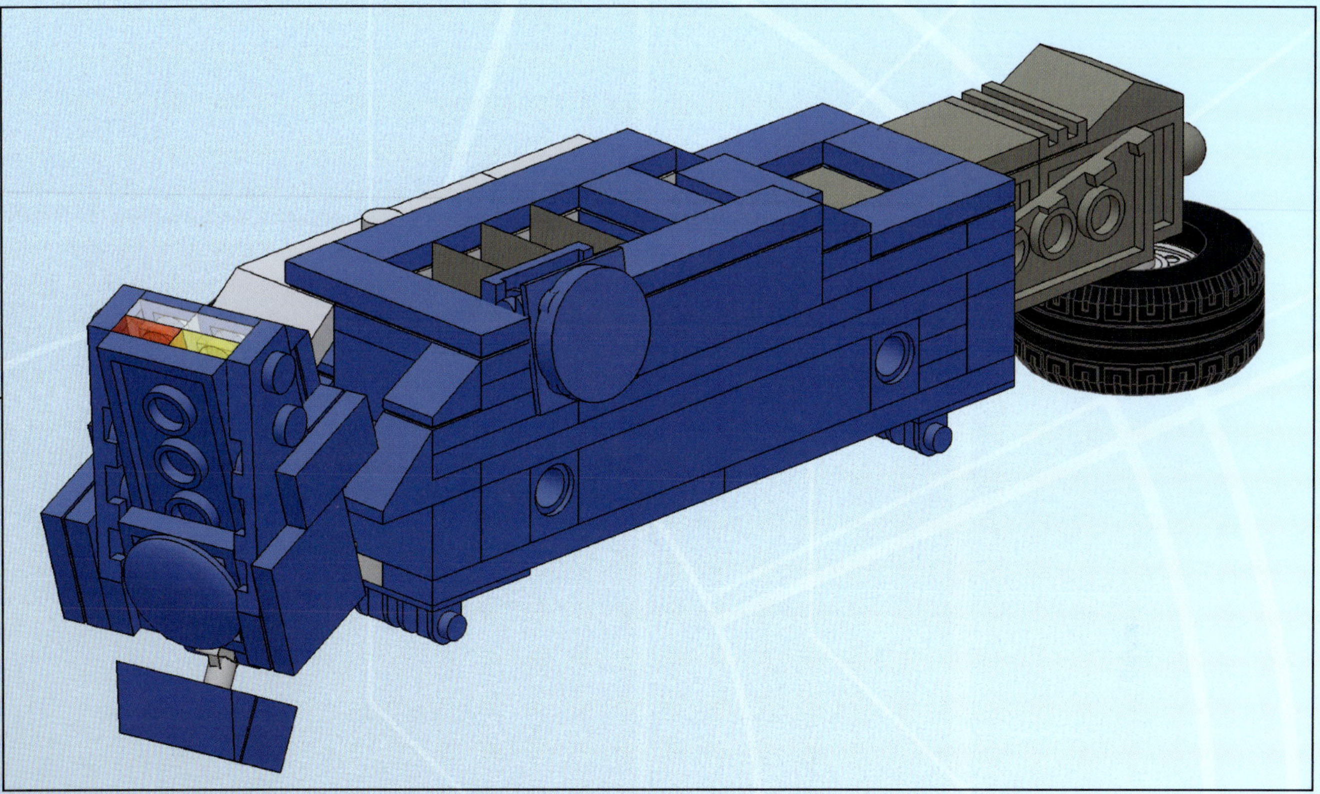

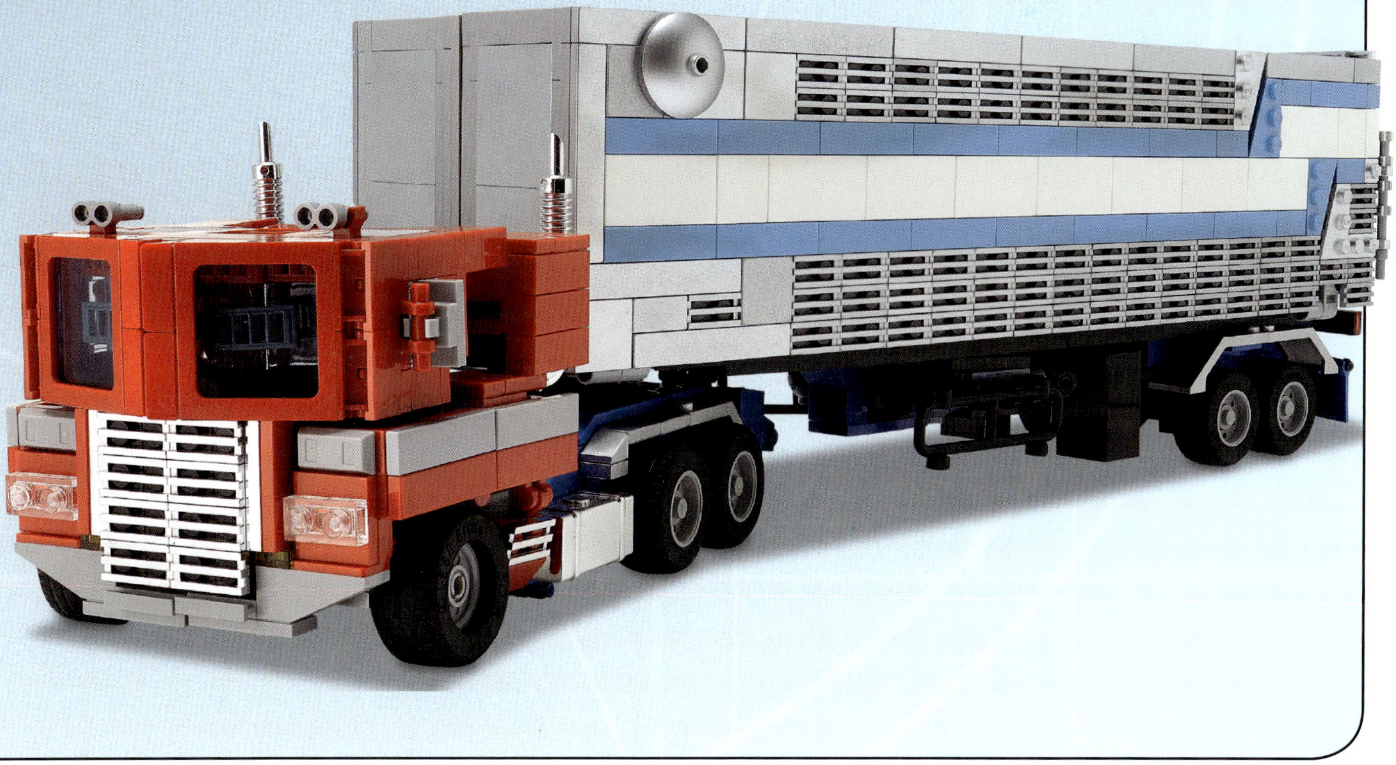

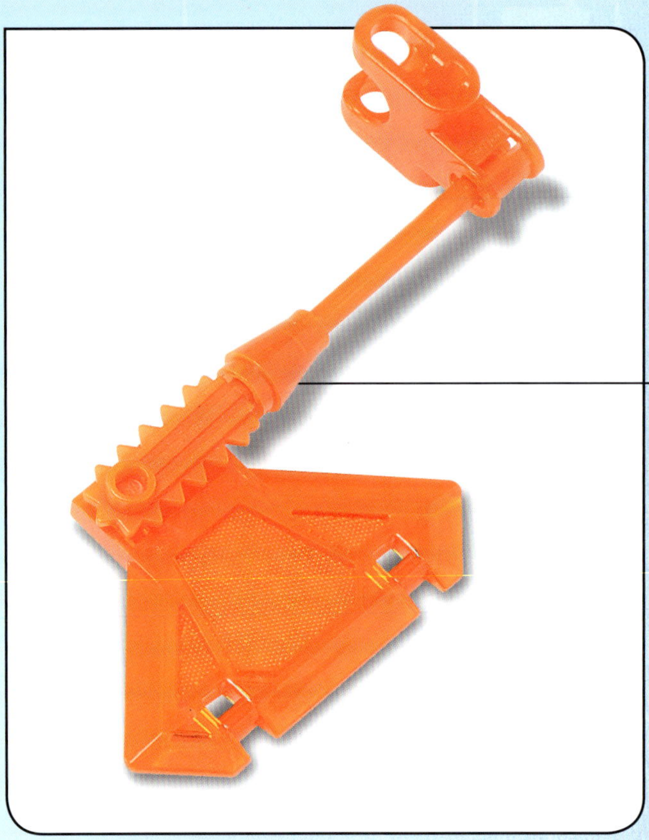

ENERGONAXT

Die aus gebündeltem Laser geformte Axt ist eine mächtige Nahkampfwaffe. Auf der Explosionsaufnahme seht ihr, aus welchen Bestandteilen sie zusammengesetzt ist.

LASERPISTOLE

Eine Miniversion der sonst etwas größeren Hauptwaffe haben wir hier für euch zerlegt, damit ihr sie bauen könnt. Sie passt durch die Technic-Axe-Verbindung sehr gut in die Hand des Anführers der Autobots.

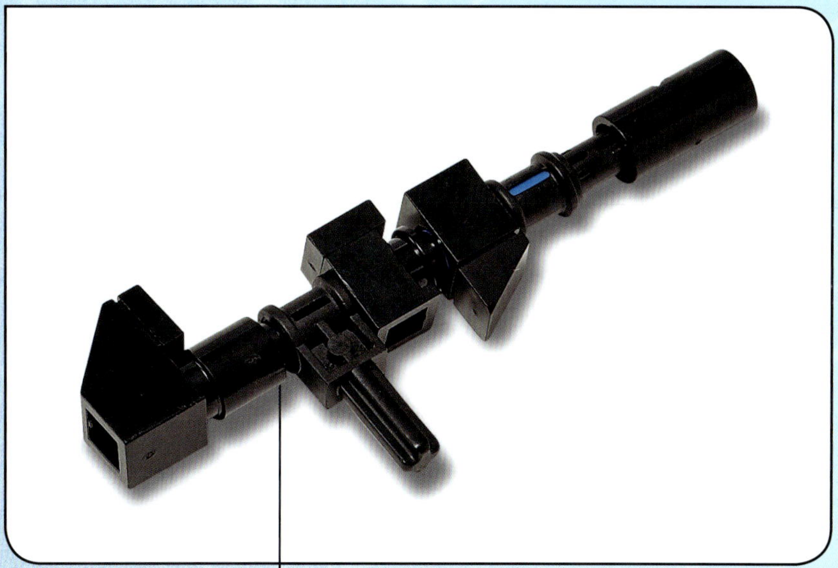

TEILELISTE

Menge	Farbe	Teilenummer	Name	LEGO® Teilenummer
4	Light Bluish Gray	55529	Bar 1.5L with Clip	
2	Blue	64727	Bar 0.5L with Blade 3L	4622295
2	Chrome Silver	71184	Bar 4.5L Straight	
2	Light Bluish Gray	99781	Bracket 1 x 2 - 1 x 2 Down	4654582
1	Light Bluish Gray	99780	Bracket 1 x 2 - 1 x 2 Up	6004990
4	Red	99780	Bracket 1 x 2 - 1 x 2 Up	6089698
1	Blue	44728	Bracket 1 x 2 - 2 x 2	4185711, 4505907, 6037412, 6117968
6	Red	44728	Bracket 1 x 2 - 2 x 2	4185525, 4277933, 6048856, 6117974
4	Red	99207	Bracket 1 x 2 - 2 x 2 Up	6001806
4	Blue	3005	Brick 1 x 1	300523
2	Dark Bluish Gray	3005	Brick 1 x 1	4211098
8	Red	3005	Brick 1 x 1	300521
2	Red	60476	Brick 1 x 1 with Clip Horizontal (Thick C-Clip)	4535766
2	Red	4070	Brick 1 x 1 with Headlight	407021
2	Blue	87087	Brick 1 x 1 with Stud on 1 Side	4583862
1	Blue	4733	Brick 1 x 1 with Studs on Four Sides	4296151
4	Blue	3004	Brick 1 x 2	300423, 4613959
2	Red	3004	Brick 1 x 2	300421, 4613961
4	Light Bluish Gray	2877	Brick 1 x 2 with Grille	4211383
2	Trans Clear	3065	Brick 1 x 2 without Centre Stud	306540
2	Dark Bluish Gray	3622	Brick 1 x 3	4211104
5	Blue	3010	Brick 1 x 4	301023
2	Dark Bluish Gray	30414	Brick 1 x 4 with Studs on Side	4210725
3	Blue	3009	Brick 1 x 6	300923
4	Red	6091	Brick 2 x 1 x 1 & 1/3 with Curved Top	609121, 6184782
1	Red	3002	Brick 2 x 3	300221
2	Red	6081	Brick 2 x 4 x 1 & 1/3 with Curved Top	4116617
2	Blue	3007	Brick 2 x 8	300723, 6037384
4	Blue	2654	Dish 2 x 2	4208686, 4278276
6	Red	2654	Dish 2 x 2	4248830, 4278275, 4617080
1	Metallic Gold	4740	Dish 2 x 2 Inverted	6078236
2	Chrome Silver	40620	Exhaust Pipe with Pin	
2	Blue	2335	Flag 2 x 2	4160793, 4523407, 6011816

Menge	Farbe	Teilenummer	Name	LEGO® Teilenummer
2	Chrome Silver	45408	Gas Tank 2 x 4 with Technic Pins	
2	Trans Light Blue	3855b	Glass for Window 1 x 4 x 3 without Handle	
2	Light Bluish Gray	96910	Gold Ingot	
1	Blue	3937	Hinge 1 x 2 Base	393723
2	Dark Bluish Gray	3937	Hinge 1 x 2 Base	4211066
5	Red	3937	Hinge 1 x 2 Base	393721
2	Light Bluish Gray	3938	Hinge 1 x 2 Top	4211470
4	Red	3938	Hinge 1 x 2 Top	393821
8	Blue	6134	Hinge 2 x 2 Top	4195007
1	Light Bluish Gray	6134	Hinge 2 x 2 Top	4211881
1	Red	6134	Hinge 2 x 2 Top	613421
2	Black	41532	Hinge Arm Locking with Single Finger and Friction Pin	4159335
2	Red	30365	Hinge Brick 1 x 2 Locking with Dual Finger On End	4173322
2	Red	2429	Hinge Plate 1 x 4 Base	
2	Red	2430	Hinge Plate 1 x 4 Top	
2	Light Bluish Gray	30162	Minifig Binoculars with Round Eyepiece	4550170
21	Blue	3024	Plate 1 x 1	302423
2	Metallic Silver	3024	Plate 1 x 1	4528732
16	Red	3024	Plate 1 x 1	302421
4	Trans Clear	3024	Plate 1 x 1	3000840
2	Trans Red	3024	Plate 1 x 1	3000841
4	Trans Yellow	3024	Plate 1 x 1	3000844
2	Blue	6141	Plate 1 x 1 Round	
8	Light Bluish Gray	6141	Plate 1 x 1 Round	
2	Red	61252	Plate 1 x 1 with Clip Horizontal (Thick C-Clip)	4524644
2	Red	60897	Plate 1 x 1 with Clip Vertical (Thick C-Clip)	
2	Trans Yellow	49668	Plate 1 x 1 with Tooth In-line	4612573
2	Black	3023	Plate 1 x 2	302326
15	Blue	3023	Plate 1 x 2	302323
11	Light Bluish Gray	3023	Plate 1 x 2	3023194, 4211398
13	Red	3023	Plate 1 x 2	302321
2	Trans Clear	3023	Plate 1 x 2	4167842, 622540
1	Trans Light Blue	3023	Plate 1 x 2	6051918

Menge		Farbe	Teilenummer	Name	LEGO® Teilenummer
6		Red	60470b	Plate 1 x 2 with 2 Clips Horizontal (Thick C-Clips)	4556153
7		Dark Bluish Gray	14417	Plate 1 x 2 with Ball Joint-8	6039479
4		Light Bluish Gray	32028	Plate 1 x 2 with Door Rail	4211568
4		Blue	2540	Plate 1 x 2 with Handle	254023, 4140586
2		Red	2540	Plate 1 x 2 with Handle	254021, 4140585
2		Light Bluish Gray	60478	Plate 1 x 2 with Handle on End	4515369
6		Red	60478	Plate 1 x 2 with Handle on End	4515365
2		Blue	48336	Plate 1 x 2 with Handle Type 2	4247103, 4514398
2		Red	48336	Plate 1 x 2 with Handle Type 2	4226876
2		Dark Bluish Gray	11458	Plate 1 x 2 with Offset Peghole	6019987
4		Light Bluish Gray	92280	Plate 1 x 2 with Single Clip on Top	4598526
2		Dark Bluish Gray	14419	Plate 1 x 2 with Socket Joint-8 with Friction and Ball Joint-8	6039482
9		Light Bluish Gray	14704	Plate 1 x 2 with Socket Joint-8 with Friction Centre	6043656
1		Blue	3794	Plate 1 x 2 without Groove with 1 Centre Stud	379423
4		Light Bluish Gray	3794	Plate 1 x 2 without Groove with 1 Centre Stud	4211451
10		Blue	3623	Plate 1 x 3	362323
2		Light Bluish Gray	3623	Plate 1 x 3	3623194, 4211429
10		Red	3623	Plate 1 x 3	362321
7		Blue	3710	Plate 1 x 4	371023
1		Light Bluish Gray	3710	Plate 1 x 4	4211445
5		Red	3710	Plate 1 x 4	371021
1		Red	92593	Plate 1 x 4 with Two Studs	4631877
9		Blue	3666	Plate 1 x 6	366623
1		Red	3666	Plate 1 x 6	366621
1		Blue	3460	Plate 1 x 8	346023
1		Red	4477	Plate 1 x 10	447721
4		Blue	3022	Plate 2 x 2	302223, 4613973
2		Dark Bluish Gray	3022	Plate 2 x 2	4211094
1		Light Bluish Gray	3022	Plate 2 x 2	4211397
2		Light Bluish Gray	2420	Plate 2 x 2 Corner	4211353
4		Metallic Silver	2420	Plate 2 x 2 Corner	4528731
4		Red	2420	Plate 2 x 2 Corner	242021
1		Light Bluish Gray	87580	Plate 2 x 2 with Groove with 1 Center Stud	4565393, 6126082

Menge		Farbe	Teilenummer	Name	LEGO® Teilenummer
2		Red	87580	Plate 2 x 2 with Groove with 1 Center Stud	4581308, 6126048
2		Black	99206	Plate 2 x 2 x 0.667 with Two Studs On Side and Two Raised	6052126
4		Light Bluish Gray	99206	Plate 2 x 2 x 0.667 with Two Studs On Side and Two Raised	4654577
6		Blue	3021	Plate 2 x 3	302123
4		Dark Bluish Gray	3021	Plate 2 x 3	4211043
4		Red	3021	Plate 2 x 3	302121
2		Black	3020	Plate 2 x 4	302026
2		Blue	3020	Plate 2 x 4	302023
1		Red	3020	Plate 2 x 4	302021
1		Blue	3176	Plate 3 x 2 with Hole	317623
2		Blue	3030	Plate 4 x 10	303023
2		Blue	61409	Slope Brick 18 2 x 1 x 2/3 Grille	4597338
2		Light Bluish Gray	61409	Slope Brick 18 2 x 1 x 2/3 Grille	6092111
4		Red	61409	Slope Brick 18 2 x 1 x 2/3 Grille	4535102, 4540382
10		Blue	54200	Slope Brick 31 1 x 1 x 2/3	4296154, 4504380
4		Metallic Silver	54200	Slope Brick 31 1 x 1 x 2/3	4528609, 6092109
2		Trans Yellow	54200	Slope Brick 31 1 x 1 x 2/3	4244367, 4260942
7		Blue	85984	Slope Brick 31 1 x 2 x 2/3	4651236
8		Dark Bluish Gray	85984	Slope Brick 31 1 x 2 x 2/3	4567887
6		Red	85984	Slope Brick 31 1 x 2 x 2/3	4651524
2		Dark Bluish Gray	3300	Slope Brick 33 2 x 2 Double	4212312, 4523365
2		Light Bluish Gray	4286	Slope Brick 33 3 x 1	4211488
2		Red	4287	Slope Brick 33 3 x 1 Inverted	428721
2		Light Bluish Gray	3298	Slope Brick 33 3 x 2	4211421
1		Light Bluish Gray	3049c	Slope Brick 45 1 x 2 Double / Inverted without Centre Stud	4653091
2		Red	3665	Slope Brick 45 2 x 1 Inverted with Inner Stopper Ring	366521
2		Blue	11477	Slope Brick Curved 2 x 1	6055065
6		Blue	92946	Slope Plate 45 2 x 1	4620297, 6069163
4		Dark Tan	6587	Technic Axle 3 with Stud	4566927, 6031821
2		Blue	43093	Technic Axle Pin with Friction	4206482, 4309323
2		Light Bluish Gray	2736	Technic Axle Towball	4211375
2		Light Bluish Gray	32474	Technic Ball Joint with Axlehole Blind	4290716, 4585707, 6070731

Menge	Farbe	Teilenummer	Name	LEGO® Teilenummer
8	Blue	6541	Technic Brick 1 x 1 with Hole	4119014
4	Red	6541	Technic Brick 1 x 1 with Hole	654121
2	Blue	32064b	Technic Brick 1 x 2 with Axlehole Type 2	4233490
4	Blue	3700	Technic Brick 1 x 2 with Hole	370023
2	Red	3700	Technic Brick 1 x 2 with Hole	370021
4	Light Bluish Gray	3713	Technic Bush with Two Flanges	4211622
2	Light Bluish Gray	4274	Technic Pin 1/2	4211483, 4274194
2	Black	2780	Technic Pin with Friction and Slots	278026, 4121715
2	Blue	99021	Technic Pneumatic Hose Connector with Bush	4648927
1	Trans Light Blue	98138	Tile 1 x 1 Round with Groove	6022171
2	Light Bluish Gray	2555	Tile 1 x 1 with Clip	2555194, 4211369, 6030711
2	Blue	93794	Tile 1 x 1 with Clip with Centre Notch	
2	Light Bluish Gray	3070b	Tile 1 x 1 with Groove	4211415
4	Red	3070b	Tile 1 x 1 with Groove	307021
3	Blue	2412b	Tile 1 x 2 Grille with Groove	241223
10	Chrome Silver	2412b	Tile 1 x 2 Grille with Groove	4116794
4	Dark Bluish Gray	2412b	Tile 1 x 2 Grille with Groove	4210631
18	Blue	3069b	Tile 1 x 2 with Groove	306923
2	Dark Bluish Gray	3069b	Tile 1 x 2 with Groove	4211052
9	Red	3069b	Tile 1 x 2 with Groove	306921
1	Trans Yellow	3069b	Tile 1 x 2 with Groove	3007044, 306944, 4194535
4	Blue	63864	Tile 1 x 3 with Groove	4587840
2	Light Bluish Gray	63864	Tile 1 x 3 with Groove	4558169
10	Red	63864	Tile 1 x 3 with Groove	4533742
3	Blue	2431	Tile 1 x 4 with Groove	243123
2	Dark Bluish Gray	2431	Tile 1 x 4 with Groove	4211053
4	Light Bluish Gray	2431	Tile 1 x 4 with Groove	2431194, 4211356
4	Red	2431	Tile 1 x 4 with Groove	243121
3	Blue	6636	Tile 1 x 6	4118785
1	Blue	4150	Tile 2 x 2 Round with Cross Underside Stud	415023, 4239001
7	Blue	3068b	Tile 2 x 2 with Groove	306823
4	Dark Bluish Gray	3068b	Tile 2 x 2 with Groove	4211055
6	Metallic Silver	3068b	Tile 2 x 2 with Groove	4528741
4	Red	3068b	Tile 2 x 2 with Groove	306821

Menge		Farbe	Teilenummer	Name	LEGO® Teilenummer
2		Blue	30350	Tile 2 x 3 with Horizontal Clips	
2		Red	6556	Train Window 1 x 4 x 3 with Shutter Holes	4513548, 4598324
1		Blue	3680	Turntable 2 x 2 Plate Base	368023
1		Light Bluish Gray	3679	Turntable 2 x 2 Plate Top	4211439, 4495467, 4540203
6		Black	58090	Tyre 14/ 54 x 15 VR	4500518, 4550937
2		Light Bluish Gray	56902	Wheel Rim 8 x 18 with Deep Centre Groove and Peghole	4499259
4		Light Bluish Gray	55982	Wheel Rim 14 x 18 with Axlehole	4490127
2		Metallic Silver	6070	Windscreen 5 x 2 x 1.667	4550286
2		Blue	41770	Wing 2 x 4 Left	4161330
1		Dark Bluish Gray	41770	Wing 2 x 4 Left	4210788
1		Light Bluish Gray	41770	Wing 2 x 4 Left	4211735
2		Blue	41769	Wing 2 x 4 Right	4160867
1		Dark Bluish Gray	41769	Wing 2 x 4 Right	4210782
1		Light Bluish Gray	41769	Wing 2 x 4 Right	4211732
2		Blue	93575	Hero Factory Fist with Axle Hole	4610919

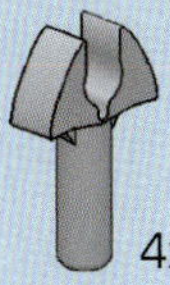
4x

2x

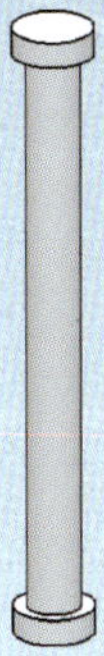
2x

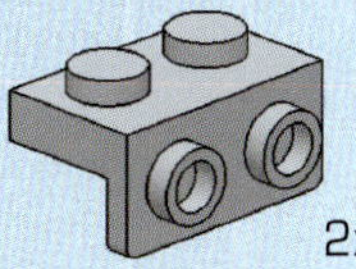
2x

1x

4x

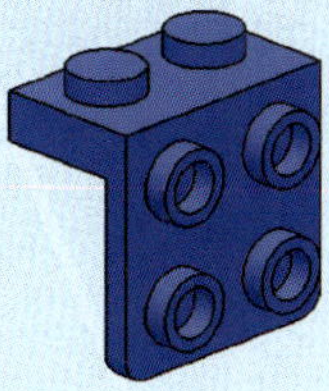
1x

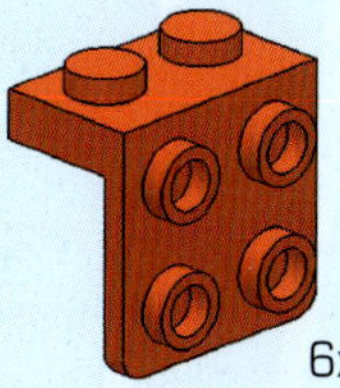
6x

4x

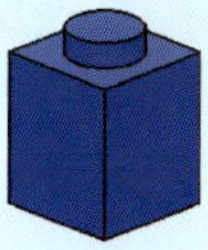
4x

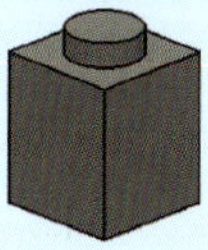
2x

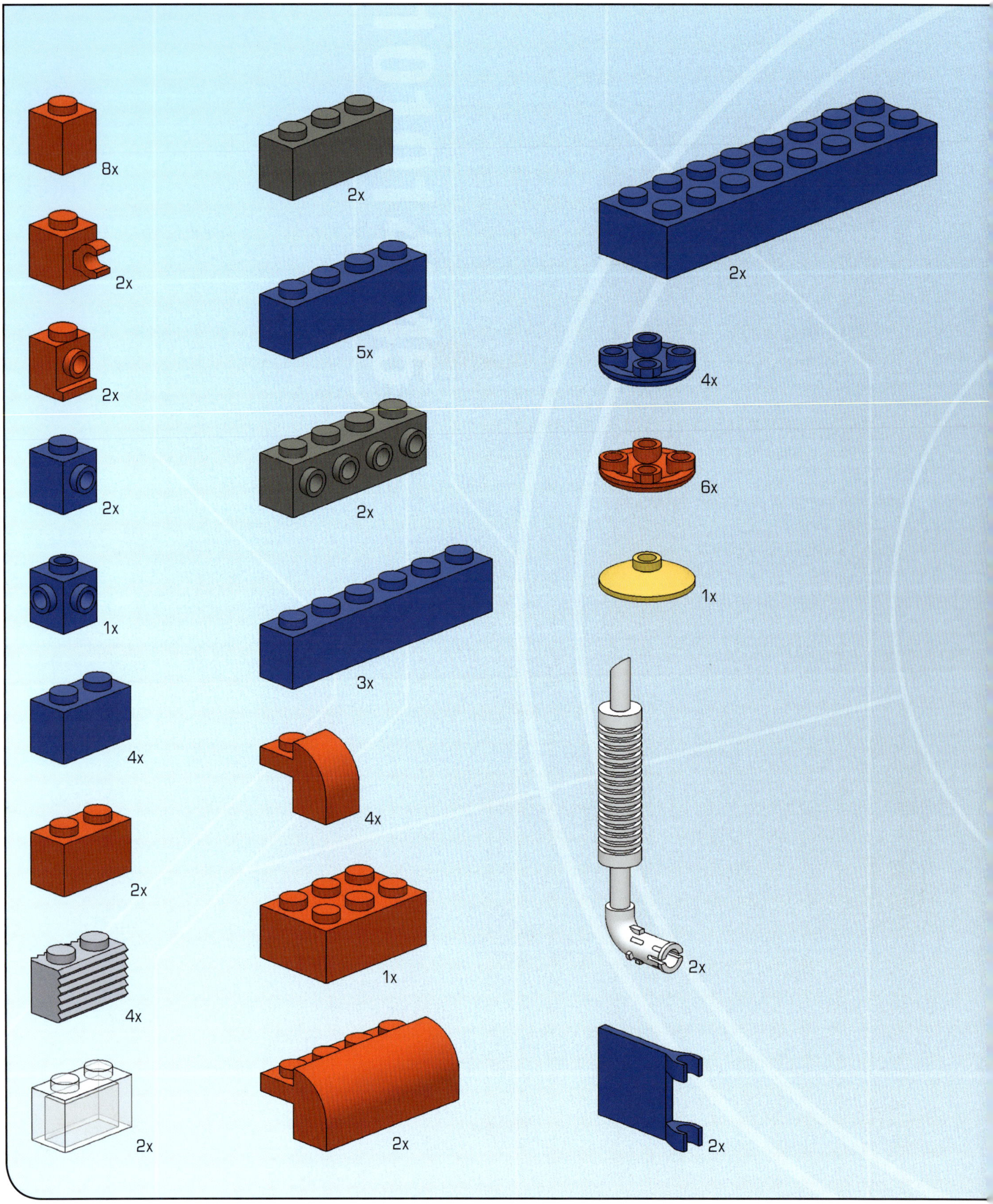
8x
2x
2x
2x
1x
4x
2x
4x
2x
2x
5x
2x
3x
4x
1x
2x
2x
4x
6x
1x
2x
2x

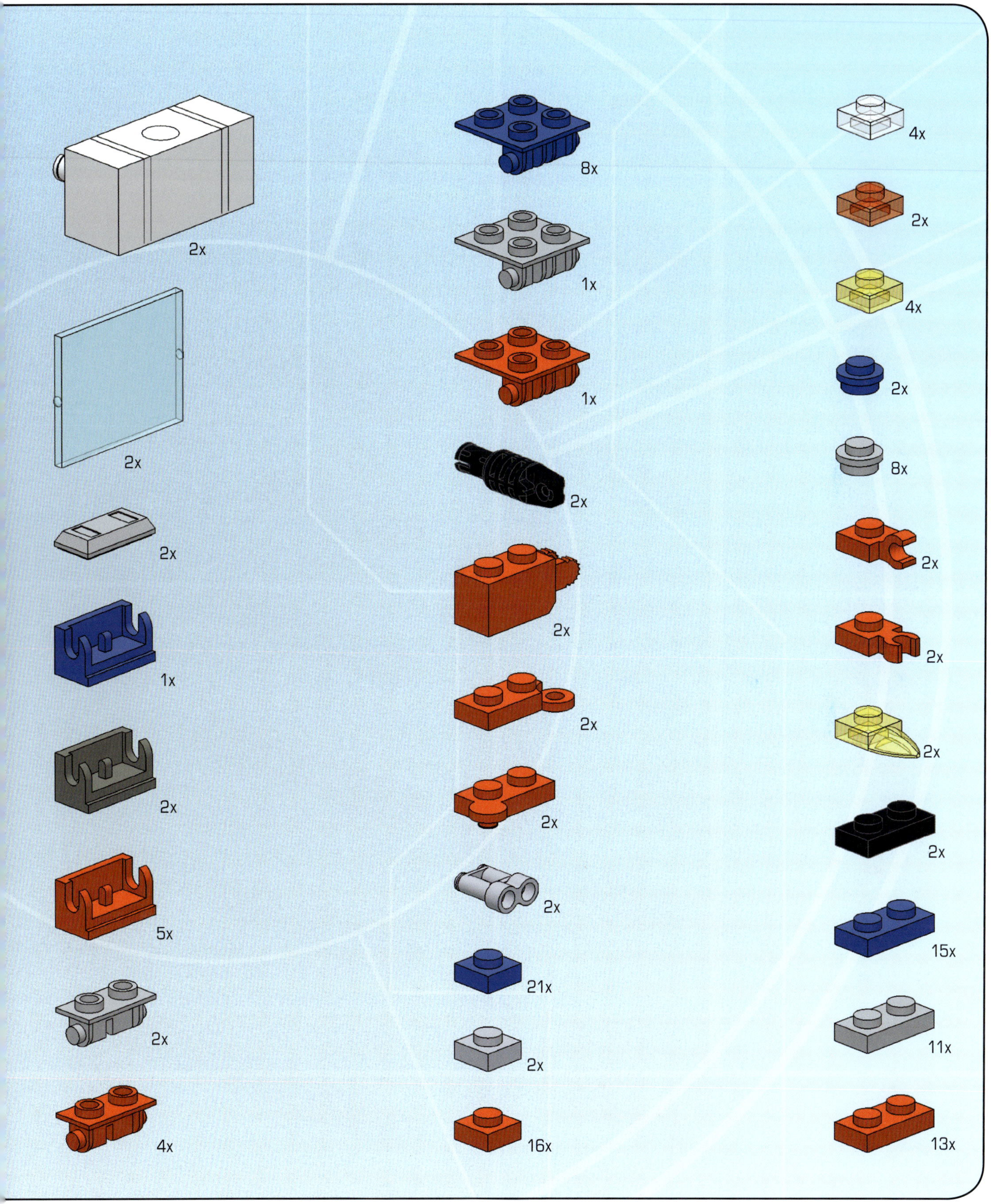
2x
2x
2x
1x
2x
5x
2x
4x
8x
1x
1x
2x
2x
2x
2x
2x
21x
2x
16x
4x
2x
4x
2x
8x
2x
2x
2x
2x
15x
11x
13x

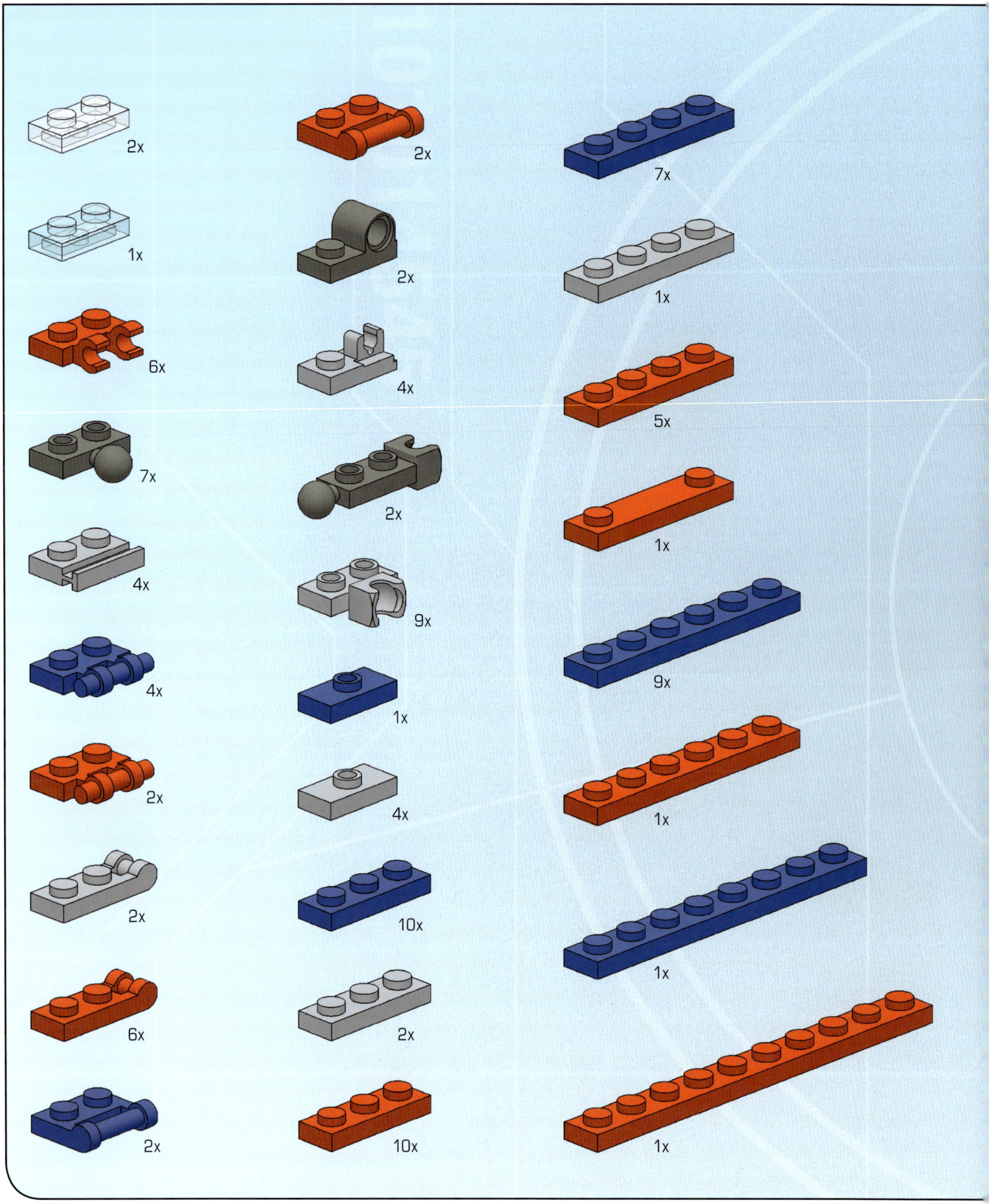
2x
1x
6x
7x
4x
4x
2x
2x
6x
2x
2x
2x
4x
2x
9x
1x
4x
10x
2x
10x
7x
1x
5x
1x
9x
1x
1x
1x

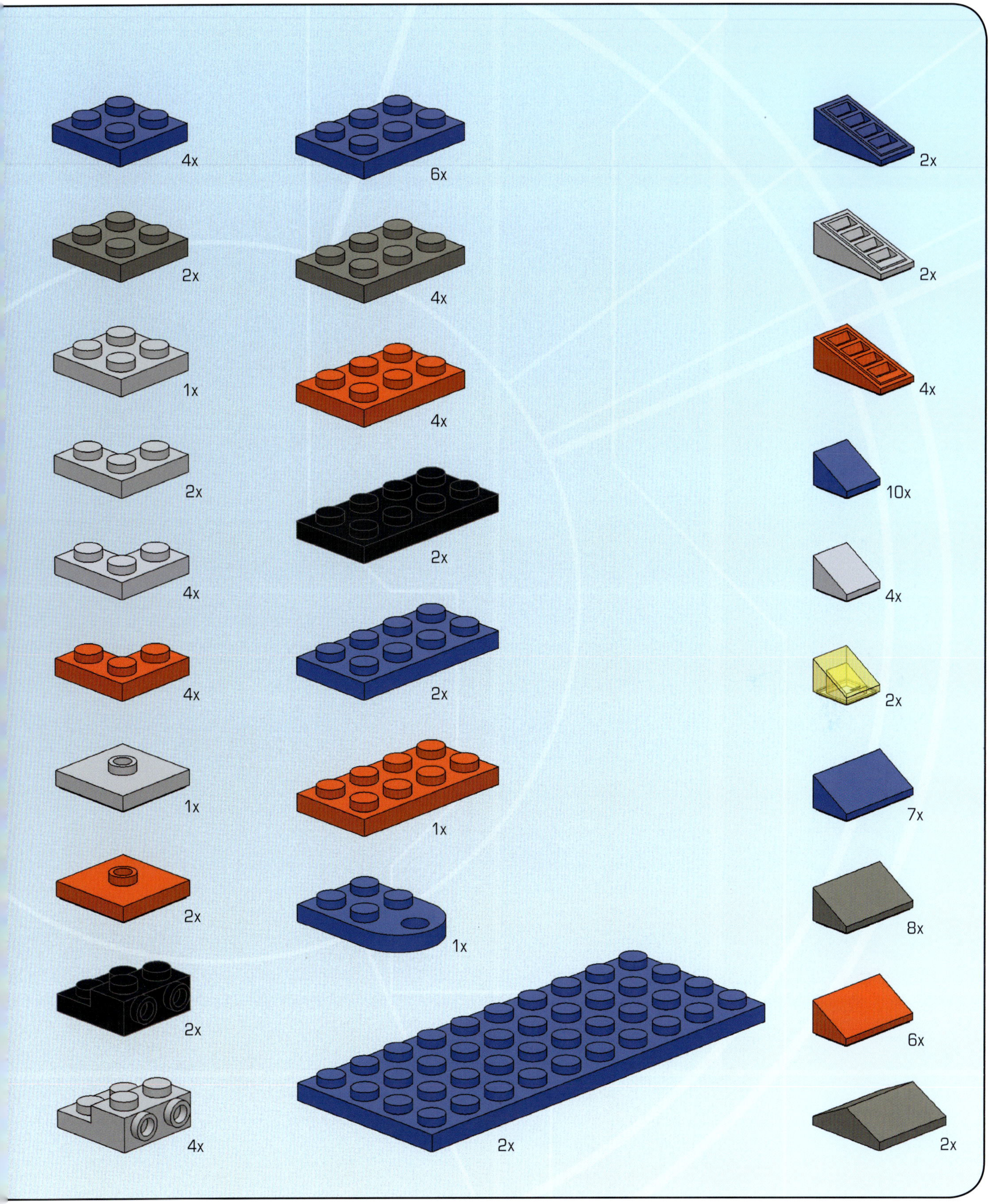
4x
2x
1x
2x
4x
4x
1x
2x
2x
4x
6x
4x
4x
2x
2x
1x
1x
2x
2x
2x
4x
10x
4x
2x
7x
8x
6x
2x

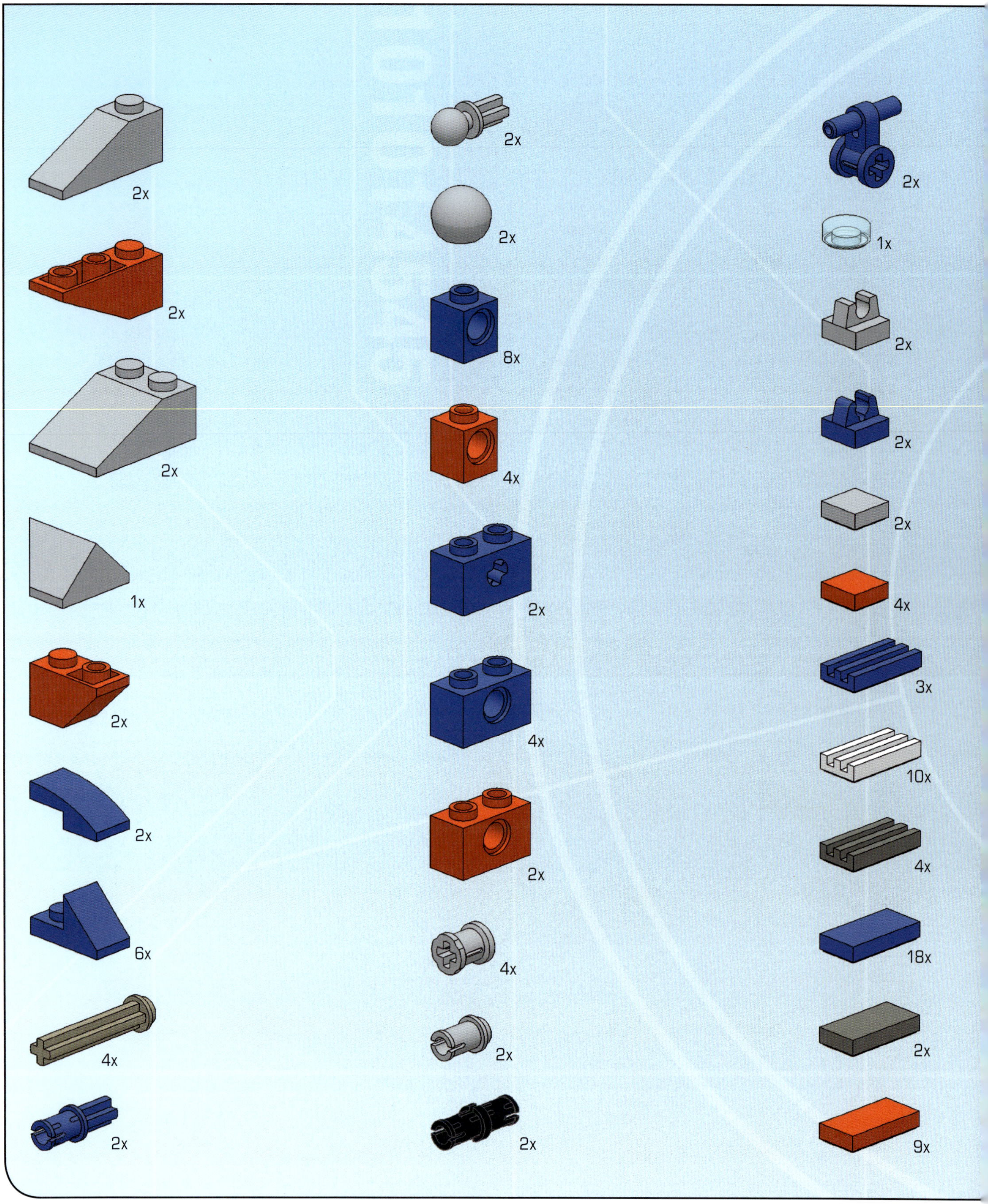
2x
2x
2x
1x
2x
2x
6x
4x
2x
2x
2x
8x
4x
2x
4x
2x
4x
2x
2x
2x
1x
2x
2x
2x
4x
3x
10x
4x
18x
2x
9x

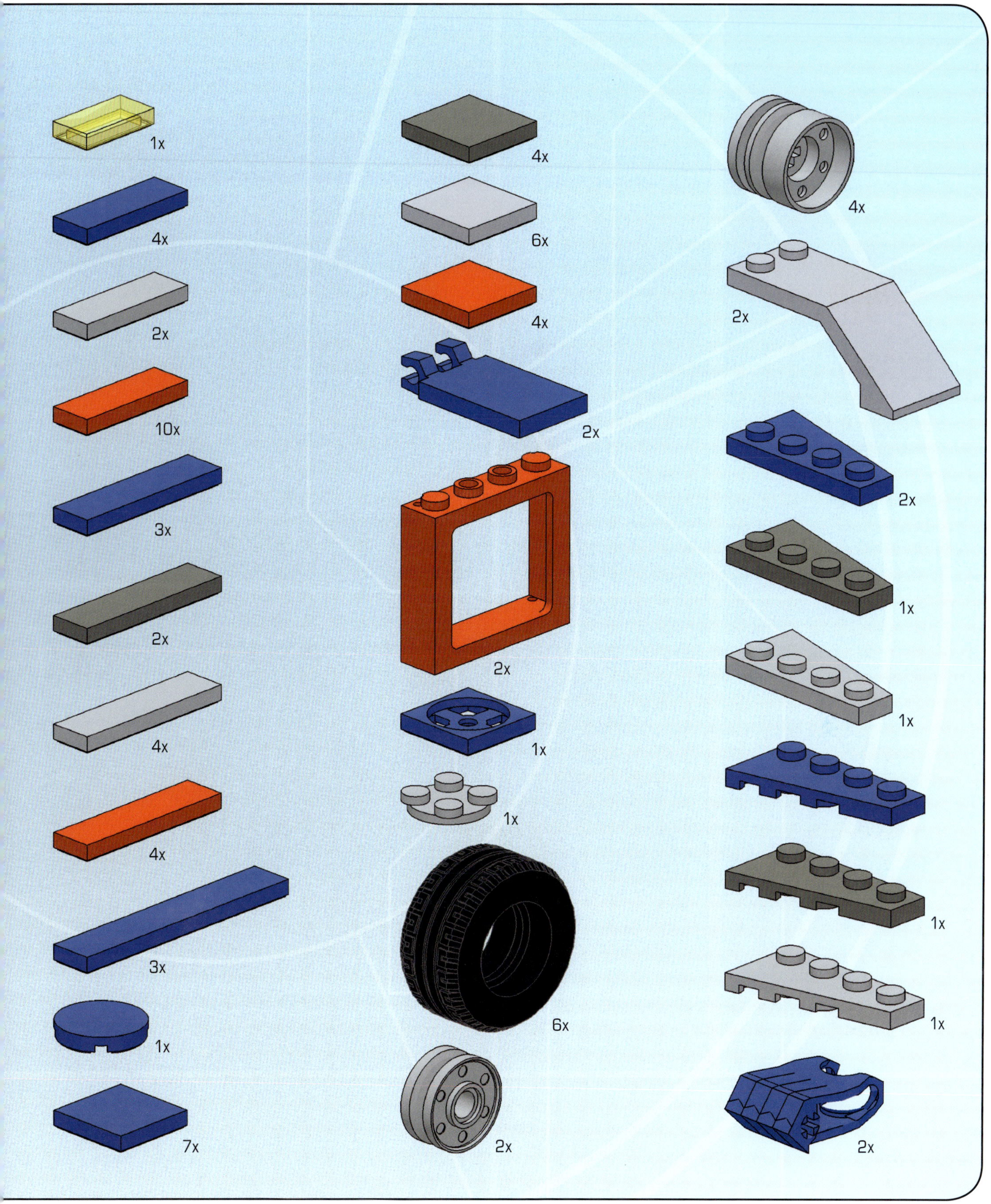
1x
4x
2x
10x
3x
2x
4x
4x
3x
1x
7x
4x
6x
4x
2x
2x
1x
1x
6x
2x
4x
2x
2x
1x
1x
1x
1x
2x